INDICATEUR DES ARMOIRIES

DES VILLES, BOURGS, VILLAGES,

MONASTÈRES, COMMUNAUTÉS, CORPORATIONS, ETC.

CONTENUES DANS L'ARMORIAL GÉNÉRAL DE D'HOZIER

Imprimé par les Éditeurs
BONNEDAME ET FILS, typographes à Épernay.

INDICATEUR
DES ARMOIRIES

DES VILLES, BOURGS, VILLAGES, MONASTÈRES, COMMUNAUTÉS, CORPORATIONS, ETC.

CONTENUES DANS L'ARMORIAL GÉNÉRAL DE D'HOZIER

Par ULYSSE ROBERT

ANCIEN ÉLÈVE DE L'ÉCOLE DES CHARTES, EMPLOYÉ AU DÉPARTEMENT DES MANUSCRITS DE LA BIBLIOTHÈQUE NATIONALE

Se trouve

A PARIS

CHEZ ALPH. PICARD, LIBRAIRE, RUE BONAPARTE, 82

M. D. CCC. LXXIX

AVERTISSEMENT

L'*Indicateur* de l'*Armorial* de d'Hozier, publié par M. Louis Paris, s'adressait exclusivement aux familles et aux amateurs de généalogies. Celui dont nous entreprenons la publication s'adresse aux érudits. Pour avoir un intérêt plus restreint, il n'en est pas moins d'une utilité incontestable, et nous croyons, en le publiant, rendre un véritable service à ceux qui ont à consulter l'*Armorial* pour y rechercher des armoiries de villes, bourgs, monastères, corporations, etc. Car, tout en comblant une lacune qui n'avait absolument aucune raison d'être, nous leur éviterons une perte de temps souvent considérable, surtout quand les recherches portent sur des séries de plusieurs volumes, comme il arrive pour la généralité de Paris, la Normandie, le Languedoc, et parfois inutile, quand elles ne donnent aucun résultat.

Quelques-unes de ces armoiries ne sont pas toujours exactes et conformes à celles qui sont d'ancienne date considérées comme officielles. Aux villes et aux communautés qui négligeaient d'en envoyer à qui de droit la description, il en était d'office donné qui étaient plus ou moins de fantaisie. Certaines armoiries ont pu aussi

être modifiées au XVIIIe et au XIXe siècles. Il ne faudrait donc pas de ces différences conclure que l'*Armorial*, à ce point de vue, est sans valeur.

L'orthographe, souvent bien différente à la fin du XVIIe siècle de l'orthographe actuelle des noms, a pu être altérée par les scribes chargés de l'inscription des armoiries. Nous n'avons cru devoir la modifier que dans les cas d'erreur trop évidente. Pour le reste, nous laissons ce soin à ceux de nos lecteurs qui connaissent la topographie de leurs provinces respectives. La rectification sera en général facile; elle ne présentera des difficultés un peu sérieuses que pour certains noms appartenant à l'Alsace, qui ont dû subir des transformations telles que, pour les rétablir sous leur forme véritable, il faudrait quelque chose de plus que des connaissances topographiques, le sens divinateur le plus développé.

ALSACE

Achstein, 419.
Aighoffe, 407.
Alborsveiller, 409.
Allenwiller, 587.
Allon, 417.
Alsace, 333.
Alsace; corps de la noblesse de la basse Alsace, 333.
Altkirch, ville, 345; cordonniers, 219: maçons et charpentiers, 369; tailleurs et tisserands, 114.
Altorf, 419; abbaye, 431.
Altspach, abbaye, 198.
Ammerschwir, 203; communauté, 696.
Andlaw, 829; abbaye. 420; chapitre de l'abbaye, 420.
Andolsheim, 1069.
Anendorf et Donnenheim, 785.
Augeot et Vautrimont, 724.
Anglefheim, 375.
Annenheim, 1003.
Annviller, 436; boulangers, 438; cordonniers, 980; drapiers, 980; tanneurs, 438.
Aspach, 958.
Aslambourg, 422.
Attenschwiller, 1082.

Balbelrotte, officiers du bailliage, 551.
Ballbronn, 379.
Bâle, officialité, 508.
Ban, mairie du comté, 387.
Ban de la Roche, 405; seigneurie, 623.
Bantzenheim, 951.
Barr, 404.
Bartenheim, 1071.
Bascheviller, 705.
Battenheim, 1064.
Batzendorf, 390.
Bavilliers et Perouze, 722.
Beblenheim, 1067.
Belfort, 213; chapitre de l'église collégiale, 213; comté, 729.
Bendorf, 1091.
Benfeld, 375; bailliage, 375; maçons et charpentiers, 999

pêcheurs, 1006 ; sceau des contrats, 375 ; tailleurs et cordonniers, 1000; tisserands, 759.
Benheim, 1037.
Bennewihr, 675.
Berche, 1032.
Berckheim, 927.
Berghieten, 407.
Bergzabern, 410 ; bouchers, 554; boulangers, 991 ; charpentiers, 554; cordonniers, 991 ; maréchaux, 553 ; tisserands, 553.
Bernardswiller, 1043.
Bernsheim, 391 ; cure, 984.
Berstett, 825; seigneurie, 825.
Berstheim, 391; cure, 984.
Bertschwiller, bouchers, 366 ; cordonniers, 428 ; maîtres du grand métier, 428; passementiers, 428; tailleurs, 428; tisserands, 428.
Berviller, 906 ; autre, 945; seigneurie, 674.
Bessoncourt, 725.
Betschdorf, 1022.
Beltendorf, 1077.
Bettlach, 1087.
Bichlenheim, chapitre, 416.
Bieterhal, 1093.
Bischeim, seigneurie, 1030.
Bischen, seigneurie, 997.
Bischenheim, 410.
Bischwiller, communauté de la prévôté, 394 ; cordonniers, 429.
Blacheweiller, 564.
Blasheim, seigneurie, 834.
Blesteihcim, 981.
Blienschwiller, 429.
Blodelsheim, 916 ; seigneurie, 935.
Boelsheim?, 386.
Boffezheim, 814.
Boirshe, 386.
Bollwiller, 732.
Bolsenheim, 581 ; seigneurie, 1036.
Bossendorf, 390 ; seigneurie, 762.
Boucheviller, 1092.
Bournehaut-le-Haut et Bournehaut-le-Bas, 709.
Bourogne, 1075 ; seigneurie, 947.
Bouxwiller, ville et prévôté, 409 ; communauté, 1087 ; merciers, 583 ; vitriers, meuniers, serruriers et potiers, 668.
Breitenbach, 701.
Brisach, 346 ; augustins, 352 ; bateliers, 94 ; bouchers, 162 ; boulangers, 166 ; confrérie du Bouc, 63 ; confrérie de la Coupe rouge, 341 ; confrérie de la Pucelle, 368 ; cordonniers, selliers et tanneurs, 368 ; pêcheurs, 354 ; potiers de terre, 868.
Broustal, 962 ; seigneurie, 712.
Bruebach, 950.
Brumpt, 396.
Bruschdorf, 1007.
Bruschwickersheim, 987 ; seigneurie, 794.
Bueschweiller, 1052.
Bueswiller, 1009.
Burckenwald, 1008.

Cernay, 95.
Chastenay, Brignard et Dampierre, 722.
Chastenois, 389.
Chaux et la Chapelle, 723.
Cherviller, 694.
Chévremont, 734.

Colmar, 230; augustins, 94; briquiers et tuiliers, 510; confrérie au Lion, 69; confrérie zum Adler, 69; confrérie zum Rysen, 349; confrérie zur Trew, 502; confrérie zum Wolleben, 502; couvent des Underlinden, 349; dominicaines, 503; dominicains, 350; maréchaux, 508; tribu nommée Crantzlen, 345; commanderie de Colmar, Mulhausen et Soultz, 717.
Comtoban, seigneurie, 557.
Constett, 386.
Crastatt, 602.

Dabo, 651; comté, 651.
Dambach, 402.
Dangolsheim, seigneurie, 997.
Danjoutin et Tretondans, 721.
Dannemarie, 1074.
Dappigheim, 988.
Dax, bailliage, 331.
Daxtheim, bailliage, 1013.
Delle, 129.
Didenheim, 961.
Diebolsheim, 823.
Diettwiller 1081, — et Ossenheim, 1053.
Dingsheim, 670.
Dorembach, 560.
Dorlisheim, 419.
Dornach, 1093.
Drusenheim, 377.
Durbach, 386.
Durlingsdorf, 1084.
Duttlenheim, 1011.
Dutzenheim, 427.

Ebersheim, 387; seigneurie, 557.
Ebersmunster, 407; abbaye, 28.
Eberswiller, 651.
Eckarswiller, 417.
Eckbolsheim, 552.
Eckwersheim, 590.
Egisheim, 194.
Elsatzweiller, Zittersheim et Sparbach, 588.
Elsenheim, 678.
Engwiller, seigneurie, 1007.
Ensisheim, 73; communauté, 703; autre, 1039; collége des jésuites, 501; corps des officiers de la maitrise des eaux et forêts, 695; religieuses de la Trinité, 501.
Enttendorf, 390.
Entzheim, Oberhausbergen et Hurtigheim, 1042.
Eppflich, 402.
Erembach, seigneurie, 760.
Ergersheim, 419.
Erlebach, 701.
Ernolsheim, 400; communauté, 408.
Erstein, 374; cordonniers, 395; laboureurs, 979; pêcheurs, 374; seigneurie, 3; tisserands, 399.
Esbach, 386; église, 1020.
Eschau et Wibolsheim, 595; — Wibolsheim, Mietersholz, Rathsenhausen, Eheuweyer, Bootzheim et Kunheim, seigneurie, 1036.
Eschentzweiller, 918.
Estafond, 723.
Estein, seigneurie, 995.
Estendorf, église, 1021.

Falckembourg, 978.

Feldkirck, 733.
Ferrette, 892; tanneurs et cordonniers, 1083; tisserands, 1083.
Ferrette-le-Vieux, 1083.
Fislis, 1087.
Flaxlanden, 733.
Fleckenstein, baronnie, 26.
Flexbourg, 615.
Florimont, seigneurie, 197.
Fokersheim, 824.
Fontaine, 959.
Fort-Louis, bateliers, 979; bouchers, 750; sceau de la justice, 587.
Fortsfeld et Kauffenem, 1002.
Fortsheim, 518,
Foussemagne, seigneurie, 720.
Francken, 1078.
Frauweiller, 409.
Fresland, 683.
Fribourg, 101; augustins, 106; bouchers, 103; boulangers, 104; charpentiers, 102; chartreux, 106; couvent d'Adelbase, 105 ; couvent de Ste-Claire, 106; drapiers, 103; hôpital du St-Esprit, 106; jésuites, 105; magistrat, 896; marchands, 103 et 104; peintres, 104; prévôté de Tous les Saints, 356; tailleurs, 102; tanneurs, 103; tonneliers, 102.
Friesenheim, 426.
Frikenfeld, 660.

Gambsheim, 331; pêcheurs; 242.
Gandelsheim, 892.
Gandersheim, 576.
Gastorf, 393.
Geberschwir, 801.
Geispitzen, 509; communauté, 418.
Gerstein, 585.
Gertwiller, 405.
Ginterstal, abbaye, 104.
Giromagny, 723.
Gougenheim, 611.
Goswiller, 421.
Grandvillars, seigneurie, 197.
Grasseville, 432.
Gredembourg, 596.
Grentzingen, 1086.
Gries, 577.
Griesheim, 602; cure, 984.
Griezen, 411.
Grimproschtschoffen, 590.
Guebwiller, 97; boulangers, 930; dominicaines, 934; dominicains, 226; maréchaux, 930; tailleurs, 931; vignerons, 931.
Guemar, 501; communauté, 689.
Guerstorf, 998.
Gunstett, seigneurie, 556.

Hagenbieten, 385.
Haguenau, 37; bailliage, 387; bailliage royal, 550; bouchers, 801; boulangers, 991: cabaretiers, 1019; chapeliers, 1021; charpentiers, 802; chirurgiens, 1020; collége des jésuites, 746; cordonniers, 803; hôpital neuf de St-Martin, 398; jacobins, 481; maçons, charrons et potiers, 1022; marchands, 990; maréchaux, 1019; paroisse de St-Georges, 398; prémontrés, 481; sceau aux contrats, 397;

tailleurs d'habits, 801; tanneurs, 1020; tisserands, 386; tonneliers, 997.
Hanau, charpentiers et maçons, 414; comté, 1030; cordonniers, 414; maréchaux et charrons, 415; tailleurs d'habits, 414; tisserands, 415; tonneliers, 414.
Hapsen, 507.
Harmantswiller, 690.
Hasslach, 417; chapitre collégial, 426.
Hatten, 412.
Heidolsheim, 732.
Heiligstein, 405.
Heindisheim, 415.
Helfrantzkirck, 1082.
Hemsbronn, 733.
Herrlisheim, 207; communauté, 396; autre, 678.
Hermbesheim, 426.
Herscheim, 642.
Hersingem, 1079.
Hert, 401.
Hertighem, 601.
Hesguenhem, 702.
Hesingen, 1071.
Himersdorf, 1093.
Hipsheim, 431.
Hirtzbach, 1078.
Hochgest, 1047.
Hochstatt, 1076.
Hochstett, 391.
Hohfranckenheim, 987.
Hohwiller, 586.
Holphilshem, 825.
Holtzheim, 407.
Holtzwihr et Wickerswihr, 883.
Hombourg, 712.
Horbourg, Forschwihr, Bichewihr et Urrenenzhem, 721.
Hozheim, 403.
Huenhem, 605.
Hultzheim, 407.
Huningue, 170; seigneurie du village neuf, 715.
Huttendorf, 391.
Huttenheim et Werte, 581.

Ichenersheim, 552.
Ichtratzheim, 587; seigneurie, 829.
Iegershem, Mutersholz, Bosenbiesen, Kroussen, Quatzenheim et Niederottroll, seigneurie, 1038.
Illfurth, 1076.
Illkirch, 551.
Illwickersheim, 551.
Ilvesheim, 409.
Imbsheim, 408.
Immenheim, 602.
Ingenheim, 401.
Ingersheim, 354.
Ingsheim, 601.
Ingwiller, 981.
Innweiller, 589.
Ipsheim, 626.
Irmstett, seigneurie, 817.
Iserviller, 603.
Issenheim, maison St-Antoine, 186; prévôté, 691; seigneurie, 353.

Jettingen, 961.

Karlsbach, 1080.
Katzenthal, 906.
Kaysersberg, 203; boulangers,

969; tanneurs, 969; tonneliers, 969.
Kembs, 949.
Kersbach, 1081.
Ketzingen, 930.
Kientzheim, 187.
Kiffis, 1089.
Kilstett, 332.
Kirwiller, 408.
Kittelsheim, 375.
Kleinbach et Wangen, 771; seigneurie, 616.
Klimgorf, 653.
Kockersberg, bailliage, 1000.
Kocquesbart, bailliage, 330.
Kœnigsbruck, abbaye, 392.
Kogenheim, 403.
Kolbsheim, 599; — Windenheim et Sundhausen, seigneurie, 824.
Krautergersheim, 600.
Kriegsheim, 390.
Kroussenhem, 1066.
Kuenheim, 581.
Kulsheim, 642.
Kutzenhausen, 1028.

Lamperthcim, 488.
Landau, 387; augustins, 387; bonnetiers, 383; bouchers, 387; boulangers, 383; chapitre de l'église collégiale, 387; chirurgiens, 383; cordonniers, 388; gantiers, 381; marchands, 383; maréchaux et serruriers, 383; potiers de terre, 388; tailleurs d'habits, 384; tanneurs et corroyeurs, 384; tisserands, 388; tonneliers, 388.
Landau, village, 712.
Landau, Niffer et Hombourg, seigneurie, 717.
Lanterne (la), 753.
Lautenbach, 337.
Lauterbourg, 46; bouchers, boulangers et meuniers, 400; cordonniers, 401; maréchaux, 400; serruriers, menuisiers, charpentiers, maçons et potiers de terre, 400; tailleurs, 401; tisserands, 401.
Lavandel, 559.
Lavantzenau, 377; pêcheurs, 211; potiers de terre, 408; sceau aux contrats, 419; tisserands, 242.
Leymen, 1091.
Liebentzwiller, 1093.
Liebsdorf, 1084.
Limersheim, 403.
Linange, comté, 605.
Lingolsheim, 1038.
Linsdorf, 964.
Lipsheim, 424.
Lixhausen, 390.
Lixtorf, 1089.
Loumschwiller, 1079; seigneurie, 710.
Lucelle, abbaye, 117.
Lupstein, 432.
Luttenbach, prévôté et chapitre, 355.
Luttenhem, 607.
Lutter, 1089.
Lutzelhausen, 597.
Lutzwiller, 409.
Luxhousen, église, 574.

Mackenheim, 631.
Marbach, abbaye, 316.
Marckolsheim, 148; bailliage, 311.

Marmoutier, 379 ; abbaye, 27 ; corps du bailliage, 419.
Marsleim, 434 ; charpentiers, 1040 ; tonneliers, 1041.
Masmunster, 498 ; abbaye, 229 ; chapitre de l'abbaye, 229.
Matzenheim, 392.
Meistratzheim, 610.
Melsheim, 409.
Mennelsen, 612.
Mernach, 1084.
Meroux, 723.
Mortzwiller, 590.
Metterholtz, Ratzenhausen et Schwir, 595.
Meyenheim, 675.
Mietesheim, 434.
Minfeldt, 559.
Mittelbergheim, 335.
Mittelhausbergen, 1034 ; — et Mundolsheim, seigneurie, 1034.
Mittelhausen, 577.
Mittelmuespach, 710.
Mittelwihr, 681.
Molsheim, 392 ; boulangers, 406 ; chartreuse, 395 ; cordonniers, 406 ; jésuites, 431 ; maçons, 406 ; maréchaux, 405 ; menniers, 406 ; tailleurs, 405 ; tisserands, 405 ; tonneliers, 405.
Mommenheim, 392 ; cure, 984.
Monswiller, 652.
Montreux-le-Château, 703.
Montzenhausen, 548.
Moos, 963.
Morschwiller, 392.
Mulhausen, 600 ; seigneurie, 600.
Mumpsenhausen, 392.
Mundolsheim, 1034.
Munster, abbaye, 344.
Munster-au-Val-St-Grégoire, 178.
Munstersheim, 387.
Murbach, abbaye, 225.
Mutzig, 403 ; communauté, 970 ; sceau aux contrats, 418 ; tonneliers, 417.

Namzen, 699 ; seigneurie, 699.
Neubourg, abbaye, 51.
Neucastel, bailliage, 411.
Neudorf, 388.
Neugarten, 604.
Neuwiller, 377 ; autre, 1092 ; chapitre, 386.
Niederbronn, 412.
Niederenheim, 984 ; — Meiestratzheim et Zellweiler, 789.
Niederhagenthal, 1091.
Niederherchen, 922.
Niederhausbergen, 552.
Niedermaystal, 1081.
Niedermorschwihr, 351.
Niedermuespach, 711.
Niederottrott, 552.
Niederredern, 1002.
Niedersteinbronn, 1071.
Niffer, 712.
Nordhausen, 399.
Nordheim, 435.
Novillars, 724.

Obenheim, 838.
Oberaltorf et Ecquendorf, 414.
Oberbeckheim, 347.
Oberbronn, 588.
Oberenottrott, 542.
Obergericq, 641.
Oberhagenthal, 1092.
Oberhaubin, 396.
Oberhausbergen, 6[illegible]
Oberherge, 679.

Obermichelbalch, 1081.
Obermotern, 583.
Obermorschwihr, 717.
Obermuespach, 1086.
Obernheim, 273; bouchers, 486; boulangers, 485; tailleurs, 485; tanneurs, 485; tonneliers, 485.
Oberottrott, 559.
Obersdorf, 1090.
Obersoultzbach, 419.
Obersteinbronn, 1070.
Offenheim, 605.
Offwiller, 386.
Ofthceld?, 393.
Ohrschwihr, 946.
Olinghem, seigneurie, 761.
Ollemberg, prévôté, 911.
Oltingen, 1088.
Onenweyr, 1094.
Ongershem, 733.
Orbey, 679.
Orchevillers, seigneurie, 575.
Orlissen, commanderie, 413.
Osthausen, 585; autre, 823; seigneurie, 1040.
Ostheim, 1069.
Ottersthal, 417.
Ottmarsheim, 915; abbaye, 846.
Ourcheviller, 387.
Ovenhen, 1066.

Paftenhoffen, 397.
Pairis, abbaye, 348.
Perouze, 1084.
Petitepierre, charpentiers, 422; seigneurie, 493; tailleurs, 422; tisserands, 422.
Pfetzen, 1042.
Pfulgriesheim, 585; seigneurie, 1006.
Philippsbourg, 378; bouchers, 378; boulangers, 379.
Plobsheim, 596.
Poffzheim, 1044.
Pontoy (la), 683.

Quatzenheim, 599.

Ramersweiller, seigneurie, 601.
Rangen et Mittelbourg, 609.
Ranru, 701.
Rantzwiller, 706.
Rechesy, 1075.
Rechwog et Guisenen, 773.
Reichsfelden, 1043.
Reichstett, 377.
Reitwiller, 427.
Rexheim, 733.
Rhinau, 431; artisans, 1022; laboureurs, 1021; pêcheurs, 1021.
Rhinsabern, 642.
Ribeaupierre, 199.
Ribeauvillé, 200; chirurgiens, 503; cordonniers, 898; tanneurs, 898.
Richseim, 358.
Riedesheim, 954.
Riedwihr, 884.
Ringeldorf, 392.
Ringendorf, Zabersdorf, Vichersheim et Vidshauson, 414.
Rishausen, 588.
Rittembourg, 586.
Rixen, commanderie, 711.
Roderen, 1074.
Roffelden, 426.
Rohr, 612.
Roppe, 716.
Roppenheim, 773.

Roppentzwiller, 1085.
Rosheim, 48; communauté, 769; boulangers et meuniers, 781; seigneurie, 769; tonneliers, 1000.
Rothbach, 589.
Rottelsheim, 391; cure, 981.
Rozeville, 432.
Ruelisheim, 735.
Ruetterstorf, 1089.
Ruffach, 351; bouchers et jardiniers, 501; chapitre, 501; confrérie de la Licorne, 351.
Rummersheim, 386.
Rumolswiller, 987.
Runtzenheim, 1003.
Rus, 418.

Saal, 705.
Saal, 1068.
Saaralbe, 531.
Saint-Hippolyte, 342; communauté, 673; seigneurie, 673.
Saint-Jean-des-Choux, 652; abbaye, 999.
Saint-Morand, prieuré, 911.
Saint-Pierre, 415.
Sainte-Croix, 231; chapitre, 357.
Sainte-Marie-aux-Mines, 718.
Salmbach, 611.
Sand, 578.
Sarmersheim, 433.
Sashem, 700.
Sausheim, 915.
Saverne, 330, 385; bailliage, 330; chapitre, 425; sceau aux contrats, 385.
Schaffelsheim, 386.
Schaffersheim, 403.
Schaffhausen, 827; — et Mackenhem, seigneurie, 599.
Schaid, 641.
Scharrachbergheim, 1035.
Scheffelsheim, 390; — et Dachenheim, seigneurie, 1032.
Schelheim, 424.
Schenk, 604.
Schillersdorf, 379.
Schiltigheim, 551.
Schirmeck, 417.
Schlestadt, 353; boulangers et meuniers, 505; chirurgiens, 505; collége des jésuites, 509; communauté des Wothleut, 505; cordonniers, 506; dominicaines, 509; dominicains, 509; justice de la ville, 353; laboureurs, 851; maréchaux, 505; ordre de Malte, 366; pêcheurs, 851; tanneurs, 505; tonneliers et bateliers, 505; vignerons, 850.
Schlierbach, 918.
Schœneck, seigneurie, 1014.
Schoneusteinbach, couvent, 192
Schungelsheim, 379.
Schweighausen, 556.
Schweinhausen, 958.
Schweinheim, 616.
Sepois-le-Bas, 961.
Sepois-le-Haut, 959.
Sermamagny et Granmagny, 723.
Sessenheim, 598; — et Dalhonden, 1003.
Sezenau, 1101.
Sigoltzheim, 348.
Sondersdorf, 1088.
Soufflenheim, 386; église, 1021; seigneurie, 556.
Soultz, 66; communauté, 419; tribu du Parc, 692.
Soultz, de la baronnie de Fleckenstein, 771.

Soultzbach-le-Haut et Soultzbach-le-Bas, 1096.
Soultzmatt, 357.
Sous-Olthons Buhl?, chapitre, 1057.
Staffefelden, seigneurie, 710.
Steffensfeldt, commanderie, 746.
Steige, 701.
Steinsultz, 1085.
Stetten, 962.
Still, 418.
Stinshem, seigneurie, 1042.
Stitzheim, 1034.
Strasbourg, 491 ; bateliers, 450 ; chapitre de St-Pierre-le-Jeune, 433 ; chapitre de St-Thomas, 451 ; collége des ministres luthériens, 486 ; cordonniers, 449 ; fabrique N.-D., 445 ; faculté de droit, 462 ; faculté de médecine, 461 ; faculté de philosophie, 461 ; faculté de théologie, 463 ; fondation de la chartreuse, 437 ; fondation de St-Marc, 474 ; fondation de St-Nicolas, 474 ; goûteurs de vin, 488 ; hôpital des orphelins, 473 ; jardiniers, 487 ; maison St-Antoine, 479 ; maréchaux, 456 ; officialité, 1010 ; orfèvres, 482 ; pelletiers, 444 ; tailleurs d'habits, 475 ; tisserands, 480 ; tonneliers, 489 ; tribu au Miroir, 989 ; Université, 452.
Sundhauffen, 700.
Sundhausen, 595.
Surbourg, 386 ; chapitre, 425 ; église, 1020 ; seigneurie, 760.

Tanne, 659.
Thalheim, 406.
Thann, 91 ; chapitre, 90 ; comté 690 ; marchands, 691.
Traubach, 529.
Trenheim ?, 413.
Trouttersheim, 611.
Turckheim, 203.
Turmenach, 1090.

Uffheim, 354.
Uffholtz, 692.
Uhlwiller et Niederaltorf, 785.
Uhrwiller, 590.

Valersche, 651.
Valostheim, 652.
Vegdental, 978.
Veitzenheim, 667.
Velbach, 1085.
Vendenheim, 1029.
Vinkel, 964.
Volgenspourg, 1087.

Walbach, 960.
Walff, 600.
Walheim, 391 ; cure, 984.
Walhem, 1079.
Waltenheim, 1104.
Waltighoffen, 1085.
Wangen, 444.
Wasselonne, 535 ; boulangers, 614 ; charpentiers, 490 ; charrons, 613 ; chirurgiens, 614 ; cordonniers, 490 ; menuisiers, 1017 ; potiers de terre, 613 ; tailleurs, 490 ; tanneurs, 492 ;

tisserands, 614; tonneliers, 490.
Watteville, 672.
Weinbourg, 589.
Weiterswiller, 1029.
Weltersheim, 1035.
Wentzwiller, 966.
Werdenheim, 551.
Werentzhausen, 1087.
Wergasse, abbaye, 531.
Werstwiller, 1092.
Wert, 412.
Wessemheim, 424.
Westhausen, 609.
Westhoffen, 413.
Wetelsheim, 1094.
Wey-, 720; autre, 1066.
Wiersheim, 377.
Wiffersheim, 1045.
Wilfesheim, 987.
Wiltheim, 1043; charpentiers, 497.
Windershausen, 391.
Wingersheim, 386.
Wintzenheim, 318; — et Osthoffen, seigneurie, 1040.
Wissembourg, 42; bouchers, 43; boulangers, 44; chapitre de l'église collégiale de St-Pierre et St-Paul, 42; charpentiers, 43; commanderie, 649; cordonniers, 43; marchands, 44; maréchaux ferrants, 44; seigneurie, 707; tisserands, 42; vignerons, 42.
Withenen, 710.
Wittelsheim, 955.
Wittersheim, 392.
Witzaem, 426.
Wolckkintweiller, 386.
Wolffgantzen, Wolgolshem et Algolshem, 736.
Wolfsheim, 379.
Wolschwiller, 964.
Wolxheim, 418.

Zellenberg, 684.
Zellenweiller, 603.
Zenacher, 615.
Zierentz, 681.
Zillisheim, 962; seigneurie, 709.
Zimmersheim, 916.
Zutzendorf, 1004.

AUVERGNE

Allanche, 504; arts et métiers, 516; marchands, 513; médecins, apothicaires et chirurgiens, 515; notaires et procureurs, 516.

Ambert, 175; aubergistes, 454; avocats, notaires et procureurs, 451; bouchers, menuisiers, charpentiers et sculpteurs, 454; boulangers et pâtissiers, 175; cordonniers, selliers et bridiers, 175; marchands, 186; maréchaux, serruriers, forgerons, épingliers et bâtiers, 176; médecins, apothicaires et chirurgiens, 180; pelletiers, gantiers, tanneurs et blanchisseurs, 180; religieuses, 177; tailleurs, 176; teinturiers et maçons, 451; tisserands, 176.

Ardes, 148; prêtres, 245.

Arlant, marchands, arts et métiers, 455; officiers de la justice, 455; prêtres, 250.

Aurillac, apothicaires, 557; bouchers, boulangers et pâtissiers, 542; chapitre, 528; chaudronniers, armuriers, couteliers, serruriers, maréchaux, forgerons et éperonniers, 541; chirurgiens, 557; clarisses, 545; marchands de draps, de soie, merciers, quincailliers, marchands de points et orfèvres, 541; marchands épiciers, regrattiers et marchands de fromages, 541; notaires, 549; officiers du bailliage, 538; officiers de l'élection, 572; prêtres, 572; procureurs, 544; religieuses du Buis, 554; tailleurs, 573; tanneurs, gantiers et corroyeurs, 543; teinturiers, cordonniers, selliers et bâtiers, 543; tisserands et foulons, 568; Visitation, 550.

Auvergne, officiers de la maîtrise des eaux et forêts, 236; officiers de la sénéchaussée, 97

Auzon, marchands, arts et métiers, 251; officiers de la justice, 175.

Bajasse (la), prieuré, 468.
Belaigue, abbaye, 115.
Besse, 101; marchands, 160; prêtres, 282; notaires et procureurs, 419.
Billom, 277; arts et métiers, 407; chapitre, 82; jésuites, 63; officiers de la justice, 294; Visitation, 60.
Blesle, 479; abbaye, 479; avocats, notaires et procureurs, 480; marchands, 480.
Bouchet (le), abbaye, 276.
Bouchez, couvent, 100.
Brageac, abbaye, 582.
Brieuf ?, officiers de la justice, 458.
Briffons, prieuré, 121.
Brioude, aubergistes, 497; avocats, notaires et procureurs, 492; bouchers, 187; boulangers, 190; chapitre, 305; couvent N.-D., 306; couvent St-Joseph, 314; marchands, 306; médecins, apothicaires, chirurgiens, perruquiers et barbiers, 190; menuisiers, maçons et charpentiers, 188; selliers, bridiers, cordiers et bâtiers, 188; serruriers, armuriers, maréchaux, cloutiers et orfèvres, 195; tailleurs, cadissiers, teinturiers, chapeliers et tisserands, 187; tanneurs, gantiers, pelletiers, cordonniers et savetiers, 187; Visitation, 301.
Broc, chapitre, 253.

Cebazat, chapitre, 403.
Celles, commanderie, 499.
Chaise-Dieu (la), abbaye, 481; marchands, 482; prêtres, 477; religieuses, 482.
Chalinargues, prêtres, 206.
Chamalières, chapitre, 241.
Chapelle-en-Visic, prieuré, 527.
Chaudesaigues, 318; arts et métiers, 514; chapitre, 204; couvent, 201; marchands, 514; médecins et apothicaires, 517; notaires et procureurs, 504; officiers de la justice, 504.
Chaumont, minimes, 297.
Chazes, 471.
Clermont, 101; apothicaires, 433; augustines, 414; bénédictines, 246; boulangers, 156; chapeliers, 141; chapitre de la cathédrale, 99; chapitre de N.-D. du Port, 52; chapitre St-Geniès, 212; chirurgiens, 159; cordonniers, 143; experts jurés, 161; hôteliers, 140; jaugeurs, 412; jésuites, 89; libraires et imprimeurs, 446; marchands, 433; menuisiers et sculpteurs, 433; notaires, 89; officiers de l'élection, 99, officiers de la sénéchaussée et siége présidial, 100; Oratoire, 83; orfèvres, 163; pâtissiers, 434; procureurs, 72; selliers, bridiers, bâtiers et cordiers, 141; séminaire, 139; tailleurs d'habits, 158; tanneurs et pelletiers, 433; ursulines, 210; Visitation, 49.

Combronde, prêtres, 366.
Cournon, chapitre, 243; marchands, arts et métiers, 173; notaires et procureurs, 450.
Courpières, 141; arts et métiers, 160; minimes, 280; officiers de la justice, 425.
Crest, chapitre, 241.

Dienne, prêtres, 211.

Ennezat, arts et métiers, 370; chapitre, 231; officiers de la justice, 31; procureurs et notaires, 372.
Esteil, prieuré, 186.

Fenières, abbaye, 167 et 421.

Gannat, couvent, 593.
Glenat, 138; prieuré, 556.

Herment, chapitre, 237.

Issoire, 464; bénédictins, 301; bouchers, 251; boulangers et pâtissiers, 253; chapeliers, cordiers, selliers, bâtiers, éperonniers et potiers d'étain, 250; cordonniers, 251; hôteliers et aubergistes, 456; marchands, 253; médecins, chirurgiens et apothicaires, 297; notaires et procureurs, 463; officiers de la justice, 464; sculpteurs, menuisiers et charpentiers, 253; serruriers, maréchaux, armuriers, fourbisseurs et claustrieurs, 252; tailleurs, 465; tisserands, 251.

Jussat, prieuré, 325.

Langeac, 471; avocats, notaires et procureurs, 473; chapitre, 471; marchands, 473; médecins, apothicaires et chirurgiens, 473.
Lesclache, abbaye, 415.
Lezoux, 157; chapitre, 244.

Maringues, 135; bouchers et tripiers, 382; boulangers et hôteliers, 382; chamoiseurs, cordonniers et charretiers, 382; charrons, menuisiers et charpentiers, 381; chirurgiens, 382; marchands, épiciers et orfèvres, 381; maréchaux et serruriers, 381; notaires, 137; officiers du grenier à sel, 99; officiers de l'hôtel-de-ville, 355; officiers de la justice, 137; prêtres, 111; sergers, teinturiers et tisserands, 381; tanneurs, 383; ursulines, 346.
Mariolles, prieuré, 515.
Marsac, couvent, 20.
Massiac, marchands, 478.
Mauriac, 583; bénédictins, 326; collège des jésuites, 224; marchands et artisans, 588; notaires, 587; officiers de la juridiction, 589; prêtres, 577.

Maurs, 568; avocats, notaires et procureurs, 568; marchands, arts et métiers, 551.
Mégemont, couvent, 72 et 412.
Montaigut, 267; bouchers, teinturiers et maréchaux, 117; boulangers, hôtes, pâtissiers, tailleurs et chapeliers, 111; marchands, 116, médecins, chirurgiens et apothicaires, 116; notaires et procureurs, 116; prêtres, 116.
Montchamps, commanderie, 503.
Montferrand, 47; apothicaires, chirurgiens et meuniers, 149; arts et métiers, 151; boulangers, pâtissiers, cabaretiers et bouchers, 148; chapitre, 285; marchands, 449; officiers du bailliage, 167; officiers de la juridiction consulaire, 449; religieux de St-Robert, 418; ursulines, 241; Visitation, 47.
Montel-de-Gelat, officiers de la justice, 112.
Montpeyroux, abbaye, 98.
Montsalvy, chapitre, 325 et 558.
Motte (la), marchands, arts et métiers, 483; prêtres, 483.
Mozac, abbaye, 355.
Murat, 322; arts et métiers, 501; chapitre, 504; marchands, médecins et apothicaires, 514; notaires et procureurs, 206; religieuses, 206.

Neuféglises, prêtres, 198.
Nonnette, prêtres, 297.

Orcival, chapitre, 68.

Paulhaguet, arts et métiers, 190.
Pebrac, couvent, 468.
Pierrefort, arts et métiers, 525; marchands, 516; médecins et apothicaires, 516.
Pleaux, prieuré, 590.
Pont-du-Château, 144; arts et métiers, 417; chapitre, 119; marchands, 417; notaires et procureurs, 450.
Pontgibaud, arts et métiers, 409; marchands, 406.
Port-Ste-Marie, couvent, 23.

Queuille (la), chapitre, 212.

Reillac, prieuré, 519.
Riom, 97; apothicaires, 363; arpenteurs jurés, experts, priseurs, 380; bouchers, 399; boulangers, 372; carmélites, 32; chapitre N.-D. de Murthuret, 265; chapitre St-Aimable, 9; chapitre de la Ste-Chapelle, 98; chirurgiens, 365; cordonniers, 365; hospitalières, 237; maçons, tailleurs de pierres, couvreurs et paveurs, 366; marchands épiciers, 399; marchands de soie, 399; maréchaux, selliers, bridiers et bâtiers, 361; menuisiers, charpentiers, vinaigriers, chaudronniers et charrons, 368; notaires, 368; officiers de l'élection, 361; officiers du siége présidial, 97; Oratoire, 31; orfèvres, horlogers, écrivains, sculpteurs, peintres, vitriers,

joueurs d'instruments et tapissiers, 365; pâtissiers, 364; perruquiers, 364; potiers d'étain, peigneurs de chanvre, chapeliers et teinturiers, 368; présidents, trésoriers des finances, grands voyers et chevaliers conseillers du Roi, 98; procureurs en la sénéchaussée et siége présidial, 348; religieuses de N.-D., 25; serruriers, armuriers, éperonniers et couteliers, 365; tailleurs d'habits, libraires et imprimeurs, 367: tanneurs, 364; tissorands, cardeurs et matelassiers, 366; Visitation, 21.

Rouffiac, prieuré, 548.

Saint-Allyre-les-Clermont, abbaye, 100.

Saint-Amand, 156; arts et métiers, 418; marchands, 418; notaires, 417; prêtres, 166.

Saint-André-les-Clermont, couvent, 211.

Saint-Antoine, commanderie, 526; prieuré, 456.

Saint-Constant, prieuré, 535.

Saint-Étienne-de-Cappels, prieuré, 548.

Saint-Flour, 320; apothicaires, 517; bouchers, 520; boulangers et pâtissiers, 520; cardeurs, tondeurs et teinturiers, 518; chapeliers, vitriers, potiers d'étain et de terre, 519; chapitre de la cathédrale, 318; chapitre N.-D., 317; collége des jésuites, 317; cordonniers, 519; hôteliers et cabaretiers, 517; maçons, couvreurs et blanchisseurs, 518; marchands, 517; maréchaux, serruriers, gainiers, couteliers, armuriers et fourbisseurs, 518; notaires et procureurs, 508; officiers du bailliage, 506; officiers de l'élection, 200; prêtres, 208; religieuses, 317; sculpteurs, peintres, orfèvres et horlogers, 519; selliers, bâtiers et chaudronniers, 519; séminaire, 218; tailleurs, 517; tanneurs, pelletiers, gantiers et corroyeurs, 520; tisserands et sergers, 518; Visitation, 316.

Saint-Geneix, chapitre, 23.

Saint-Geneix-les-Monges, prieuré, 127.

Saint-Germain-Lairin, marchands, arts et métiers, 177; officiers de la justice, 176.

Saint-Germain-Lambron, 297; chapitre, 183; marchands, arts et métiers, 180; médecins, apothicaires et chirurgiens, 251; prieuré, 181.

Saint-Illide, prieuré, 546.

Saint-Paulin, chapitre, 474; couvent N.-D., 475; marchands, arts et métiers, 476.

Saint-Santin-Cantalès, prieuré, 557.

Saint-Saury, prieuré, 553.

Salers, 578; officiers du bailliage, 582; prêtres, 586.

Sauxillanges, 171; abbaye, 171; marchands, arts et métiers, 251; médecins, apothicaires et chirurgiens, 254; notaires et procureurs, 185.

Thiers, abbaye du Moutiers, 269; boulangers, bouchers et hôtes, 593; cartiers et gaîniers, 592; charpentiers, sculpteurs et vitriers, 593; couteliers, 592; officiers de la châtellenie, 21; officiers de la ville, 239; séminaire, 29; teinturiers et tanneurs, 593.
Thiezac et St-Jacques des Platz, prieuré, 534.
Trioulou, prieuré, 531.

Vaudieu (la), prieuré, 470.
Vertaison, chapitre, 51.
Veyne (la), couvent, 377.
Vezac, prieuré, 549.
Vic, 569; marchands, arts et métiers, 528; notaires et procureurs, 570; religieuses, 550.
Vic-le-Comte, 421; chapitre, 212; marchands, arts et métiers, 428; notaires et procureurs, 423.
Vieille-Brioude, couvent des religieuses, 466; prieuré, 493.
Vieillevie, prieuré, 324.
Viescamps, prieuré, 325.
Vigean, prieuré, 590.
Volvic, prêtres, 371.
Voute (la), marchands, arts et métiers, 470; religieux, 478.
Voute-Chiliac (la), prieuré, 304

BÉARN

Aspe, vallée, 133.

Baretous, vallée, 127.
Bastide-Clerance, 143.
Béarn, province, 16.
Bruges, 32.

Conchez, 88.

Gan, 19.
Garlin, 92.

Haramitz, prieuré, 144.

Lembayo, 91.
Lescar, chapitre, 71 ; évêché, 80.

Monein, 126.
Morlaas, 85; jacobins, 92.

Navarre, états, 144.

Nay, 21.

Oléron, 130; chapitre, 126; Ste-Marie d'Oléron, 129.
Orthez, jacobins, 104; trinitaires, 104.
Ossas, vallée, 130.

Pontac, 46.

Reulle (la), abbaye, 86

Saint-Jean-Pied-de-Port, 25.
Saint-Just en basse Navarre, prieuré, 142.
Saint-Martin, prêtres, 202.
Salies, 34.
Sauveterre, 122.

Thèze, 91.

Xiat, prieuré, 149.

BOURBONNAIS

Ahun, 360.
Aigueperse, 636 ; chapitre, 218.
Artonne, 593.
Aubepierre, abbaye, 198.
Aubusson, 360.
Auzances, 579.
Auzesme, prieuré p.-ê. Auzances, 608.

Bellevaux, abbaye, 493.
Bourbon-l'Archambaut, chapitre, 283.

Chambon, 578.
Chantelle, 453.
Chapelle-Taillefert (la), chapitre, 136.
Charroux, 593.
Cheneraillcs, 540.
Cusset, 592 ; abbaye N.-D., 159 ; chapitre N.-D., 159.

Ébreuil, 453.
Évaux, 578.

Felletin, 540.

Gannat, 220.
Grandmont, abbaye, 136 ; chapitre, 136 ; châtellenie, 136 ; sénéchaussée, 136.
Guéret, 361.

Hérisson, 592 ; chapitre, 392.
Huriel, chapitre, 130.

Moncenoux, chapitre, 603.
Montluçon, 603 ; bernardines 522 ; chapitre, 522 ; officiers de la châtellénie, 603 ; officiers de l'élection, 521 ; officiers du grenier à sel, 603 ; officiers des traites foraines, 602 ; officiers de la ville, 522 ; prieuré de St-Pierre, 130 ; ursulines, 130.
Moulins, 282 ; chapitre, 283 ; officiers de l'élection, 453.
Moutier-d'Ahun (le), abbaye, 201.

Nevers, abbaye N.-D., 239; abbaye St-Martin, 239; bénédictins, 493; chapitre de la cathédrale, 239; chapitre et doyenné, 238; évêché, 136; officiers du bailliage et pairie, 238; officiers de l'élection, 237; officiers de la maîtrise des eaux et forêts, 239; prieuré de St-Sauveur, 597.

Palisse (la), 592.
Pontratier, couvent, 217.

Saint-Gervais, 636.
Saint-Pierre-le-Moutier, couvent, 493.
Saint-Pourçain en Auvergne, 593; prieuré, 393.
Souvigny, prieuré, 453.

Ternes (les), couvent, 241.

Verneuil, 453.
Vichy, 635; célestins, 241.

BOURGES

Aix (les), chapitre, 302.
Argy, prieuré, 525.
Aubigny, 253; augustins, 383; boulangers, pâtissiers, cabaretiers et bouchers, 268; marchands drapiers, façonniers, foulons et cardeurs, 262; notaires et procureurs, 265; prieuré, 213.
Azay-le-Ferron, prieuré, 274.

Baudres, prieuré de St-Martial, 271.
Beauvoir, abbaye, 106.
Billary, chartreuse N.-D., 73.
Bleron, prieuré, 391.
Bourgdieu, chapitre, 301.
Bourges, 209; abbaye St-Ambroise, 212; abbaye St-Laurent, 210; abbaye St-Sulpice, 210; annonciades, 302; apothicaires, 382; archevêché, 210; augustins, 331; barbiers et perruquiers, 182; bouchers, 237; boulangers, 237; cabaretiers et pâtissiers, 373; carmélites, 302; chandeliers, 414; chapitre du château, 365; chapitre N.-D. de Salle, 254; chapitre St-Étienne, 29; chapitre St-Pierre du Puellier, 101; chapitre St-Ursin, 302; chapitre de la Ste-Chapelle, 210; chirurgiens, 176; jacobins, 331; jardiniers, 414; jésuites, 61; marchands de draps, soie, épicerie, mercerie et quincaillerie, 386; marchands de chevaux, 269; maréchaussée générale, 398; maréchaussée provinciale, 398; notaires, 280; officiers des eaux et forêts de la maîtrise particulière de Bourges, 265; officiers de l'élection, 391; officiers du grenier à sel, 414; officiers du présidial, 271; officiers de la prévôté, 399; orfèvres, 210; pelletiers, parcheminiers, tailleurs et corroyeurs, 269; prêtres de l'Oratoire de Jésus, 178; prêtres du séminaire, 104; procureurs du présidial, 262; religieuses de la Congrégation, 34; tailleurs et marchands toiliers, 390; teinturiers, 410; tixers et drapiers, 391; l'Université,

211 ; ursulines, 302; Visitation, 41.

Bourras, abbaye, 348.

Buxières, abbaye, 384.

Buzançais, 431 ; couvent des religieux de Ste-Croix, 436; officiers du grenier à sel, 435; prieuré, 527.

Celle, abbaye N.-D., 212.

Cessy, prieuré, 472.

Chaise (la), prieuré, 380.

Chalivoy, abbaye, 461.

Charité (la), 216; bénédictines de N.-D. du Mont-de-Piété, 308; bouchers et charcutiers, 470; boulangers, 467; cabaretiers, 168; charpentiers, menuisiers, maçons, couvreurs et charrons, 469; chirurgiens et apothicaires, 470; maréchaux, couteliers, chaudronniers, armuriers, taillandiers et serruriers, 467; notaires et procureurs, 471; officiers de l'élection, 507; officiers du grenier à sel, 508; orfèvres, horlogers, émailleurs et vitriers, 467; prieuré de N.-D., 216; selliers, bourreliers, chapeliers et cordiers, 466.

Châteauneuf, prieuré, 417.

Châteauroux, 431; chapitre St-Martin, 301; charcutiers, 528; drapiers, foulons et cardeurs, 288; marchands de draps, soie, mercerie, épicerie et quincaillerie, 527; officiers de l'élection, 437; pénitents blancs, 520; procureurs et notaires, 432; religieuses de la congrégation N.-D., 301; tisserands, 439.

Châtillon-sur-Indre, 288; augustins, 524; cabaretiers, boulangers et bouchers, 263; chapitre, 263; marchands de draps, soie, épicerie, mercerie et quincaillerie, 263; maréchaussée, 277; officiers du bailliage et siége présidial, 263; prévôté, 274; procureurs et notaires, 263; ursulines, 260.

Châtre (la), 253; bouchers, cabaretiers et pâtissiers, 506; chapitre St-Germain, 291; drapiers, tisserands, teinturiers et cardeurs, 501; marchands de draps et de soie, 505; officiers de l'élection, 451; officiers du grenier à sel, 506; officiers des traites foraines, 506; ursulines, 302.

Chedon, prieuré, 525.

Chezalbenoît, abbaye, 214.

Cléon, prieuré, 278.

Colombe (la), abbaye, 83.

Crose, prieuré, 368.

Donzy, 507; chapitre, 309; couvent de la congrégation N.-D., 308.

Drevant, prieuré, 478.

Dun-le-Roi, 212; chapitre, 64; hospitalières, 255; officiers du bailliage, 411; officiers du grenier à sel, 256; procureurs et notaires, 227.

Faverolles, prieuré, 275.

Fontmorigny, abbaye, 217.

Givardon, prieuré, 271.
Graçay, chapitre, 98.
Gramont, prieuré, 525.
Gravier (le), prieuré, 509.

Issoudun, 211; abbaye N.-D., 215; apothicaires, chirurgiens et perruquiers, 281; bouchers et charcutiers, 283; cabaretiers et pâtissiers, 283; chapitre St-Cyr, 131; chapitre St-Denis, 131; cordonniers et savetiers, 281; drapiers drapans, foulons, tixiers en draps et tondeurs, 282; marchands de bois, tonneliers et menuisiers, 282; marchands de chevaux, 281; marchands de draps, soie, épicerie et quincaillerie, 282; meuniers et boulangers, 282; notaires, 281; officiers du bailliage de Berry, 132; officiers de l'élection, 215; officiers du grenier à sel, 199; parcheminiers, mégissiers et gantiers, 286; procureurs du bailliage de Berry, 132; serruriers, armuriers, fourbisseurs, taillandiers et maréchaux, 282; tailleurs et chapeliers, 282; tanneurs et corroyeurs, 281; tissorands, 285; ursulines, 50; vicaires de St-Cyr, 282; Visitation, 47.

orsay, couvent, 304.

Landais (le), abbaye, 270.
Lande (la), prieuré, 270.
Leuroux, 286; chapitre, 91; vicaires, 378.
Lignières, 357; chapitre, 103; ursulines, 91.
Longefond, couvent, 87.
Luçay-le-Male, prieuré, 367.

Massay, abbaye St-Martin, 213.
Maubecq, abbaye, 528.
Mehun, 251; chapitre, 251; officiers du bailliage, 260; officiers de la prévôté, 260.
Mère-Dieu (la), prieuré, 374.
Mézières, chapitre, 372.
Mizeray, abbaye, 183.

Narbonne, prieuré, 368.
Nel, prieuré, 521.
Neufvy-St-Sépulcre, chapitre, 411.
N.-D. de Miséricorde, couvent, 115.

Orsan, prieuré, 477; religieuses, 475.

Palluau, chapitre, 380.
Plaimpied, abbaye, 385.
Puy-Chevrier, couvent, 218.
Puysenaud, abbaye, 342.

Ray (le), chapitre, 262.
Reuilly, prieuré, 371.
Rouvre, prieuré, 523.

Saint-Amand, marchands de draps, épicerie, mercerie et quincaillerie, 476; pâtissiers, cabaretiers et boulangers, 476.
Saint-Benoît-du-Sault, officiers des traites, 501; prieuré, 217.
Saint-Céols, prieuré, 330.
Saint-Cyran, abbaye, 275.
Saint-Gaultier, prieuré, 291.
Saint-Gondon, prieuré, 261.
Saint-Hilaire-en-Lignières, prieuré, 456.
Saint-Laurent, abbaye, 472.
Saint-Loup, prieuré, 441.
Saint-Martin-de-Vertot, prieuré, 276.
Saint-Quentin, prieuré, 392.
Saint-Satur, abbaye, 213.
Saint-Savin, abbaye, 218.
Saint-Thibault, prieuré, 392.
Sainte-Sévère, prieuré, 450.
Sancergues, chapitre, 310.
Sancerre, 102; notaires et procureurs, 518; officiers du grenier à sel, 520; prieuré St-Martin, 169.
Sancoins, prieuré, 303.
Selles, 59; bouchers, poissonniers, charcutiers, corroyeurs, cordonniers, tixiers et cordiers, 258; cabaretiers, boulangers et pâtissiers, 259; marchands drapiers, foulons et cardeurs, 258; marchands de draps et de soie, tailleurs, mégissiers, marchands de fer et chapeliers, 259; maréchaux, serruriers, chaudronniers, menuisiers, charpentiers, couvreurs, charrons, saboticrs et tonneliers, 258; médecins, chirurgiens, chandeliers, épiciers, huiliers et potiers d'étain, 258; officiers du grenier à sel, 402; ursulines, 42.

Valençay, 431; prieuré, 258; religieuses, 258.
Vouil, prieuré, 273.
Vierzon, 59; abbaye de St-Pierre, 32; armuriers, taillandiers, serruriers et maréchaux, 419; boulangers, cabaretiers, bouchers et charcutiers, 256; chirurgiens, apothicaires, barbiers et perruquiers, 418; cordonniers, 256; marchands de draps, soie, épicerie, mercerie et quincaillerie, 257; menuisiers, tourneurs, charpentiers, charrons, couvreurs et boisseliers, 418; meuniers, cordiers, breteurs, selliers et bourreliers, 419; officiers du bailliage, 373; officiers des eaux et forêts, 275; officiers du grenier à sel, 256; procureurs et notaires, 266; religieuses du St-Sépulcre, 58; tailleurs, guêtriers, chapeliers et parcheminiers, 419; tanneurs, 257.
Villantroy, prieuré, 273.
Villedieu, prieuré, 436.
Villegouin, prieuré, 527.

BOURGOGNE

Abergment-le-Duc (l'), officiers de la prévôté, II, 524.
Accy, abbaye, I, 1130.
Aignay et Salives, officiers de la prévôté, II, 626.
Alise-Ste-Reine, cordeliers, II, 591.
Allenjoie, justice, I, 801.
Amanzé, prieuré, II, 563.
Ambronay, abbaye, II, 413; chapitre et religieux, II, 268.
Arbois, I, 967; carmélites, I, 1276; chapitre, I, 1276; prêtres de St-Just, I, 1276; tiercelines, I, 1276.
Arc-en-Barrois, ursulines, II, 626.
Ardon, officiers de la mairie, II, 635.
Argilly, officiers de la châtellenie, II, 514.
Arnay-le-Duc, II, 266; apothicaires, II, 598; boulangers, II, 126; chapeliers et cabaretiers, II, 597; charpentiers, II, 596; chirurgiens, II, 598; cordonniers, II, 597; couvreurs et blanchisseurs, II, 596; drapiers, II, 597; marchands, II, 597; maréchaux, II, 596; menuisiers, II, 596; officiers du bailliage, II, 126; officiers du grenier à sel, II, 267; pâtissiers, II, 597; pelletiers et gantiers, II, 596; selliers et bouchers, II, 596; serruriers, II, 596; tanneurs, II, 597; tissiers en toile, II, 597; ursulines, I, 531.
Autun, I, 367; abbaye St-Andoche, II, 193; abbaye St-Martin, I, 503; abbaye Ste-Marie de St-Jean-le-Grand, II, 403; apothicaires, II, 560; arquebusiers, II, 563; bouchers, II, 199; boulangers, II, 559; chapitre, I, 366; chaudronniers, II, 201; chirurgiens, II, 560; cordiers, II, 559; cordiers et tapissiers, II, 198; corroyeurs, II, 559; couturiers, II, 197; couvreurs, II, 199; cuisiniers, volaillers et rotisseurs, II, 559; drapiers, II, 198; épiciers, II, 560; ferteurs de chanvre, II, 197; fourbisseurs, couteliers et cloutiers, II, 198; hôteliers et cabaretiers, II, 560; imprimeurs et libraires, II, 403; jacobines, II, 403; jardiniers, II, 561; maçons, II, 200,

marchands de vin, II, 561; maréchaux, II, 560; menuisiers, II, 198; menuisiers et tanneurs, II, 197; merciers, II, 198; officiers de la prévôté, II, 563; orfèvres, II, 201; pâtissiers, II, 559; paumiers, II, 198; peintres et chapeliers, II, 199; pelletiers, II, 199; perruquiers et barbiers, II, 200; potiers d'étain et de terre, II, 197; prieuré de St-Symphorien, I, 366; recteurs d'écoles et écrivains, II, 562; savetiers, II, 197; selliers et bourreliers, II, 560; séminaire, I, 485; serruriers, II, 200; taillandiers, II, 197; tanneurs, II, 559; tissiers, II, 403, et II, 652; tonneliers et charrons, II, 199; ursulines, I, 366; Visitation, I, 367.

Auxerre, abbaye N.-D. des Iles, II, 727; abbaye St-Germain, II, 727; abbaye St-Julien, II, 730; abbaye St-Martin, II, 727; barbiers et perruquiers, II, 726; bizetiers et rotisseurs, II, 726; bouchers, II, 726; boulangers, II, 726; chandeliers, vinaigriers et moutardiers, II, 727; chapeliers, II, 724; chapitre St-Étienne, I, 536, et II, 661; charcutiers, II, 726; charpentiers, II, 725; chaudronniers, II, 724; cordiers, II, 725; cordonniers, II, 724; corroyeurs, II, 724; couvent de la Providence, II, 721; couvent de St-Marien, II, 501; épiciers, II, 722; évêché, I, 368, et II, 662; faïenciers et potiers, II, 724; hôteliers et cabaretiers, II, 725; jésuites, II, 730; libraires et relieurs, II, 725; maçons, II, 725; marchands de draps, II, 722; marchands de fer, II, 722; menuisiers, II, 724; merciers, II, 722; merciers et quincailliers, II, 722; officiers du bailliage et siége présidial, II, 721; orfèvres, II, 725; potiers d'étain, II, 725; prieuré de St-Amat, I, 536; prieuré de St-Germain, II, 721; prieuré de St-Pierre, II, 721; selliers et bourreliers, II, 730; séminaire, II, 725; serruriers, II, 724; tisserands, II, 724; tonneliers, II, 725; ursulines, II, 721; Visitation, II, 721.

Auxonne, I, 498; apothicaires, II, 522; bouchers, II, 523; boulangers, II, 126; cabaretiers, II, 523; charpentiers, II, 127; charrons, II, 523; cordonniers, II, 521; maçons, II, 523; maréchaux, II, 523; mariniers, II, 521; menuisiers, II, 523; officiers du bailliage, II, 522; officiers du grenier à sel, II, 523; officiers de la justice consulaire, II, 522; officiers de l'officialité, II, 521; pâtissiers, II, 522; prêtres, I, 364; selliers et bourreliers, II, 522; serruriers, II, 521; tailleurs, II, 521; tissiers de toile, II, 521; tonneliers, II, 522; ursulines, I, 361.

Avallon, II, 265; apothicaires, II, 601; bouchers, II, 592; boulangers, II, 592; chapeliers, II, 592; chapitre, I, 172

charpentiers, II, 600; chirurgiens, II, 591; cordonniers, II, 593; corroyeurs, II, 600; drapiers, II, 592; gantiers, II, 592; hôteliers et cabaretiers, II, 593; maçons et couvreurs, II, 601; maréchaux, II, 592; menuisiers, II, 593; merciers, II, 592; officiers du bailliage et de la chancellerie, II, 266; officiers du grenier à sel, II, 265; officiers de la prévôté, II, 266; Pères de la doctrine chrétienne, II, 600; savetiers, II, 593; selliers, II, 600; serruriers, II, 592; tailleurs d'habits, II, 601; tanneurs, II, 593; tissiers, II, 592; ursulines, II, 411; Visitation, I, 173.

Bagé, I, 373.
Balerne, abbaye, I, 990.
Bar-le-Régulier, prieuré, II, 126.
Bar-sur-Seine, chapitre, II, 609; mathurins, II, 611; ursulines, II, 609.
Baume-les-Dames, I, 995; abbaye, I, 914; prêtres, I, 1156.
Baume-les-Messieurs, abbaye, I, 756.
Beaune, I, 357; apothicaires, II, 511; armuriers, II, 516; barbiers et perruquiers, II, 516; bouchers, II, 514; boulangers, II, 115; bourreliers, II, 116; carmélites, I, 362; chapeliers, II, 513; chapitre, I, 359; charpentiers, II, 512; charrons, II, 118; chartreuse, I, 361, chaudronniers, II, 512; chirurgiens, II, 122; commanderie, II, 123; cordiers, II, 118; cordonniers, II, 120; corroyeurs, II, 513; couteliers, II, 514; couvreurs, I, 117; drapiers drapans et cardeurs, II, 515; épiciers, II, 512; hôteliers, II, 516; jacobines, I, 481; maçons et tailleurs de pierre, II, 117; marchands de draps et d'étoffes de soie, II, 120; marchands de fer, II, 117; maréchaux, II, 116; menuisiers, II, 118; officiers du bailliage, II, 517; officiers du grenier à sel de Beaune et chambre de Chagny, II, 513; officiers de l'officialité, II, 511; officiers des traites foraines, II, 117; Oratoire, I, 481; orfèvres, II, 122; pâtissiers, II, 515; pelletiers et gantiers, II, 513; potiers d'étain, II, 513; savetiers, II, 119; selliers, II, 118; serruriers, II, 514; taillandiers, II, 116; tailleurs, II, 117; tanneurs, II, 118; tondeurs de drap, II, 513; tonneliers, II, 119; ursulines, I, 360; vinaigriers, II, 513; Visitation, I, 359; vitriers, II, 512.
Belley, I, 20; chapitre, I, 10; ursulines, I, 20; Visitation, II, 606.
Besançon, I, 675; abbaye de Battant, I, 984; abbaye de St-Paul, I, 981; abbaye de St-Vincent, I, 1045; annonciades, I, 676; armuriers et fourbisseurs, I, 861; bénédictins, I, 1043; bouchers, I, 861; boulangers, I, 860; bour-

reliers, I, 862; carmélites, I, 675; carmes déchaussés, I, 1041; carmes de l'ancienne observance, I, 983; chapeliers, I, 861; chapitre de l'église métropolitaine, I, 675; chapitre de l'église Ste-Magdeleine, I, 677; commanderie de St-Antoine, I, 983; confrérie de St-Vernier, I, 1044; cordeliers, I, 1043; dominicains, I, 983; hôpital du St-Esprit, I, 678; jésuites, I, 679; marchands, I, 1044; menuisiers et charpentiers, I, 679; minimes, I, 981; Oratoire, I, 678; orfèvres, I, 1043; paveurs, gypsiers et couvreurs, I, 981; potiers d'étain, I, 1303; procureurs du Parlement, I, 679; selliers, I, 679; serruriers, I, 679; tailleurs, I, 1044; tailleurs de pierre et maçons, I, 1045; tanneurs et cordonniers, I, 984; Université, I, 1206; ursulines, I, 678; Visitation, I, 676 et I, 983.

Bletterans, I, 1255.

Bois-Rion, fief, II, 169.

Bonlieu, chartreuse, I, 1190; seigneurie, I, 1190.

Bouchoux (les), prieuré, I, 1197.

Bouillant, officiers de la prévôté, II, 525.

Bourbon-Lancy, II, 191; apothicaires, II, 561; bouchers, II, 561; boulangers, II, 561; cabaretiers, II, 561; chapeliers, II, 562; chapitre, II, 191; chirurgiens, II, 561; cordonniers, II, 562; épiciers, II, 588; maréchaux, II, 562; mégissiers, II, 562; officiers du bailliage et de la chancellerie, II, 200; officiers du grenier à sel, II, 558; prieuré St-Nazaire, II, 194; selliers et bourreliers, II, 562; serruriers, II, 562; tailleurs, II, 562; ursulines, II, 193; Visitation, II, 194.

Bourg, I, 373; chapitre, I, 370; chirurgiens, I, 376; clarisses, II, 295; cordeliers, I, 376; cordonniers, I, 377; dominicains, I, 375; hospitalières, I, 370; jésuites, I, 372; pénitents, I, 375; tailleurs, II, 295; ursulines, I, 371; Visitation, I, 371.

Bourgogne, province, II, 113.

Brazey, officiers de la châtellenie, II, 124.

Bresse, province, II, 296.

Brou, augustins, II, 413.

Bugey, province, II, 297.

Buillon, abbaye, I, 587.

Bussière (la), abbaye, I, 355.

Buxy, boulangers, II, 545; chirurgiens, II, 545; officiers de la mairie, II, 544.

Chagny, prieuré, II, 165.

Chalon-sur-Saône, I, 378; apothicaires, II, 166; bénédictins de St-Pierre, I, 380; boulangers, II, 544; carmélites, I, 379; carmes, II, 542; chanoines réguliers de l'ordre de St-Antoine, I, 502; chapitre de St-Georges, I, 379; chapitre de la cathédrale de St-Vincent, I, 502; charpentiers, II, 548; charrons, II, 546; chaudronniers, II, 546; chirurgiens, II, 542; cordiers, II, 547; cordon-

niers, II, 543; corroyeurs, II, 546; couturiers et blanchisseurs, II, 549; couvreurs et blanchisseurs, II, 547; drapiers, II, 538; épiciers, II, 537; fourbisseurs, II, 549; jacobines, II, 402; jardiniers, II, 547; jésuites, II, 401; lanterniers, II, 549; libraires et imprimeurs, II, 544; maçons, entrepreneurs de bâtiments et tailleurs de pierre, II, 548; maîtres à danser et joueurs d'instruments, II, 547; maîtres d'école et écrivains, II, 548; marchands de fer, II, 549; menuisiers, II, 541; merciers, II, 549; minimes, II, 402; officiers du bailliage et siége présidial, II, 165; officiers du grenier à sel, II, 538; officiers de la justice consulaire, II, 165; Oratoire, II, 401; paumiers et billardiers, II, 548; pelletiers, II, 549; prieuré de St-Marcel, I, 378, et II, 524; quincailliers, II, 549; savetiers, II, 543; selliers et bourreliers, II, 546; tailleurs d'habits, II, 547; tapissiers et bonnetiers, II, 548; teinturiers II, 547; tissiers de toile, II, 542; tonneliers, II, 548; tripiers, II, 547; ursulines, II, 401; vanniers, II, 547; vinaigriers, II, 546; Visitation, II, 164; vitriers et faïenciers, II, 548;

Champ-Chanoult, couvent, II, 618.

Champlitte, I, 740; annonciades, I, 738; augustins, I, 740; chapitre, I, 1214.

Chapelle-aux-Riches (la), chapitre, I, 361.

Charité (la), abbaye, I, 1117.

Charollais, prieuré, II, 619.

Charolles, II, 306; bouchers, II, 622; cabaretiers, II, 305; charpentiers et couvreurs, II, 622; chirurgiens, II, 622; clarisses, II, 304; cordonniers, II, 305; maréchaux, II, 622; menuisiers, II, 621; merciers, II, 305; selliers, II, 622; serruriers, II, 621; tanneurs, II, 622; tissiers en toile, II, 622; Visitation, I, 381.

Chassagne (la), abbaye, I, 374.

Château-Chalon, abbaye, I, 1271; carrossiers, I, 1271.

Château-sur-Salins, prieuré, I, 1308.

Châtillon-les-Dombes, I, 376; boulangers, II, 297; chapitre, II, 608; cordonniers, II, 295; maréchaux, II, 297; pénitents, II, 297; ursulines, I, 375.

Châtillon-sur-Seine, II, 626; abbaye N.-D., II, 416; bouchers, II, 626; drapiers, II, 625; feuillants, II, 416; savetiers, II, 626; tisserands, II, 416.

Chaussin, bouchers, II, 515; boulangers, II, 515; chirurgiens, barbiers et apothicaires, II, 546; cordonniers, II, 515; hôteliers et cabaretiers, II, 545; maréchaux, II, 545.

Cherlieu, abbaye, I, 1017.

Cîteaux, abbaye, I, 496.

Clairefontaine, abbaye, I, 1221

Clerval, I, 959; carmes, I, 1014; prêtres, I, 1156; ursulines, I, 1267.

Cluny, II, 230; abbaye, II, 229;

apothicaires, II, 572; bouchers, II, 409; boulangers, II, 229; cabaretiers, II, 574; chirurgiens, barbiers et perruquiers, II, 405; communauté des religieux, II, 229; cordonniers et savetiers, II, 405; gantiers, II, 230; maçons, II, 409; marchands de draps, II, 574; maréchaux, II, 410; serruriers, II, 410; tissiers en toile, II, 405; tonneliers, II, 405.
Combertaut, prieuré, II, 123.
Conliége, échevins, I, 1251.
Cordon, chapitre, I, 14.
Couches, bouchers, II, 560; bourgeois, II, 197; chapitre, II, 561; chirurgiens, II, 560; cordonniers, II, 195; marchands, II, 559; marchands et cabaretiers, II, 195; maréchaux, II, 201; officiers de la châtellenie, II, 199; prieuré de St-Georges, II, 563; tissiers de toile, II, 201; tonneliers, II, 195.
Courtangis, prieuré, I, 173.
Courtefontaine, prieuré, I, 944.
Cravant, officiers du dépôt des sels, II, 727; ursulines, II, 730.
Crisenon, abbaye, II, 726; communauté des religieuses, II, 726.
Cuiseau, chapitre, II, 161; charcutiers, volaillers et cuisiniers, II, 540; charpentiers, couvreurs et maçons, II, 540; chirurgiens et apothicaires, II, 539; cordonniers, II, 539; hôteliers, bouchers et boulangers, II, 539; marchands, II, 539; maréchaux, II, 539; serruriers et cloutiers, II, 539; tailleurs d'habits, II, 539; tisserands, II, 540.
Cuisery, II, 545; bouchers, II, 543; chapitre, II, 543; hôteliers et cabaretiers, II, 543; maréchaux, II, 544; tonneliers, II, 543.

Dampierre-sur-Salon, I, 1116.
Dijon, I, 497; abbaye de St-Bénigne, I, 358; abbaye de St-Étienne, I, 498; abbaye de St-Julien de Rougemont, I, 497; apothicaires, II, 516; armuriers et lanterniers, II, 525; barbiers et perruquiers, II, 512; blanchisseurs et plâtriers, II, 516; bonnetiers, II, 115; bouchers, II, 120; boulangers, II, 114; bourreliers et carrossiers, II, 511; boutonniers et horlogers, II, 525; carmélites, I, 362; carmes, II, 395; chanoines de la Ste-Chapelle, I, 496; chapeliers, II, 514; chapitre St-Jean-Baptiste, I, 361; charpentiers, II, 126; charrons, II, 121; chartreux, I, 498; chirurgiens, II, 114; cordiers, II, 512; cordonniers, II, 115; corroyeurs, II, 515; couteliers et éperonniers, II, 525; couturiers, lingers et blanchisseurs, II, 526; couvent de N.-D. du Refuge, I, 363; couvreurs, II, 395; dames de Ste-Marthe, I, 365; drapiers drapans et cardeurs, II, 122; écrivains et maîtres d'école, II, 517; épiciers, II, 114, et II,

117; faïenciers et briquetiers, II, 396; feuillants, II, 396; fondeurs, II, 515; fourbisseurs, passementiers et brodeurs, II, 525; fruitiers, orangers et limonadiers, II, 525; gantiers, II, 517; huiliers, II, 517; jacobines, I, 365; jardiniers, II, 121; jésuites, II, 128; joueurs d'instruments et maîtres à danser, II, 526; maçons et tailleurs de pierre, II, 395; marchands de draps et soie II, 114; marchands de fer, II, 521; marchands de fromage et charcutiers, II, 514; marchands de marée et de poisson d'eau douce, II, 396; maréchaux, II, 121; mégissiers et parcheminiers, II, 115; menuisiers, II, 119; merciers et quincailliers, II, 114; minimes, II, 128; officiers du grenier à sel, II, 522; officiers de la justice consulaire, II, 526; officiers de la justice de la monnaie, II, 526; officiers de la maîtrise des eaux et forêts, II, 396; officiers de la Table de marbre et des traites foraines, II, 526; Oratoire, I, 498; orfèvres, II, 515; paumiers et billardiers, II, 515; paveurs, II, 395; peintres, I, 485; pelletiers, II, 122; pochers et forestiers, II, 115; potiers d'étain, II, 516; procureurs du Parlement, II, 526; savetiers, II, 515; sculpteurs, I, 485; selliers et bourreliers, II, 516; selliers et carrossiers, II, 515; serruriers, II, 121; taillandiers, II, 516; tailleurs d'habits, II. 517; tanneurs, II, 115, et II, 119; teinturiers, II, 525; tisserands, II, 515; tondeurs de draps, II, 525; tonneliers, II, 514; traiteurs, hôteliers et cabaretiers, II, 519; tripiers, bahutiers, talonniers et formiers, II, 526; ursulines, I, 361; vanniers et sapiniers, II, 121; vinaigriers, II, 514; Visitation, I. 356; vitriers, II, 121.

Dole, abbaye de N.-D. d'Onans, I, 797; annonciades, I, 798; boulangers, I, 1130; carmélites, I, 797; chanoines, prêtres et chapelains du chapitre, I, 800; chapelains, I, 794; chapitre, I, 800; collége de St-Bernard, I, 931; collége de St-Jérôme, I, 794; confrérie des Quatre couronnés, I, 1131; confrérie de St-Bonaventure, I, 1131; confrérie de St-Cosme et St-Damien, I, 931; confrérie de St-Éloi, I, 931; confrérie de St-Homobon, I, 1131; confrérie de St-Joseph, I, 1131; confrérie de St-Michel, I, 1131; confrérie de St-Yves, I, 932, et II 132; cordonniers, I. 798; franciscaines, I, 795; jésuites, I, 798; magistrat, I, 794; ursulines, I, 795; Visitation, I, 796.

Drouvent, prieuré, II, 621.

Faucogney, I, 1091; prêtres, I. 1221.

Faverney, bénédictins, I, 1154.

Ferté (la), abbaye, I, 379.

Feste, prieuré, II, 128.

Flavigny, abbaye, II, 412; bouchers, II, 599; boulangers, II, 599; chirurgiens, II, 599; cordonniers, II, 599; hôteliers et cabaretiers, II, 599; marchands, II, 599; pâtissiers, II, 603; prêtres de St-Genest, II, 265; religieux, II, 264; tanneurs, II, 600; ursulines, II, 412.
Fontaine, bénédictins, I, 1154.
Fontaine-Française, officiers de la mairie, II, 524.
Fontenay-en-Vosges, I, 781.
Fontenet, abbaye, I, 172.
Fontmois, couvent, II, 251.
Franche-Comté, province, I, 1303.

Gex, province, II, 318.
Gex, chirurgiens, II, 628; cordonniers, II, 629; hôteliers et cabaretiers, II, 629; jésuites, II, 629; nouvelles catholiques, II, 417; ursulines, II, 314.
Gigny, chapitre, I, 1274; prieuré, I, 997.
Givry, chirurgiens, II, 537; marchands, II, 544; officiers de la maison de ville, II, 165; tisserands et blanchisseurs de toile, II, 544; tonneliers, II, 544.
Glanot, prieuré, II, 606.
Goailles, abbaye, I, 1117.
Grâce-Dieu (la), abbaye, I, 913.
Grange-du-Bois (la), prieuré, I, 574.
Gray, I, 736; annonciades, I, 739; carmélites, I, 737; carmes, I, 1210; chapitre de la chapelle royale, I, 834; cordeliers, I, 739; jésuites, 1074; prêtres, I, 1304; tiercelines, I, 739; ursulines, I, 738; Visitation, I, 737.

Is-sur-Thil, officiers du grenier à sel, II, 127; officiers de la mairie, II, 524.

Jonvelle, I, 1221.
Jouhe, couvent, I, 796.
Jussey, I, 1220.

Lagnieu, chapitre, I, 17.
Lancharre, couvent, II, 401.
Lanthenans, prieuré, I, 1117.
Larré, prieuré, II, 523.
Les Juifs, officiers de la prévôté, II, 129.
Lieu-Dieu, abbaye, I, 497.
Lons-le-Saunier, bénédictins, I, 1254; prêtres de St-Désiré, I, 1255; tiercelines, I, 1254.
Louhans, II, 537; apothicaires, II, 541; bouchers, II, 541; boulangers, II, 538; chapeliers, II, 542; charpentiers et couvreurs, II, 542; charrons, II, 542; chirurgiens, II, 541; cordonniers, II, 541; drapiers drapans, II, 538; épiciers, II, 540; marchands de draps, II, 540; menuisiers, II, 541; merciers, II, 540; selliers et bourreliers, II, 541; serruriers, II, 541; tailleurs d'habits, II, 541; tanneurs, II, 542; tissiers de toile, II, 538; vitriers, II, 542.
Lure, I, 1221; bénédictins, I, 1220.

Luxeuil, I, 888; bénédictins, I, 1154.

Macon, I, 123; apothicaires, II, 572; blanchisseurs, II, 229; carmélites, I, 369; chapitre de St-Pierre, I, 123; chapitre de St-Vincent, I, 501; chirurgiens, II, 572; confrérie des chevaliers de l'église St-Pierre, II, 574; cordiers, II, 406; cordonniers, II, 406; épiciers, II, 572; ferratiers, II, 573; jésuites, II, 230; marchands de draps, II, 572; merciers, II, 573; merciers et quincailliers, II, 573; minimes, II, 230; officiers de l'élection, II, 573; officiers du grenier à sel, II, 573; officiers de la maréchaussée, II, 573; officiers des traites foraines, II, 574; Oratoire, I, 369; perruquiers, II, 574; religieux, II, 409; ursulines, I, 124; Visitation, I, 124; voituriers par eau, II, 406.
Maizières, abbaye, I, 499.
Marcigny, bouchers, II, 408; boulangers, II, 408; cabaretiers, II, 573; cordonniers, II, 407; couvent, II, 124; marchands drapiers, II, 573; maréchaux, II, 406; selliers, II, 408; serruriers, II, 407; tailleurs, II, 406, et II, 408; tanneurs, II, 407; tissiers, II, 407.
Marcilly, abbaye, I, 170.
Meyra, chartreuse, II, 270.
Molaize, abbaye, I, 486.
Montbard, I, 174; apothicaires, II, 603; bouchers, II, 604; boulangers, II, 605; charrons, II, 605; chirurgiens, II, 604; cordonniers, II, 604; drapiers, II, 605; gantiers, II, 604; hôteliers et cabaretiers, II, 605; marchands, II, 604; maréchaux, II, 605; merciers et mégissiers, II, 604; officiers du grenier à sel, II, 599; prêtres, II, 267; savetiers, II, 604; selliers et bourreliers, II, 605; serruriers, II, 605; tanneurs, II, 604; tissiers en toile, II, 605; ursulines, I, 434.
Montbéliard, communauté des neuf bourgeois jurés, I, 803.
Montbenoît, I, 985.
Montbozon, dominicains, I, 1221.
Montcenis, II, 200; bouchers, II, 196; boulangers, II, 196; chirurgiens, II, 195; cordonniers et savetiers, II, 196; drapiers, II, 195; hôteliers et cabaretiers, II, 196; marchands, II, 201; maréchaux, II, 196; officiers du bailliage, II, 196; tissiers de toile, II, 195; ursulines, II, 194.
Montcroissant, augustins, II, 297.
Montluel, I, 374; augustins, II, 296; chapitre, I, 373; pénitents, II, 297; teinturiers de filet, II, 414; Visitation, I, 372.
Montmerle, chartreux, I, 377.
Montréal, chapitre N.-D., I, 172; prieuré de St-Bernard, I, 534.
Montrevel, augustins, I, 376.
Montroland, prieuré, I, 797.
Mont-St-Vincent, cabaretiers, II, 621; chapeliers, II, 620; maréchaux, II, 619; officiers du

grenier à sel, II, 621; tanneurs, II, 619.

Mores, religieux de l'abbaye, II, 610.

Morey, couvent, I, 888.

Morge, maison St-Antoine, II, 395.

Morteau, bénédictins, I, 1043; minimes, I, 1183.

Mouterot, prieuré, II, 626.

Mouthier-Hautepierre, I, 947; prêtres, I, 1163.

Moutier-St-Jean, abbaye, II, 261; bénédictins, I, 500.

Nantua, II, 268; collége, II, 269; prieuré de St-Pierre, II, 635; religieuses de la congrégation N.-D., II, 277.

Notre-Dame-de-l'Estang, minimes, II, 129.

Noyers, apothicaires, II, 590; bouchers, II, 591; boulangers, II, 590; cabaretiers et hôteliers, II, 590; chirurgiens, II, 590; cordonniers, II, 589; marchands d'étoffes, II, 589; maréchaux, II, 590; merciers, II, 590; officiers du grenier à sel, II, 591; Pères de la doctrine chrétienne, II, 412; savetiers, II, 589; selliers et bourreliers, II, 589; serruriers, II, 590; tanneurs, II, 590; ursulines, II, 412.

Nozeroy, I, 1230; annonciades, I, 705; chapitre de St-Antoine, I, 1042; ursulines, I, 1230.

Nuits, I, 356; boulangers, II, 116; bourreliers, II, 116; chapitre, I, 360; cordonniers, II, 124; marchands, II, 121; maréchaux, II, 117; officiers du bailliage et de la chancellerie, II, 127; officiers du grenier à sel, II, 511; officiers de la prévôté royale, II, 128; tisserands, II, 117.

Oigny, abbaye, II, 416, et II, 626.

Orgelet, I, 967; bernardines, I, 996; familiarité de l'église paroissiale, I, 967.

Ornans, I, 945; prêtres, I, 1160; ursulines, I, 948.

Palleau, prieuré, II, 126.

Paray, II, 306; apothicaires, II, 619; boulangers, II, 621; cabaretiers, II, 618; chapeliers, II, 617; chapitre, II, 305; chaudronniers, II, 618; chirurgiens, II, 307; cordonniers, II, 618; drapiers, II, 306; jardiniers, II, 621; jésuites, II, 305; maréchaux, II, 617; officiers du grenier à sel, II, 306; selliers, II, 307; serruriers, II, 618; tailleurs d'habits, II, 619; tanneurs, II, 619; ursulines, II, 305.

Pesmes, I, 739.

Pierre-Chastel, chartreuse, II, 271.

Poisses, chapitre de St-Symphorien, I, 531.

Poligny, I, 755; chapitre de St-Hippolyte, I, 755; dominicains, I, 751; hôpital du St-Esprit, I, 751; Oratoire, I, 753; ursulines, I, 754.

Pomard, officiers de la châtellenie, II, 523.

Pontaillier, magistrat, II, 124; prieuré de N.-D., II, 125.
Pontarlier, I, 1181; annonciades, I, 765; augustins, I, 1183; bernardines, I, 985; jésuites, I, 1183; prêtres, I, 1181; ursulines, I, 765.
Pont-d'Ain, II, 267.
Pont-de-Vaux, I, 536; chapitre, II, 296; ursulines, II, 296.
Pont-de-Veyle, I, 374.
Portes, chartreuse, I, 18.
Praslon, abbaye, I, 365.
Prey-les-Bourbon (la), chapitre, II, 193.
Puis-d'Orbe, abbaye, I, 501.

Quingey, I, 1016.

Rambey, seigneurie, I, 1234.
Ray, chapitre, I, 1211.
Rigny, prieuré, II, 721.
Rosières, abbaye, I, 1277.
Rouvre, officiers de la châtellenie, II, 128.

Saint-Amour, I, 1192; annonciades, I, 1189; augustins, I, 1189; chapitre, I, 1189; Visitation, I, 1189.
Saint-André-le-Désert, prieuré, II, 574.
Saint-Brouin, prieuré, II, 626.
Saint-Claude, I, 889; abbaye, I, 943, et I, 1197; annonciades, I, 913; chapitre de l'abbaye, I, 1285.
Saint-Cyr, prieuré, II, 730.
Saint-Eusèbe, prieuré, II, 730; religieux, II, 730.
Saint-Gengoux-le-Royal, II, 574; ursulines, II, 228.
Saint-Georges, chevaliers, I, 914.
Saint-Hippolyte, chapitre, I, 1267; ursulines, I, 1267.
Saint-Jean-de-Losne, II, 391; boulangers et pâtissiers, II, 520; charpentiers, II, 520; chirurgiens et apothicaires, II, 124; cordonniers et savetiers, 520; hôteliers et cabaretiers, II, 521; maréchaux, II, 520; mariniers, II, 520; officiers du grenier à sel, II, 125; officialité du prieuré de N.-D., II, 519; selliers et bourreliers, II, 520; serruriers, II, 521; ursulines, II, 391.
Saint-Jean-l'Évangéliste-en-Auxois, prieuré, I, 171.
Saint-Oyand-les-Montbelu, prieuré, II, 571.
Saint-Rambert, abbaye, II, 268.
Saint-Rigaud, abbaye, II, 230.
Saint-Romain, prêtres, I, 1281; prieuré, II, 123.
Saint-Seine, abbaye, II, 113.
Saint-Sulpice, abbaye, I, 8.
Saint-Trivier, II, 296.
Saint-Vivant-sous-Vergy, prieuré, II, 521.
Sainte-Julie, terre et seigneurie, I, 499.
Sainte-Marguerite, près Beaune, abbaye, II, 123.
Sainte-Marie, couvent, I, 910.
Salignac, chartreuse, II, 414.
Salins, I, 1308; carmélites, I, 934; chapitre de N.-D., I, 931; chapitre de St-Anatoile, I, 704; chapitre de St-Jean-Baptiste, I, 1231; chapitre de St-

Maurice, I, 704; chapitre de St-Michel, I, 935; cordeliers, I, 985; jésuites, I, 704; Oratoire, I, 704; tiercelines. I, 934; ursulines, I, 705; Visitation, I, 705.

Salmaise, prieuré, II, 627.

Saulieu, apothicaires, II, 593; bouchers, II, 594; boulangers, II, 594; chapeliers, II, 595; chapitre, II, 113; charpentiers, II, 595; chaudronniers, II, 602; chirurgiens, II, 593; cloutiers, II, 602; cordonniers, II, 594; corroyeurs, II, 601; couvreurs et maçons, II, 594; drapiers, II, 594; épiciers, II, 602; hôteliers et cabaretiers, II, 591; marchands, II, 601; marchands de fer, II, 601; maréchaux, II, 595; menuisiers et charrons, II, 602; merciers, II, 594; officiers du grenier à sel, II, 236; pelletiers et mégissiers, II, 601; potiers d'étain, II, 602; savetiers, II, 595; selliers et bourreliers, II, 595; serruriers et éperonniers, II, 595; tailleurs d'habits, II, 595; tanneurs, II, 593; tissiers de toile, II, 594; ursulines, II, 412.

Seignelay, officiers du grenier à sel, II, 722.

Seillon, chartreux, I, 373.

Semur-en-Auxois, II, 265; bouchers, II, 598; boulangers, II, 591; cabaretiers, II, 307; chapeliers, II, 588; chapitre, II, 307; chaudronniers, II, 589; chirurgiens, II, 587; cordiers, II, 588; cordonniers, II, 588; drapiers drapans, II, 587; gantiers et mégissiers, II, 588; hôteliers et cabaretiers, II, 591; jacobines, II, 235; maréchaux, II, 589; menuisiers, II, 588; officiers du bailliage et siége présidial, II, 601; officiers du grenier à sel, II, 600; perruquiers et barbiers, II, 587; potiers d'étain, II, 589; prêtres du prieuré de N.-D., II, 266; prieuré de N.-D., I, 171; savetiers, II, 588; selliers et bourreliers, II, 588; serruriers, II, 265; taillandiers, II, 589; tanneurs, II, 591; tissiers en toile, II, 265; ursulines, I, 531; Visitation, I, 171.

Semur-en-Brionnais, II, 623; officiers du bailliage, II, 622; officiers du grenier à sel, II, 621.

Seurre, II, 113; boulangers, II, 517; charpentiers et maçons, II, 125; charrons, II, 519; chirurgiens, barbiers et apothicaires, II, 125; cordiers, II, 518; cordonniers, II, 519; hôteliers et cabaretiers, II, 518; marchands, II, 518; maréchaux, II, 519; mariniers, II, 520; officiers du grenier à sel, II, 125; pâtissiers, II, 518; selliers et bourreliers, II, 518; serruriers, II, 518; tailleurs d'habits, II, 519; tanneurs, II, 519; tisserands, II, 518; tonneliers, II, 518; ursulines, I, 361.

Seyssel, II, 269; augustins, II, 275; bernardines, II, 273; Visitation, II, 272.

Tallant, officiers de la mairie, II, 127.
Tard, abbaye, I, 357.
Thil-en-Auxois, chapitre, I, 173.
Toulon, bouchers, II, 620; boulangers, II, 619; cabaretiers, II, 620; chapeliers, II, 619; chirurgiens, II, 620; cordonniers, II, 620; marchands, II, 620; menuisiers, II, 620; officiers du grenier à sel, II, 620; officiers de la mairie, II, 619; tanneurs, II, 618.
Tournus, bouchers, II, 409; chapitre de St-Philibert, II, 229; chirurgiens, II, 409; tissiers, II, 408.
Trois-Rois, abbaye, I, 1266.

Valcroissant, prieuré, II, 265.
Varambon, chapitre, I, 370.
Vauclerc, prieuré, II, 626.
Vaucluse, bénédictins, I, 1043; prieuré, I, 914.
Vaucluse, chartreuse, I, 997.
Vaucluse, prieuré, I, 755; autre, I, 1117.
Vaux-Chantegrue, seigneurie, I, 1183.
Velière (la), terre et seigneurie, I, 500.
Vercel, prêtres, I, 1160.
Verdun, chirurgiens, II, 545.
Vergy, officiers de la châtellenie, II, 524.
Verjon, fief, II, 282.
Vesoul, I, 781; annonciades, I, 780; chapitre, I, 781; jésuites, I, 1220; prêtres, I, 1220; ursulines, I, 780.
Virey, justice, I, 1304.
Viteaux, apothicaires, II, 602; bouchers, II, 600; boulangers, II, 599; chirurgiens, II, 602; cordonniers, II, 598; drapiers drapans, II, 603; gantiers, II, 603; hôteliers et cabaretiers, II, 600; marchands, II, 598; maréchaux, II, 603; merciers, II, 602; savetiers, II, 598; selliers et bourreliers, II, 603; serruriers, II, 603; taillandiers, II, 603; tanneurs, II, 598; tissiers, II, 598; ursulines, I, 363.
Voble, prieuré, I, 1189.
Vuillafans, prêtres, I, 1163.

BRETAGNE

Ambon, prieuré, II, 736.

Ancenis, I, 162; boulangers et bouchers, II, 807; chapeliers et selliers, II, 812; chirurgiens, II, 815; cordeliers, II, 1124; huissiers et sergents, II, 815; menuisiers, charpentiers, couvreurs et maçons, II, 808; merciers, orfèvres et potiers d'étain, II, 807; notaires, II, 1095; officiers de la juridiction, II, 1124; procureurs de la juridiction, II, 815; serruriers et maréchaux, II, 808; tailleurs, II, 813; tonneliers, II, 808; ursulines, II, 1092.

Antrain, juges, II, 598.

Apigné, prieuré, II, 102.

Arjon, prieuré, II, 652.

Ars, prieuré, II, 767.

Auray, II, 108; apothicaires, II, 498; avocats, II, 858; bouchers, boulangers et pâtissiers, II, 499; chandeliers, marchands de bière et de vinaigre, II, 498; charpentiers, II, 495; cordelières, II, 757; cordonniers, II, 495; drapiers, sergers et armuriers, II, 495; hospitalières, II, 757; huissiers et sergents, II, 674; marchands de draps, II, 496; marchands de fer et de vin, II, 498; menuisiers, II, 496; merciers, quincailliers, droguistes et épiciers, II, 498; notaires, II, 500; prieuré du St-Esprit, II, 768; prieuré de St-Gildas, II, 760; priseurs et greffiers, II, 500; procureurs, II, 500; serruriers, grossiers, taillandiers, chaudronniers et cloutiers, II, 499; tailleurs d'habits, II, 496; tailleurs de pierres, II, 497; teinturiers, selliers, cordiers et corroyeurs, I, 893; texiers, tonneliers et cribliers, II, 495; vitriers et sculpteurs, II, 501.

Bahullien, paroisse, II, 1165.

Ballac, juridiction du prieuré, I, 520.

Barpaulen-Oixant, prieuré, II, 699.

Barre (la), prieuré, II, 251; autre, II, 753.

Barre-le-Normand (la), II, 694.

Baud, prieuré, II, 760.
Bazouge-la-Perrouze, prieuré, I, 841.
Bazouges, juges, II, 598.
Beauchesne, prieuré, II, 743.
Beauport, abbaye, I, 133.
Bedée, prieuré, II, 691.
Begard, abbaye, I, 673.
Béré, prieuré, II, 105.
Betton, prieuré, II, 790.
Bignon (le), juridiction, I, 176.
Bodieu, II, 995.
Bois-Faroge (le), juridiction, I, 402.
Boisjolly, juridiction, I, 171.
Boismaqueau, juridiction, I, 176.
Bosquen, abbaye, I, 248.
Bouessière (la), prieuré, II, 723.
Bougerel, prieuré, II, 736.
Bourdonnière (la), juridiction, I, 563.
Bourg-des-Moutiers, prieuré St-Pierre, II, 1066.
Bourgain, II, 753.
Bourgneuf, cordeliers, II, 1092; prieuré St-Laurent, II, 1066.
Brest, II, 110; arpenteurs, priseurs et greffiers de l'écritoire, II, 1017; avocats, II, 1020; bouchers, I, 794; boulangers, I, 794; carmes déchaussés, I, 786; chandeliers, II, 516; chapeliers, I, 198; charpentiers, I, 805; chaudronniers et fondeurs, I, 796; chirurgiens et apothicaires, II, 360; cloutiers, I, 795; cordonniers, I, 795; drapiers et soiriers, I, 792; droguistes et épiciers, I, 793; Filles du Sacré-Cœur de Jésus, I, 791; fourbisseurs et armuriers, I, 793; fourreurs et selliers, I, 798; huissiers et sergents de la cour royale, II, 1021; huissiers et sergents de la juridiction, II, 1013; jardiniers, I, 802; jésuites, I, 786, et II, 286; lanterniers, I, 806; maçons et tailleurs de pierre, II, 517; maîtres à danser et violons, I, 796; maîtres écrivains et maîtres d'école, I, 801; marchands libraires, imprimeurs et papetiers, I, 800; marchands toiliers, II, 516; marchands de vin, I, 792; maréchaux et forgerons, I, 795; menuisiers, I, 797; merciers et quincailliers, I, 792; notaires, II, 519; officiers de la juridiction, II, 1013; orfèvres, I, 793; peintres, I, 799; perruquiers, I, 791; potiers d'étain et plombiers, I, 799; prieuré, II, 723; procureurs de l'amirauté, II, 1018; procureurs de la juridiction, II, 1018; serruriers, I, 795; tailleurs, I, 348; tanneurs, II, 516; tapissiers, I, 797; vitriers, II, 517.
Bretagne, province, II, 1051; huissiers du parlement, II, 769; huissiers des requêtes du parlement, II, 769; procureurs du parlement, II, 467.
Bretonnière (la), prieuré, II, 771.
Brevantel, II, 994.
Brielles, prieuré, II, 618.
Briort, juridiction, I, 168.
Bussy, prieuré St-Gildas, II, 736.
Buzay, abbaye, II, 340.

Cadoudal en Plumelec, prieuré, II, 735.
Cahouët, prieuré, II, 1122.
Caradreux, prieuré, II, 1010.
Carhaix, I, 355; arpenteurs et greffiers de l'écritoire, II, 636; avocats et procureurs, II, 559; boulangers, II, 560; carmes, I, 358; cordonniers, II, 636; hospitalières, II, 1138; huissiers et sergents, II, 636; juges, II, 560; marchands de draps et chapeliers, II, 559; prieur et chanoines, II, 1138; serruriers, maréchaux, armuriers et maçons, II, 94; ursulines, I, 849.
Carheil, juridiction, I, 177.
Carizan, prieuré, II, 782.
Casseau, juridiction, I, 177.
Champeaux, chapitre de la Magdeleine, I, 855.
Chapelle-Janson (la), prieuré, II, 744.
Charuel, baronnie, I, 41.
Chastillon, prieuré, II, 647.
Châteaubourg, prieuré, II, 725.
Châteaubriant, II, 106; apothicaires et chirurgiens, II, 810; bouchers, II, 809; boulangers, II, 810; cordonniers, II, 810; couvent de la Trinité, II, 169; experts et greffiers de l'écritoire, II, 809; juridiction, II, 173; maçons et couvreurs, II, 811; maréchaux, serruriers et armuriers, II, 810; merciers, II, 809; procureurs de la juridiction, II, 804; sergents de la juridiction, II, 1076; sergers, II, 493; sergers et tisserands, II, 811; tailleurs, II, 805; tanneurs et corroyeurs, II, 811.
Châteaugiron, prieuré de Ste-Croix, II, 743.
Châteaulin, prieuré, II, 783.
Châtel-en-Fougères, prieuré, II, 742.
Châtelaudren, prieuré N.-D.. II, 790.
Chaume (la), abbaye, I, 502.
Chaussée (la), juridiction, I, 497.
Chauvellière (la), juridiction, I, 177.
Chefchef, prieuré St-Michel, II, 1122.
Clisson, avocats et procureurs, II, 797; bénédictines, II, 1064; boulangers, bouchers, lardiers et poissonniers, II, 791; cordonniers, II, 790, et II, 812; juridiction, II, 174; marchands de draps, II, 494; marchands de toile et tissiers, II, 494; menuisiers, charpentiers, maçons, serruriers, maréchaux, potiers d'étain, selliers, tonneliers et vitriers, II, 791; notaires, II, 794; sergents et huissiers, II, 793; sergers, tailleurs et blanconniers, II, 791; tanneurs, corroyeurs, pelletiers et chapeliers, II, 792.
Clos (le), prieuré, II, 954.
Coetbugat, prieuré, II, 768.
Coetmaloen, abbaye, I, 720.
Coislin, juridiction, I, 519.
Combourg, prieuré, II, 749.
Concarneau, I, 62; arpenteurs et greffiers de l'écritoire, II, 520; avocats et procureurs, II, 519; cordonniers, charpentiers, serruriers, boulangers et bouchers, II, 521; mar-

chands de pots de terre, II, 520; marchands de vin, II, 520; médecins, apothicaires, chirurgiens et perruquiers, II, 520; notaires, II, 520; officiers de la juridiction, II, 871; prieuré, II, 782.
Conselle, prieuré St-Julien, II, 1121.
Couets près Nantes (les), couvent, I, 492.
Cour-du-Bois (la), juridiction, I, 177.
Creny, juridiction, I, 179.
Croisic (le), apothicaires, chirurgiens et perruquiers, II, 462; bouchers, II, 462; sergers, tisserands et cordonniers, II, 462; tailleurs et chapeliers, II, 461; tonneliers et vitriers, II, 463.
Crouas, prieuré, II, 728.

Daoulas, prieuré, II, 734.
Dauphinais (la), prieuré, II, 743.
Derval, prieuré St-Denis, II, 322.
Dinan, arpenteurs et greffiers de l'écritoire, II, 732; avocats, II, 440; bénédictines, II, 693; bouchers, II, 61; boulangers, II, 441; cordonniers, II, 441; huissiers et sergents, II, 997; jacobins, II, 693; maçons, tailleurs de pierre et couvreurs, II, 441; marchands de draps, II, 440; médecins et apothicaires, II, 440; menuisiers, II, 441; notaires, II, 440; officiers de la juridiction, II, 1009; perruquiers et chirurgiens, II, 440; prieuré St-Malo, II, 72; prieuré St-Sauveur, II, 66; procureurs, II, 440; serruriers, armuriers, éperonniers, cloutiers et maréchaux, II, 441; tailleurs, II, 62; tanneurs, II, 441; tessiers, II, 441.
Dinart, prieuré, II, 728.
Dol, II, 502; arpenteurs, priseurs et greffiers de l'écritoire, II, 380; avocats, procureurs et notaires, II, 380; bénédictins, II, 729; bouchers, II, 4; boulangers, II, 3; carmes, II, 749; chapitre, I, 561; cordonniers, II, 382; épiciers, merciers, quincailliers et grossiers, II, 381; évêché, II, 414; huissiers et sergents, II, 380; marchands de draps et soie, II, 381; maréchaux, serruriers et chaudronniers, II, 4; médecins, apothicaires, chirurgiens et barbiers, II, 380; officiers de la juridiction, II, 756; prieuré N.-D., II, 752, tanneurs, corroyeurs, teinturiers, tisserands et selliers, II, 382.
Donges, prieuré N.-D., II, 323.
Doulas, abbaye N.-D., II, 51.

Ecoublac, juridiction, I, 175.
Erbray, paroisse, II, 1161.
Ervillac, prieuré, II, 781.

Ferigné, prieuré, II, 306.
Fougères, I, 3; avocats, II, 595; bouchers et poissonniers, II, 590; boulangers, traiteurs, cuisiniers et pâtissiers, II, 590; charpentiers et menui-

siers, II, 590; chirurgiens, II, 590; clarisses, I, 698; cordonniers, II, 590; couteliers, éperonniers, serruriers, cloutiers, armuriers, maréchaux et loueurs de chevaux, II, 589; couvreurs, maçons, terrassiers, poêliers, blanchisseurs et chaudronniers, II, 591; huissiers et sergents, II, 1005; juges, II, 971; marchands de draps, de soie, quincailliers et droguistes, II, 589; notaires, II, 596; officiers de la maîtrise particulière des eaux et forêts, II, 971; orfèvres, libraires, pintiers, potiers et papetiers, II 588; procureurs, II, 594; selliers, bâtiers et chapeliers, II, 589; sergers et bonnetiers, II, 590; tailleurs et couturiers, II, 591; tisserands, II, 589; ursulines, I, 698.
Frossay, prieuré, II, 1123.

Gacherie (la), juridiction, I, 181.
Gacillye (la), prieuré, II, 653.
Gahard, prieuré, II, 789.
Gahel, prieuré, II, 256.
Gavre, prieuré, II, 736.
Geneston, abbaye de Ste-Magdeleine, II, 309.
Grasmouton, juridiction, II, 107.
Grebaigne, prieuré St-Georges, II, 752.
Guémenée, prieuré, II, 1073.
Guérande, apothicaires, chirurgiens et barbiers, II, 461; arpenteurs et greffiers de l'écritoire, II, 461; avocats et procureurs, II, 458; boulangers, II, 459; chapitre, I, 861; cordonniers, II, 458; corroyeurs et tanneurs, II, 459; huissiers, II, 458; jacobins, II, 1113; maçons, couvreurs et charpentiers, II, 459; marchands de draps, II, 458; marquisat, II, 114; menuisiers, cordiers et fourniers, II, 458; notaires, II, 458; officiers de la juridiction, II, 1073; religieuses, II, 1115; tailleurs, II, 459; tissiers et sergers, II, 459; tonneliers et chaudronniers, II, 459; vitriers et bouchers, II, 458.
Guerche (la), I, 181; chapitre N.-D., I, 731; commanderie du Temple, I, 730; juridiction, I, 173; officiers de la juridiction, II, 911; prieuré de la Trinité, II, 743; procureurs et notaires, II, 903.
Guernan, seigneurie, I, 42.
Guineau, prieuré, II, 1094.
Guingamp, I, 99; abbaye Ste-Croix, II, 896; apothicaires, II, 527; avocats, II, 537; boulangers, menuisiers et paveurs, I, 961; carmélites, I, 837; chandeliers, II, 527; charpentiers et serruriers, I, 960; cordeliers, II, 287; cordonniers, selliers, maçons et terrassiers, I, 961; hospitalières, II, 892; huissiers et sergents, II, 537; marchands de dentelles, merciers, épiciers, bouchers et jardiniers, I, 971; marchands de vin, I, 838; maréchaux, II, 529; notaires, II, 538; officiers de la juridiction, II, 1000; prieuré St-Sauveur, II, 789; prieuré de la Trinité,

II, 895; procureurs, II, 530; religieuses de la Charité, I, 838; tailleurs et tisserands, I, 962; tanneurs et corroyeurs, II, 527; ursulines, I, 838.
Guingnanavant-en-Machecoul, prieuré, II, 1095.

H

Hauteperche, prieuré, II, 1091.
Haye-Bottereau et Beauchesne (la), juridiction, I, 170.
Hédé, I, 757; arpenteurs et greffiers, II, 383; notaires, II, 383; officiers de la juridiction et barre royale, II, 382; procureurs, II, 383; sergents et huissiers, II, 383.
Henansal, prieuré, II, 952.
Hennebon, I, 688; apothicaires, II, 682; armuriers, selliers, tessiers, sergers et cordiers, II, 501; avocats, II, 682; bouchers, boulangers et pâtissiers, II, 497; carmes, II, 761; chaudronniers, cloutiers, plombiers et vitriers, II, 497; cordonniers, II, 497; couvreurs, maçons, terrassiers et paveurs, II, 496; gantiers, teinturiers, tanneurs et corroyeurs, II, 495; huissiers, II, 680; marchands de draps, de soie, de vin, de fer et de raisiné, II, 849; merciers, quincailliers, faïenciers, droguistes, épiciers et chandeliers, II, 497; officiers de la juridiction, II, 150; priseurs, arpenteurs et greffiers de l'écritoire, II, 677; quincailliers, merciers, droguistes et épiciers, II, 501; sculpteurs, menuisiers, charpentiers et tonneliers, II, 501; serruriers, armuriers, éperonniers, couteliers, grossiers et fourbisseurs, II, 497; ursulines, II, 853.
Hérardière (la), I, 166.
Hezo (le), prieuré, II, 735.
Hôtellerie (l'), prieuré, II, 753.

I

Iffendie, prieuré, II, 991.
Igué, prieuré, II, 763.
Isle-Fleurie (l'), prieuré, II, 1092.
Isle-Tristin (l'), prieuré, II, 779.
Isseron, II, 307.

J

Josselin, I, 36; avocats et procureurs, II, 631; boulangers et bouchers, II, 633; carmes, II, 514; cordonniers, II, 633; drapiers, II, 634; huissiers et sergents, II, 632; marchands, II, 632; menuisiers, II, 633; merciers et quincailliers, II, 632; notaires, II, 631; officiers de la juridiction, II, 631; parcheminiers et blanconniers, II, 633; prieuré St-Michel, II, 995; prieuré Ste-Croix, II, 661; religieuses, II, 513; selliers, cordiers, cloutiers et tanneurs, II, 634; serruriers et armuriers, II, 632; tailleurs, II, 634; tisserands et peigneurs de laine, II, 632.
Jouc-en-Vigneux (la), juridiction, I, 181.
Joye (la), abbaye, I, 316.
Jugon, prieuré, II, 952.
Juigné, juridiction, I, 774.

Kerbringal, I, 337.
Kerlot, abbaye N.-D., I, 711.
Kersallo, juridiction, I, 685.
Kleano, prieuré, II, 592.

Laboure, prieuré, II, 306.
Lamballe, armuriers et fourbisseurs, II, 564; augustins, I, 818; bouchers, II, 564; boulangers, II, 564; cordonniers, II, 564; couvreurs, II, 575; drapiers, II, 564; marchands de draps, II, 574; marchands de toile, II, 564; menuisiers et charpentiers, II, 564; merciers, épiciers et droguistes, II, 564; officiers de la juridiction, II, 951; selliers et maréchaux, II, 564; tailleurs, II, 564; tessiers, II, 565; ursulines, I, 829.
Lamée, archidiaconé, I, 313.
Lanchaillou, prieuré Ste-Catherine, II, 1067.
Landal, prieuré, II, 754.
Lande (la), prieuré St-Jean, II, 269.
Landehen, paroisse, II, 1164.
Landerneau, I, 335; apothicaires, II, 51; avocats, II, 264; bouchers, II, 517; boulangers, II, 517; boutonniers, pâtissiers et cabaretiers, II, 517; chaudronniers et pintiers, II, 1025; cordonniers et savetiers, II, 518; couvreurs, II, 518; maçons et paveurs, II, 518; marchands de draps et de toile, II, 1026; marchands de vin, II, 1028; maréchaux, cloutiers et selliers, II, 517; menuisiers et charpentiers, II, 51; merciers et marchands, II, 1026; notaires, II, 53; officiers de la juridiction, II, 995; procureurs, II, 53; sergents et huissiers, II, 51; serruriers, éperonniers, couteliers, arquebusiers et fourbisseurs, II, 1027; tailleurs et teinturiers, II, 52; tanneurs, corroyeurs et blanconniers, II, 518; ursulines, II, 259; vitriers, orfèvres et libraires, II, 1026.
Landes (les), juridiction, I, 243.
Landunuez, paroisse, II, 1165.
Langle, juridiction, I, 176.
Langonnec, abbaye, II, 687.
Lanmezeler, paroisse, II, 1164.
Lannaux, abbaye, I, 315.
Lannenec, prieuré, II, 239.
Lannion, I, 662; apothicaires, II, 545; arpenteurs, II, 545; augustins, II, 893; avocats, II, 545; boulangers et bouchers, II, 539, et II, 546; chapeliers, II, 546; cordiers et tessiers, II, 546; couvreurs et maçons, II, 546; hospitalières, II, 881; huissiers et sergents, II, 545; marchands, II, 545; merciers, II, 546; notaires, II, 545; pintiers et chaudronniers, II, 546; procureurs, II, 545; tanneurs et tonneliers, II, 546; ursulines, II, 885.
Lantenac, I, 635.
Lanvern, prieuré, II, 782.
Legoman, prieuré, II, 783.
Lenglet, prieuré, II, 742.
Léon, apothicaires, II, 712; bouchers et boulangers, II, 711; cordonniers, II, 711; couvreurs et maçons, II, 712; marchands de draps et de

soie, II, 697; marchands de vin, II, 698; maréchaux, serruriers, chaudronniers et cloutiers, II, 711; menuisiers, II, 712; merciers, II, 712; prieuré, I, 246; procureurs, II, 696; tailleurs, II, 712; ursulines, II, 715.

Lesneven, II, 111; arpenteurs, II, 262; avocats, II, 1034; cordonniers et cordiers, II, 1034; huissiers et sergents, II, 1031; maçons, charpentiers et couvreurs, II, 1033; marchands de draps et de soie, II, 1030; notaires, II, 1031; pintiers, vitriers et chaudronniers, II, 1034; prieuré, II, 722; procureurs, II, 1031; quincailliers et merciers, II, 1031; serruriers, armuriers et maréchaux, II, 1031; ursulines, II, 718.

Lestival, prieuré, II, 1072.

Leuré, prieuré, II, 747.

Lezardré, II, 1010.

Lixé, prieuré, II, 1097.

Locmaria (le grand), prieuré, I, 359.

Locmaria (le petit), prieuré, II, 726.

Locoal, prieuré, II, 757.

Locrvan, prieuré, II, 779.

Lomariaquer, prieuré, II, 759.

Lominé, II, 761; boulangers et texiers, II, 989; chandeliers, II, 989; charpentiers, II, 990; cordonniers, II, 253; marchands de draps, II, 252; sculpteurs et faienciers, II, 989; tailleurs, II, 253; tanneurs et corroyeurs, II, 252; vitriers et cordiers, II, 990.

Loquelven, prieuré, II, 896.

Loroux (le), prieuré, II, 1064.

Machecou, apothicaires, II, 493; bouchers, II, 492; boulangers, II, 490; chapeliers et tanneurs, II, 490; cordonniers, II, 489; marchands casseurs d'acier, II, 490; marchands de draps et de toile, II, 489; maréchaux, taillandiers, cloutiers, serruriers et vitriers, II, 493; menuisiers, charpentiers, charrons, maçons et couvreurs, II, 489; notaires, II, 490; prieuré St-Blaise, II, 1057; procureurs, II, 492; quincailliers et merciers, II, 492; religieuses du Calvaire, II, 1100; sergents et huissiers, II, 493; tisserands, blanconniers, teinturiers, corroyeurs et sergers, II, 493.

Malestroit, II, 291; apothicaires, II, 1153; bouchers, II, 1154; boulangers, II, 1153; drapiers et sergers, II, 1151; juridiction, II, 1155; marchands, II, 1156; menuisiers et charpentiers, II, 1155; merciers et chapeliers, II, 1151; notaires, II, 1155; serruriers, II, 1153; tailleurs, II, 1151; tanneurs, selliers et blanconniers, II, 1154; ursulines, II, 655.

Marne (la), juridiction, I, 175.

Martigné-Ferchaux, prieuré, II, 713.

Massaut, prieuré, II, 298.

Massorac, prieuré, II, 1072.

Mesquer, prieuré, II, 1117.

Mohon, prieuré, II, 261.

Moisdon, prieuré, II, 1126.

Monceaux, juridiction, I, 179.
Moncontour, I, 128; bouchers, II, 569; chapeliers, II, 569; cordonniers, II, 570; feronniers, II, 569; filassiers, II, 570; huissiers, II, 572; marchands de draps, II, 571; marchands de toile, II, 569; notaires, II, 578; officiers de la juridiction, II, 919; priseurs, II, 572; procureurs, II, 572; sergers, II, 570; serruriers, II, 569; tailleurs, II, 570; tanneurs, II, 568.
Mondol, prieuré, II, 754.
Montfort, abbaye St-Jacques, II, 728; officiers de la juridiction, II, 1010; prieuré St-Nicolas, II, 728; religieuses, II, 513.
Montjoye, prieuré de la Magdeleine, II, 654.
Montouair, prieuré, II, 1116.
Montour, prieuré, I, 845.
Montreuil, prieuré, II, 694.
Morlaix, I, 51; apothicaires, II, 957; arpenteurs, II, 956; avocats, II, 959; bénédictines, II, 1002; bouchers, I, 833; boulangers, II, 366; boutonniers, vitriers et étaminiers, II, 961; chapeliers, II, 695; charpentiers et menuisiers, II, 366; cordiers, II, 958; cordonniers, II, 367; corroyeurs, II, 957; couvreurs d'ardoise, II, 258; épiciers, II, 956; greffiers, II, 958; huissiers et sergents, II, 708; jacobins, II, 257; juges de la cour royale, II, 231; lanterniers et plombiers, II, 957; maçons, II, 958; marchands de soie et de laine, II, 967; marchands de toile, II, 959; marchands de vin, II, 956; orfèvres, II, 957; prieuré St-Mathieu, II, 257; prieuré St-Melaine, II, 257; procureurs, II, 956; selliers et maréchaux, II, 366; tailleurs, II, 366; tissiers et emballeurs, II, 366; tonneliers, II, 957; ursulines, I, 833.
Moulin-Henriet (le), juridiction, I, 183.
Muzillac, ursulines, II, 738.

Nantes, I, 162; apothicaires, II, 468; armuriers, II, 470; blanconniers, II, 467; bonnetiers, II, 479; bouchers, II, 467; boulangers, II, 469; carmélites déchaussées, II, 317; carmes, II, 1101; chapeliers, II, 470; chapitre N.-D., I, 177; chapitre St-Pierre, I, 178; charpentiers, II, 493; chartreuse, II, 307; chirurgiens, II, 169; ciergiers, II, 482; cloutiers, II, 471; cordiers, II, 467; cordonniers, II, 470; corroyeurs, II, 466; couteliers, II, 1102; couvreurs d'ardoise, II, 486; experts, priseurs, arpenteurs et greffiers de l'écritoire, II, 1118; gabarriers, II, 488; horlogers, II, 1102; huissiers de l'amirauté, II, 1119; huissiers de la Chambre des comptes, II, 1120; huissiers au présidial, II, 1102; jacobins, II, 1119; jésuites, II, 1174; libraires, imprimeurs et relieurs, II, 465; marchands de draps et de soie, II, 37;

marchands de toile, II, 479; maréchaux, II, 469; médecins, II, 1100; menuisiers, II, 479; minimes, II, 1119; officiers de l'amirauté, II, 1120; officiers de la monnaie, II, 1102; officiers des traites foraines, II, 1119; orfèvres, II, 466; pâtissiers, II, 1066; pelletiers, II, 466; perruquiers, II, 488; potiers, II, 471; potiers d'étain et plombiers, II, 477; prieuré de Ste-Croix, II, 322; procureurs en la Chambre des comptes, II, 1120; procureurs au présidial, II, 1078; quincailliers, II, 479; religieuses du Calvaire, II, 1106; religieuses de Ste-Élisabeth, II, 1067; selliers, II, 470; sergents royaux, II, 1121; serruriers, II, 467; taillandiers, II, 467; tailleurs, II, 479; tanneurs, II, 469; tissiers, II, 469, et II, 1076; tonneliers, II, 479; Université, I, 164; ursulines, II, 316; Visitation, I, 177; vitriers, II, 470.

Notre-Dame-de-Toutejoie, prieuré, I, 168.

Noyal-sur-Vilaine, prieuré, II, 743.

Paimpol, bouchers, II, 528; boulangers, II, 528; cordonniers et corroyeurs, I, 971; couvreurs et maréchaux, II, 528; filandiers, cordiers et tessiers, II, 528; marchands, I, 971; meuniers, II, 1132.

Paimpont, abbaye, II, 611.

Pallet (le), prieuré St-Étienne, II, 1070.

Parc (le), prieuré, II, 783.

Peaulle, doyenné, I, 529.

Penbré-en-Arserac, prieuré N.-D., II, 1042.

Pérouse, juridiction, I, 764.

Pertre (le), prieuré, II, 649.

Pirmil, prieuré St-Jacques, I, 168.

Plessis-Gaultron (le), juridiction, I, 753.

Pleubihan, prieuré, II, 895.

Ploermel, I, 21; apothicaires, II, 628; armuriers, cloutiers et chaudronniers, II, 628; arpenteurs et greffiers de l'écritoire, II, 291; avocats et procureurs, II, 627; bouchers, pâtissiers et boulangers, II, 629; carmes, II, 260; cordonniers, II, 630; couvreurs et maçons, II, 629; huissiers et sergents, II, 628; marchands de draps, de serge et quincailliers, II, 628; maréchaux et serruriers, II, 630; menuisiers, charpentiers et tonneliers, II, 629; notaires, II, 627; officiers de la juridiction, II, 1007; potiers d'étain, II, 628; prieuré St-Nicolas, II, 985; tailleurs, II, 630; tanneurs, corroyeurs et blanconniers, II, 629; tisserands, II, 630; ursulines, II, 996.

Ploudalmezeau, paroisse, II, 1161.

Plougasnou, prieuré, II, 896.

Plouguenoal, prieuré, II, 953.

Plouharzel, prieuré, II, 262.

Plouzané, paroisse, II, 1164.

Pont, prieuré, II, 755.

Pont-l'Abbé, apothicaires, II.

523; boulangers et bouchers, II, 523; carmes, II, 778; cordonniers, II, 523; maçons, serruriers et cloutiers, II, 523; marchands de blé et de vin, II, 523.
Pontchâteau, prieuré, II, 1058.
Pontivy, I, 641; apothicaires, II, 625; avocats, II, 624; bouchers, II, 626; boulangers, II, 626; cordonniers, II, 626; huissiers, II, 624; marchands de draps, II, 624; marchands de poivre, chandelles, beurre et autres marchandises, II, 625; marchands de toile, II, 625; menuisiers et charpentiers, II, 626; merciers, II, 625; notaires, II, 624; plombiers et pintiers, II, 627; procureurs, II, 624; tailleurs, II, 626; tanneurs et sculpteurs, II, 626; ursulines, II, 759.
Ponthou, prieuré, II, 896.
Pontrieux, boulangers et bouchers, II, 531; cordonniers, II, 532; marchands de vin, II, 531.
Pornic, abbaye, II, 1091.
Port-Lambert, juridiction, I, 181.
Port-St-Père, prieuré St-Martin, II, 1123.
Prières, abbaye, I, 315.
Prigné, prieuré, II, 1091.

Quebriac, prieuré, II, 694.
Quelen, juridiction, I, 517.
Quiberon, prieuré St-Clément, II, 736.
Quifistre, I, 171.
Quimper, I, 1; avocats, II, 195; bénédictins, II, 661; bouchers, II, 362; boulangers, II, 521; chapitre, I, 359; charpentiers, II, 194; chirurgiens, II, 868; cordonniers, I, 980; couvreurs, II, 522; huissiers, II, 686; jésuites, II, 197; maçons, II, 522; marchands de blé et de vin, II, 193; marchands chandeliers, épiciers, ciriers, droguistes, libraires et vitriers, II, 194; marchands de draps, II, 521; maréchaux, cloutiers, serruriers, arquebusiers, couteliers et grossiers, II, 362; médecins, II, 274; menuisiers, II, 865; notaires de la sénéchaussée, II, 875; officiers de l'amirauté, II, 686; officiers du siége présidial, II, 869; orfèvres et pintiers, II, 521; priseurs, arpenteurs et greffiers de l'écritoire, II, 865; procureurs de l'amirauté, II, 865; procureurs du siége présidial, II, 199; tailleurs d'habits, II, 362; tanneurs et blanconniers, II, 521; tissiers, II, 362; ursulines, I, 817.
Quimperlé, I, 687; abbaye Ste-Croix, II, 651; armuriers, selliers et cloutiers, II, 610; arpenteurs et greffiers de l'écritoire, II, 607; avocats et procureurs, II, 1134; boulangers, II, 608; chirurgiens et apothicaires, I, 975; cordonniers, II, 608; huissiers, II, 611; marchands de draps, I, 975; merciers et chapeliers, I, 975; notaires, II, 607; officiers de la juridiction, II, 1134; perru-

quiers et barbiers, II, 1134; prévôté, II, 783; taillandiers et charpentiers, II, 608; ursulines, II, 734.
Quintin, II, 112; apothicaires, II, 585; avocats, II, 582; bouchers, II, 567; carmes, II, 920; chapitre de la collégiale, II, 931; cordonniers, II, 567, et II, 573; couvreurs, II, 567; huissiers et sergents, II, 578; juges, II, 582; maréchaux, II, 567; merciers, II, 567; notaires, II, 579; potiers d'étain, chaudronniers et cloutiers, II, 568; procureurs, II, 579; tailleurs, II, 568; tanneurs, II, 567; tisserands, II, 567.

Ramée (la), juridiction, I, 488.
Redon, I, 863; abbaye, I, 362; apothicaires, II, 449; bouchers, II, 451; boulangers, II, 451; chapeliers, boutonniers et ceinturiers, II, 451; cordonniers, II, 450; huissiers, II, 452; jardiniers, II, 451; marchands de draps, de soie, serge, laine et de toile, II, 450; marchands en gros, II, 449; mesureurs et porteurs de blé, II, 450; notaires, II, 453; porteurs et mesureurs de sel, II, 450; prieuré de Claustreal, II, 658; prieuré St-Nicolas, II, 1011; procureurs, II, 452; quincailliers, merciers, faïenciers et droguistes, II, 452; religieuses du Calvaire, II, 368; sergers, II, 451; tailleurs, II, 452; tanneurs, corroyeurs, gantiers et blanconniers, II, 450; tissiers, II, 451; tonneliers, tourneurs, menuisiers et charpentiers, II, 450; ursulines, I, 864; vitriers et selliers, II, 451.
Regrippière (la), couvent, II, 182.
Rellec, abbaye N.-D., I, 550.
Rennes, I, 3; abbaye St-Georges, I, 375; abbaye St-Melaine, I, 760; apothicaires, II, 376; augustins, I, 766; bâtiers et bourreliers, I, 763; bouchers, I, 749; boulangers, I, 478, et I, 765; boulangers forains, I, 763; carmélites, II, 356; carmes, I, 761; chapitre de la cathédrale, I, 38; charpentiers, I, 770; chirurgiens, I, 479; ciergiers et ciriers, I, 762; communauté des dix-huit généraux, II, 744; cordeliers, I, 481; cordiers et filassiers, I, 765; cordonniers, I, 750; corroyeurs et tanneurs, I, 752; couteliers et éperonniers, I, 764; couvent N.-D., de la Charité, I, 391; couvreurs, I, 767; dominicains de Bonnenouvelle, I, 760; épiciers et droguistes, I, 765; experts, arpenteurs, priseurs et greffiers de l'écritoire, II, 422; fourbisseurs et armuriers, I, 759; fripiers, I, 762; gantiers, I, 748; horlogers et graveurs, I, 768; huissiers du présidial, II, 447; imprimeurs, I, 759; jésuites, I, 749; maçons et entrepreneurs, II, 376; maîtres à danser, I, 769; marchands de draps, I, 5; marchands merciers et quincailliers, I, 769; mar-

chands de poisson, I, 767; marchands de vin en gros, I, 758; maréchaux, I, 751; médecins, II, 620; menuisiers, I, 750; minimes, II, 746; notaires, II, 415; officiers de la monnaie, II, 620; officiers de l'officialité, II, 621; officiers du présidial, II, 789; orfèvres, II, 105; pâtissiers et traiteurs, I, 478; peintres, vitriers, sculpteurs et doreurs, I, 764; perruquiers, I, 770; poêliers et fondeurs, I, 767; potiers d'étain, II, 375; prieuré St-Sauveur, II, 726; procureurs du présidial, II, 415; religieuses du Calvaire, II, 746; religieuses hospitalières de St-Yves, I, 389; selliers et carrossiers, I, 761; sergents du présidial, II, 420; sergers, I, 754; serruriers, I, 771; taillandiers, I, 761; tailleurs, I, 745; tapissiers, I, 768; teinturiers, I, 748; tourneurs, I, 766; ursulines, I, 389; Visitation, I, 198.

Rieux, prieuré, II, 661.

Rillé, abbaye, I, 486.

Rive, abbaye St-Pierre, II, 277.

Roche-Bernard (la), I, 4; bouchers, II, 463; chapeliers, II, 463; chirurgiens, apothicaires et perruquiers, II, 463; corroyeurs, selliers et cordiers, II, 463; couvreurs et maçons, II, 461; marchands de draps, droguistes et épiciers, II, 461; notaires, II, 464; procureurs, II, 461; sergents, II, 461.

Rochederien (la), cordonniers, II, 532; couvreurs, maçons et autres, II, 532; marchands, II, 532; prieuré St-Jean, II, 889.

Romazy, prieuré, I, 845.

Roslandrieu, prieuré, II, 752.

Rouans, prieuré, II, 1091.

Rougoul, juridiction, I, 517.

Rufflac, prieuré, II, 652.

Ruys, huissiers et sergents, II, 989.

Saillé, prieuré, II, 1114.

Saint-Agathon, prieuré, II, 1015.

Saint-Aubin-des-Bois, abbaye N.-D., I, 613.

Saint-Brevin, prieuré, II, 1062.

Saint-Brieuc, I, 248; avocats, II, 915; bénédictines du Calvaire, II, 1038; bouchers, I, 827; boulangers, II, 562; chapitre, I, 129; cordonniers, II, 562; évêché, II, 954; huissiers audienciers, II, 917; imprimeurs, libraires, apothicaires et marchands filotiers, II, 563; marchands épiciers et de menues denrées, II, 562; menuisiers, charpentiers et maçons, II, 562; notaires, II, 566; officiers de l'amirauté, II, 925; officiers de la juridiction, II, 918; orfèvres, II, 563; potiers d'étain, teinturiers et boutonniers, II, 563; procureurs, II, 566; sergers, corroyeurs et tanneurs, II, 563; serruriers, maréchaux et selliers, II, 562; tailleurs d'habits et tisserands, II, 562; ursulines, II, 922; vitriers, chapeliers, maîtres d'école et joueurs d'instruments, II, 563.

Saint-Broladre, prieuré, II, 752.
Saint-Cado, prieuré, II, 765.
Saint - Christophe - des - Bois, prieuré, II, 742.
Saint-Cyr, prieuré, II, 756.
Saint-Georges-en-Nort, prieuré, II, 1126.
Saint-Germain-en-Vay, prieuré, II, 1097.
Saint-Gildas, abbaye, II, 185.
Saint-Gildas-des-Bois, abbaye, I, 735.
Saint-Gilles, prieuré, II, 790.
Saint-Gilles-en-Moigné, prieuré, II, 645.
Saint-Girou, prieuré, II, 1092.
Saint-Guen, prieuré, II, 761.
Saint-Guenel, prieuré, II, 767.
Saint-Jacut, abbaye, I, 761.
Saint-Jean-des-Prés, abbaye, II, 278.
Saint-Lazare, prieuré, II, 1094.
Saint-Malo, amirauté, II, 439; apothicaires, II, 503; avocats, II, 438; bénédictines, II, 728; bénédictins, II, 728; bouchers, II, 439; boulangers, II, 24; chapitre, I, 96; chirurgiens, II, 438; consulat, II, 439; cordiers, II, 439; évêché, II, 1010; experts, priseurs et greffiers de l'écritoire, II, 110; grossiers de fer, II, 110; horlogers, II, 732; huissiers de l'amirauté, II, 438, et II, 731; lardiers et poulaillers, II, 24; maçons et architectes, II, 25; marchands de toile, de draps, de soie, merciers, quincailliers, chapeliers, droguistes, épiciers et chandeliers, II, 109; menuisiers, soudeurs, tourneurs, poulayeurs, toiliers, II, 503; notaires, II, 438; officiers de la juridiction, II, 731; perruquiers, II, 438; pintiers et plombiers, II, 503; potiers d'étain, II, 731; procureurs de la juridiction, II, 438, et II, 731; religieuses du Calvaire, II, 728; serruriers, II, 109; tanneurs, II, 438; tissiers, II, 439; ursulines, II, 512.
Saint-Mars, justice de la seigneurie, I, 162; paroisse, II, 1164.
Saint-Martin, prieuré, II, 775; autre, II, 952; autre, II, 1094.
Saint-Mathieu près Brest, abbaye, I, 277.
Saint-Maurice, abbaye, I, 974.
Saint-Meen, abbaye, II, 728.
Saint-Melaine, prieuré, II, 952.
Saint-Michel, prieuré, II, 952.
Saint - Michel - en - Machecou, prieuré, II, 1066.
Saint - Michel - des - Montagnes, prieuré, II, 1000.
Saint - Nicolas - sur - Blouet, II, 759.
Saint-Ouen, prieuré, II, 1008.
Saint-Pedreuc, II, 753.
Saint-Philbert, prieuré, II, 340.
Saint-Pol-de-Léon, I, 3; avocats, II, 995; carmes, II, 651; chapitre, II, 162; minimes, II, 265; notaires, II, 264.
Saint-Remy-du-Plan, prieuré, I, 844.
Saint-Renan, prieuré, II, 723.
Saint-Sulpice, abbaye, II, 748.
Saint-Symphorien, prieuré, II, 306, et II, 735.
Saint-Thomas-de-Montigny, juridiction, I, 170.
Saint-Tremeur, prieuré, I, 850.

Saint-Viau, prieuré, II, 1081.
Sainte-Anne-en-Auray, carmes, II, 738.
Sainte-Catherine, prieuré, II, 991.
Saints (les), prieuré, II, 767.
Sala-en-St-Herblin (la), juridiction, I, 183.
Savarière et le Chesne-Cottreau (la), juridiction, I, 173.
Savenay, cordelières, II, 1113.
Sens, prieuré, I, 814.
Septsains, paroisse, II, 1161.
Suaudais (la), juridiction, I, 180.

Taron, Limar et Bougon, I, 174.
Taupont, prieuré, II, 260.
Teillé, prieuré, II, 1097.
Templière-Bourdinière (la), juridiction, I, 873.
Tinteniac, prieuré, II, 639.
Trédias, prieuré St-Georges, II, 694.
Trédion, prieuré, II, 737.
Tréguier, I, 261; apothicaires, II, 538; avocats, II, 533; bouchers, II, 893; boulangers, II, 534; chapitre, I, 260; cordonniers, II, 534; corroyeurs, II, 533; évêché, II, 896; hospitalières, II, 890; jardiniers, II, 533; marchands de draps, II, 530; marchands de savon, chaussetiers et merciers, II, 533; marchands de vin, II, 533; maréchaux, II, 534; menuisiers et charpentiers, II, 534; missionnaires, II, 894; notaires, II, 533; officiers de la ville, II, 532; procureurs, II, 533; tailleurs, II, 534; tessiers, II, 534; ursulines, II, 536.
Trinité (la), prieuré, II, 515.
Tronchet (le), abbaye, II, 750.

Val (le), juridiction, I, 506.
Val-de-Morière (le), couvent, II, 314.
Vannes, I, 118; apothicaires, II, 835; armuriers, II, 499; arpenteurs, II, 844; avocats, II, 502; barbiers et perruquiers, II, 494; bouchers, II, 184; boulangers et pâtissiers, II, 498; carmes du Bondon, I, 530; chandeliers et vendeurs de petite marchandise, II, 500; chapitre, I, 316; charpentiers, II, 499; chirurgiens, I, 783; cordeliers, II, 746; cordonniers, I, 784; corroyeurs, drapiers, sergers et teinturiers, II, 495; couvent de Nazareth, I, 530; couvent N.-D. de Charité, I, 530; couvreurs, II, 835; faïenciers, sculpteurs et horlogers, II, 500; hospitalières, II, 357; huissiers audienciers du présidial, II, 853; huissiers du bureau des finances, II, 851; imprimeurs et libraires, II, 496; jacobins, II, 737; jésuites, II, 736; juges de l'amirauté, II, 499; juridiction, II, 852; maîtrise des eaux et forêts, II, 502; marchands de blé, de vin et de fer, II, 496; marchands de draps, II, 857; marchands de toile, II, 497; maréchaux, II, 498; menuisiers, II, 494; notaires, II, 502; officiers du bureau des finances, II, 851; orfèvres, II, 496; poêliers, potiers d'étain et

couteliers, II, 496; présidial, II, 498; procureurs de l'amirauté, II, 855; procureurs des finances, II, 502; procureurs du présidial, II, 502; tailleurs, II, 357; tanneurs et gantiers, II, 495; tapissiers, boutonniers et chapeliers, II, 499; terrassiers et paveurs, II, 857; tessiers, II, 857; tourneurs, II, 834; ursulines, I, 531; Visitation, I, 528; vitriers, I, 895.
Varades, prieuré, II, 1092.
Vieille-Tour, prieuré, II, 277.
Vieuville (la), abbaye, I, 208.
Vigneux (le), juridiction, I, 176.
Vilcartiers, officiers de la maîtrise, II, 589.
Villamée, prieuré, II, 727.
Villeneuve, abbaye, I, 781.
Vincent, prieuré, II, 768.
Vitré, I, 183; apothicaires, II, 554; augustins, II, 647; bénédictines, I, 729; bouchers, II, 363; boulangers, II, 363; chandeliers et marchands de menues denrées, II, 552; chapitre de la Magdeleine, II, 362; charpentiers, I, 857; cloutiers, II, 363; confrérie des marchands d'outre-mer, I, 987; confrérie du St-Sacrement, I, 857; cordonniers, II, 363; gantiers, ceinturiers et chapiers, I, 986; huissiers et sergents, II, 911; jacobins, II, 743; manouvriers, II, 365; marchands de draps, merciers et quincailliers, II, 364; maréchaux, II, 364; menuisiers, II, 365; officiers de la juridiction, II, 908; potiers et chaudronniers, II, 553; prieuré Ste-Croix, II, 789; procureurs de la juridiction, II, 551; religieuses de la Miséricorde, I, 731; sergers, II, 364; serruriers, II, 365; tailleurs, II, 364; tanneurs et corroyeurs, II, 364; tissiers, II, 365; ursulines, II, 551.
Vretou, chapitre St-Martin, I, 503; juridiction de la prévôté, I, 503; prieuré St-Pierre, II, 1089.

CHAMPAGNE

Amour-Dieu (l'), abbaye, 793.
Andecy, abbaye, 423.
Argensolles, abbaye, 792.
Arivour (l'), abbaye, 476.
Avenay, abbaye, 572.

Bar-sur-Aube. 552; chapitre St-Maclou, 553; ursulines, 557.
Beaulieu, abbaye, 779; religieux, 524.
Belval, abbaye N.-D., 442; prieuré N.-D., 96.
Benoitevaux, abbaye, 801.
Bonnefontaine, couvent, 443.
Boulancourt, couvent, 392.
Brieulle-sur-Meuse, couvent N.-D., 443.
Broyes, chapitre, 898.

Châlons, 313; apothicaires et épiciers, 837; bouchers et charcutiers, 852; boulangers, 655; chapeliers, bonnetiers, pelletiers et manchonniers, 847; chapitre N.-D., 415; chaudronniers, maréchaux et mégissiers, 846; chirurgiens, barbiers et perruquiers, 838; ciriers, corroyeurs, vitriers et chandeliers, 852; cordonniers et savetiers, 847; couvent de la Trinité, 361; cuisiniers, traiteurs, rôtisseurs, tonneliers, gourmets et vinaigriers, 848; drapiers et merciers, 669; drapiers et sergers, 850; jésuites, 405; libraires et imprimeurs, 849; maçons, couvreurs, tortheurs et renduiseurs, 857; marchands de fer et teinturiers par eau, 852; menuisiers et tourneurs, 851; officiers de l'élection, 423; officiers du grenier à sel, 853; officiers du présidial, 424; orfèvres et potiers d'étain, 849; pannetiers, vanniers, charrons et cordiers, 849; pâtissiers et paindépiciers, 848; religieuses de la congrégation Ste-Marie, 406; religieuses de N.-D. de Vinay, 405; religieuses de St-Joseph, 410; retondeurs et charpentiers, 857; selliers, bourreliers et tisserands, 848; grand séminaire, 841; serruriers, arquebusiers, taillandiers et cloutiers, 854; tail-

leurs et couturiers, 851; tanneurs, 845; ursulines, 407.
Charmoie (la), abbaye, 792.
Châteauporcien, 441; officiers du grenier à sel, 864.
Châtrices, couvent, 523.
Chaumont, 584; abbaye St-Bertault, 387; collége des jésuites, 624; officiers du bailliage et siége présidial, 903; officiers de l'élection, 802; officiers du grenier à sel, 622; officiers de la maîtrise du bailliage, 802; officiers de la prévôté, 803; officiers des traites foraines, 803; ursulines, 611.
Cheminon, abbaye, 221.
Chéry, couvent, 691.
Clairvaux, abbaye, 555 et 556.
Cormicy, officiers du grenier à sel, 867.
Courtisols, prieuré de la Magdeleine, 834.
Creste (la), couvent, 776 et 885.

Donchery, 157.

Épernay, abbaye St-Martin, 573 et 894; apothicaires et chirurgiens, 895; boulangers, 895; cordonniers, 897; officiers de l'élection, 574; tanneurs, 896; tisserands, menuisiers, charpentiers et savetiers, 898; ursulines, 792.
Escouvrolle, prieuré, 762.

Fismes, 387; merciers, bouchers et boulangers, 878.
Foissy, religieuses, 497.

Grave, prieuré, 851.

Hautvillers, abbaye, 793.
Huiron, abbaye, 315.

Igny, abbaye, 429.

Joinville, annonciades, 344; bouchers, 517; boulangers et pâtissiers, 516; chapitre St-Laurent, 344; confrérie St-Éloi, 515; couvreurs, 514; maçons, 513; marchands, 517; menuisiers et charpentiers, 512; prieuré N.-D. de la Pitié, 344; tailleurs et couturiers, 515; tanneurs et cordonniers, 511; tisserands, 513; ursulines, 344.

Landeul, couvent, 442.
Langres, 317; chapitre de la cathédrale, 316; officiers de l'élection, 528; officiers du présidial, 525; officiers des traites foraines, 532; religieuses du tiers-ordre de St-Dominique, 763; ursulines, 755; Visitation, 763.
Longuay, couvent, 763.
Longué, couvent, 448.
Longueau, abbaye N.-D., 435.
Lugny, chartreuse, 538.

Mazarin. Voy. Rethel.
Mézières, 28; annonciades, 724;

chapitre St-Pierre, 343; confrérie de la Magdeleine, 722; confrérie de St-Crespin, 722; confrérie de St-Éloi, 723; confrérie de St-Sébastien, 723.
Moncets, abbaye, 668.
Montdieu, chartreuse, 694.
Montfaucon, chapitre St-Germain, 340.
Montier-en-Der, abbaye, 512.
Montier-la-Celle, abbaye, 469.
Morimond, abbaye, 760; religieux, 524.
Mouy, couvent, 506.
Mouzon, 317.
Mureaux, couvent, 621.
Mussy-l'Évêque, chapitre, 780.

Notre-Dame-en-l'Isle, couvent, 480.
Notre-Dame-des-Rosiers, prieuré, 450.

Plancy, chapitre St-Laurent, 901.
Plez (le), couvent N.-D., 716.
Poulangis, abbaye, 613.
Prix-les-Mézières, prieuré, 721.

Reims, abbaye St-Denis, 693; abbaye St-Étienne, 437; abbaye St-Nicaise, 690; abbaye St-Pierre, 314; abbaye St-Remi, 432; abbaye St-Thierry, 78; bonnetiers, 436; boulangers et pâtissiers, 438; carmélites, 341; chanoines réguliers de l'ordre de St-Antoine, II, 55; chapeliers, 433; chapitre St-Balsami, 386; chapitre de la cathédrale, 313; chapitre St-Symphorien, 690; chapitre St-Timothée, 339; charcutiers, 434; conseil de la ville, 313 et 457; cordelières de Ste-Claire, 386; cordonniers, 433; drapiers et merciers, 876; épiciers, 689; jardiniers, 440; jésuites, 433; merciers, 340; officialité, 688; officiers du présidial, 858; orfèvres, 443; pain-d'épiciers, 437; pelletiers, 436; religieuses de la congrégation N.-D., 436; savetiers, 434; séminaire, 687; teinturiers, 439; Université, 438; vinaigriers, 435.
Renel, chapitre, 902.
Rethel ou Mazarin, 157; boulangers et paindépiciers, 390; charpentiers, 391; charrons, 391; chirurgiens, 390; cordiers, 389; couvreurs, 391; drapiers et sergers, 389; épiciers, 389; greffiers, 389; maçons, 390; marchands de fer, 389; menuisiers, 390; merciers, 716; minimes, 508; religieuses de la congrégation N.-D., 506; serruriers, armuriers et éperonniers, 717; tailleurs, 505.

Saint-Basle, abbaye, 433.
Saint-Dizier, 295; abbaye, 317; ursulines, 901.
Saint-Pierre-au-Mont, abbaye, 666.
Saint-Sauveur-les-Vertus, abbaye, 407.
Saint-Urbain, abbaye, 517.
Sainte-Germe, abbaye, 532.

Sainte-Gemme, abbaye, 532.
Sainte-Menehould, 521; religieuses de la congrégation N.-D., 523.
Sainte-Vaubourg, prieuré, 451.
Sedan, 257; cordonniers, 518; jésuites, 518; prêtres de la Mission, 518; religieuses de la propagation de la foi, 518.
Septfontaines, abbaye, 625.
Sézanne, 795; abbaye N.-D., 900; chapitre St-Nicolas, 900; couvent St-Julien, 658; officiers du bailliage, 902; officiers de l'élection, 900; officiers de la maîtrise des eaux et forêts, 900.
Signy, abbaye, 692.

Tour-sur-Marne, prieuré, 851.
Toussaints-en-l'Ile, abbaye, 668; religieux, 666.
Troyes, 315; bouchers, 478; boulangers, 481; carmélites, 488 et 499; chapitre St-Étienne, 466; chapitre St-Pierre, 468; chartreuse, 471; couvent St-Antoine-St-Martin, 477; couvent St-Loup, 476; couvent S-Martin-ès-Aires, 471; pâtissiers, 473; religieuses de la Congrégation, 498; religieux de la Mission, 711; religieux de la Trinité du faubourg St-Jacques, 479; ursulines, 498; Visitation, 491.

Val-des-Écoliers (le), abbaye, 610.
Valdosne (le), prieuré, 344.
Valroi (la), abbaye, 447.
Vaucouleurs, 660; annonciades grises, 635; chapitre, 638.
Vertus, 650.
Vouve (la), ministrerie, 853.
Vitry, 315; abbaye St-Jacques, 371; apothicaires et épiciers, 222; avocats et procureurs, 314; bailliage et siége présidial, 369; barbiers et perruquiers, 370; chapitre N.-D., 311; couvent N.-D., 219; élection, 370; médecins, 228; minimes, 521; officiers du grenier à sel, 370; officiers de la maréchaussée, 372; officiers de la prévôté, 733; officiers des traites foraines, 315; religieux de la Trinité, 521; tanneurs, 223.
Vraux, chapitre St-Pierre, 459.

DAUPHINÉ

Allez, prieuré, 312.
Aspres, prieuré, 502.
Ayes (les), abbaye, 412.

Bardonneche, 538.
Beaurepaire, augustins, 589.
Boscaudon, abbaye N.-D., 522; religieux, 567.
Briançons, 569; dominicains, 570; frères mineurs, 540.
Buix (le), 471; frères prêcheurs, 559; ursulines, 559.

Cézanne, 570.
Chabeuil, viguerie, 285.
Chartreuse (la grande), couvent, 181.
Chaumont, 569.
Coste-St-André (la), ursulines, 371.
Cremieu, ursulines, 589.
Crest, chapitre St-Sauveur, 558; ursulines, 359.

Die, chapitre de la cathédrale, 490.
Durbon, chartreuse, 373.

Embrun, 521; chapitre de la cathédrale, 520; jésuites, 599; religieux de St-François, 567; Visitation, 524.

Fenestrelle, 601.

Gap, chapitre de la cathédrale, 514; frères prêcheurs, 515; Pères de la doctrine chrétienne du séminaire, 563; ursulines, 515.
Grenoble, 81; apothicaires, 132; chapitre de la cathédrale, 119; chapitre St-André, 120; collége des jésuites, 177; confrérie des pénitents blancs de N.-D. du Confalon, 105; confrérie des pénitents blancs du St-Sacrement, 170; congrégation des artisans érigée sous le titre de l'Assomption chez les jésuites, 173; frères prêcheurs, 181; minimes, 182; religieuses bernardines, 171; religieuses du Verbe incarné, 197; séminaire de l'Oratoire, 197; Visitation, 155 et 156.

Jurié, minimes, 182.

Montélimar, chapitre Ste-Croix, 325; ursulines, 348; Visitation, 346.
Montfleury, dominicaines, 175.

Oulx, 538; chapitre des chanoines réguliers, 540.

Pierrelate, 338.
Pisançon, minimes, 555.
Prémol, chartreuse, 25.

Queyras, 601.

Romans, 264; chapitre St-Barnard, 262; ursulines, 270; Visitation, 277.
Romette, prieuré, 502.

Saint-Antoine, abbaye, 252.
Saint-Apollinaire, chapitre, 297.
Saint-Chef, chapitre, 165.
Saint-Marcellin, ursulines, 440; Visitation, 259.
Saint-Paul-Trois-Châteaux, 345; chapitre de la cathédrale, 375.
Saint-Pierre-du-Bourg-les-Valence, chapitre, 317.
Saint-Robert-de-Cornillon, prieuré, 374.
Saint-Ruf, abbaye, 292; chapitre conventuel de l'abbaye, 292.
Saint-Thiers-de-Saou, abbaye, 294.
Salettes, chartreuse, 178.
Silvebeniste, chartreuse, 49.

Tain, prieuré, 593.
Tallard, 598.
Thulins, couvent N.-D. de Grâce, 418; ursulines, 444.

Valence, 305; prieuré St-Félix, 307; séminaire et collége, 315; Université, 287; ursulines, 316; Visitation, 160.
Val-Ste-Marie-de-Bouvant, chartreuse, 261.
Vienne, 203; carmes, 238; chapitre St-André-le-Bas, 443; chapitre St-Maurice, 205; chapitre St-Pierre, 208; collége des jésuites, 236; confrérie des pénitents, 229; jacobins, 551; minimes, 443; Oratoire, 244; religieux de St-Antoine, 588; Visitation, 445.
Vif, ursulines, 413.

FLANDRE

Agimont, officiers de la prévôté et du comté, 1480.
Antoing, chapitre N.-D., 584.
Armentières, 161; arbalétriers, 566; archers, 567; augustines, 376; brigittins, 371; canonniers, 566; collége des jésuites, 561; couvent des Bleuettes, 576; pénitentes capucines, 374; sœurs grises, 949; sœurs de la Présentation Ste-Marie, 949; tireurs d'armes, 565.
Arnasse, seigneurie, 706.
Artvic, couvent, 582.
Avesnes, 1316; chapitre St-Nicolas, 1402.

Bailleul, 204; châtellenie, 206; cour féodale, 673; justice, 936.
Bassée (la), 348; arbalétriers, 554; archers, 555; augustins, 948; sœurs grises, 949.
Bavay, oratoriens, 1341.
Beaumont-en-Hainaut, 1327.
Beaupré-sur-la-Lys, abbaye, 339; et 549.
Beaurepaire, prieuré, 1030.
Belincour, seigneurie, 1241.
Bergues, 212; abbaye St-Victor, 937; annonciades, 476; bouchers, 705; boulangers, 704; brasseurs, 938; cabaretiers, 1224; châtellenie, 1178; confrérie de la rhétorique, 479; confrérie de St-Éloi, 479; confrérie de St-Érasme, 480; confrérie de St-Georges, 475; confrérie de St-Sébastien, 475 et 478; confrérie de Ste-Barbe, 481; cordiers, gantiers et potiers, 938; cordonniers, 480; cour de la vicomté, 485; dominicains, 1225; drapiers, 708; épiciers, 482; grossiers, 691; jésuites, 487; meuniers, 695; prévôté de St-Donat, 475; tailleurs, 689; tanneurs, 481; tonneliers, 1177.
Bergues - St - Vinocq, abbaye, 214.
Bleutour, seigneurie, 1237.
Boesinghe, seigneurie, 667.
Boore, seigneurie, 1245.
Bourbourg, 172; abbaye, 183; châtellenie, 172; confrérie de

St-Sébastien, 487; confrérie de Ste-Barbe, 488.
Bouvines, 1463.
Brouckerque, cour, 709.

Cambrai, 17; abbaye St-Aubert, 276; abbaye du St-Sépulcre, 294; apothicaires, 965; béguines, 826; bouchers, 299; boulangers, 608; chapeliers, 610; chapitre métropolitain, 18; chapitre St-Géry, 274; chapitre Ste-Croix, 18; charpentiers, 609; chirurgiens, 612; communauté de Ste-Agnès, 819; cordiers, 950; cordonniers et corroyeurs, 613; couvent St-Lazare, 614; couvreurs, 613; États, 275; ferronniers, 965; hôpital St-Jean, 961; hôpital St-Julien, 960; menuisiers, 609; mulquiniers, 605; orfèvres, 611; peintres, vitriers, sculpteurs et brodeurs, 922; savetiers, 612; selliers, 610; sœurs noires, 824; tailleurs d'habits, 606; tonneliers, 606.
Cassel, 720; chapitre N.-D., 728; chapitre St-Pierre, 717; cour, 724; échoppiers, 1179; franc de Cassel (le), seigneurie, 939; jésuites, 718; religieuses de l'hôpital, 1240.
Casteau, marquisat, 411.
Castre, 459; commanderie, 460.
Charlemont, 1324.
Charleroy, 1355.
Chimay, chapitre, 1486.
Chisoin, abbaye, 164, et 919; baronnie, 338.
Commines, 364; arbalétriers, 534; archers, 545; chapitre St-Pierre, 167; communauté des Torriques, 949; hôpital N.-D., 359; sœurs grises, 505.
Condé, 253; bâteliers, 874; chapitre N.-D., 255; collège de la Trinité, 1009; cordonniers, 873; tailleurs, 875.
Coninckdaele, couvent, 1083.
Coudekerque, seigneurie, 1227.
Courtrai, 31; abbaye de Groning, 32; chapitre N.-D., 30, et 429; châtellenie, 928; couvent de Sion-les-Dames, 655; orfèvres, 654.
Crespin, abbaye, 258, et 1210.
Crombecke, seigneurie, 686.

Denain, chapitre, 1029.
Deullemont, 670.
Dinan-sur-Meuse, 1457; tanneurs, 1463; ursulines, 1471.
Douai, 19; abbaye des Prés, 926, et 950; abbaye de Sains, 416; annonciades, 640; apothicaires, graissiers, ciriers, épiciers et sucriers, 632; arbalétriers, 1204; archers, 630; augustins, 1206; bouchers, 638; boulangers, 1126; brigittines, 629; brigittins, 641; cabaretiers, 640; carioteuses, 633; carmes déchaussés, 830; chapeliers, 635; chapitre St-Amé, 926; chapitre St-Pierre, 389; charpentiers, 637; charrons, 637; chartreux, 628; châtellenies de Lille, Douai, Orchies, du pays de la Leu et du bourg de la Gorgue, 360; chirurgiens, 628; collége de l'abbaye de St-Vast, 409; collége

des jésuites, 644; collége des PP. Écossais, 646; cordonniers, 633; cuisiniers, 645; curo de l'oratoire St-Jacques, 841; dominicains, 641; dominicains de St-Thomas-d'Aquin, 642; drapiers, 635; ferronniers, chaudronniers et marchands de fer, 634; fripiers, 630; gantiers, 641; maçons, 638; menuisiers, 1128; meuniers, 639; minimes, 975; mulquiniers, 637; orfèvres, 1127; peintres, 840; perruquiers, 1127; potiers, 834; religieuses de St-Julien, 1270; religieuses de St-Thomas, 828; religieuses de Ste-Catherine de Sienne, 842; savetiers, 640; sculpteurs, 850; selliers et gorliers, 1127; séminaire de Hennin, 1278; séminaire Moullart, 1279; séminaire N.-D., 1279; tailleurs d'habits, 1126; tanneurs, 1206; toiliers, 635; tonneliers, 646; trinitaires, 1206; Université, 974; vitriers et plombiers, 636.
Douve (la), seigneurie, 674.
Dresnoustre, paroisse, 669.
Druicame, juridiction, 184.
Dunkerque, 177; apothicaires, 1063; bellandriers, 451; bénédictines anglaises, 440; bouchers, 1062; boulangers, 449; brasseurs, 1059; cabaretiers, 1056; charpentiers, menuisiers, tourneurs, charrons et pouliers, 458; chirurgiens, 446; confrérie de St-Georges, 438; confrérie de St-Michel, 447; confrérie de St-Sébastien, 194; confrérie de Ste-Barbe, 1063; cordonniers, 446, et 447; cuisiniers, 1056; jésuites, 441; maçons, 1056; marchands en gros, 1064; maréchaux, serruriers, vitriers, plombiers, fourbisseurs et chaudronniers, 452; meuniers, 450; orfèvres, 453; poissonniers, 1059; religieuses de la Conception, 439; religieuses pénitentes, 438; tailleurs, gantiers, pelletiers, voiliers, bouticquliers *(sic)* et chapeliers, 449; tonneliers, 448.

Ekelbecke, confrérie de la rhétorique, 484; confrérie de St-Sébastien, 486.
Engelshof, seigneurie, 1225.
Entrebuche, seigneurie, 1075.
Escendamme, seigneurie, 687.
Esklebeck, baronnie, 219.
Estaires, 715; franciscaines, 1233.
Esteenvoorde, justice, 721; seigneurie, 1230.
Eversem, 939.

Félixpré, abbaye, 1325.
Fletre, seigneurie, 1237.
Flines, abbaye, 410.
Florennes, chapitre, 1485.
Fontaine-l'Évêque, 1308.
Fontenelle, abbaye, 247, et 1029.
Fumay, 1367.
Furneambach, paroisse, 202.
Furnes, ville et châtellenie, 226; abbaye St-Nicolas, 225; cellebroures (?), 683; chapitre, 459; chapitre Ste-Walburge,

222; fief du bourg, 493.

Gorgue (la), 342; archers, 762.
Gravelines, 473.
Guadripres, confrérie de St-Sébastien, 478.
Guillemain-les-Valincourt, couvent, 922.
Guyetz-St-Hilaire, 1180.

Harlebeck, 427; chapitre, 651.
Hasnon, abbaye St-Pierre, 345; seigneurie, 1227.
Haspre, prévôté, 1029.
Hautbourdin, archers, 1112; vicomté, 563.
Hautmont, abbaye, 1308.
Hazebrouck, 718; augustins, 733; boulangers, 743; brasseurs, 744; charpentiers, 744; confrérie de St-Georges, 742; confrérie de St-Sébastien, 742; confrérie de Ste-Anne, 745; confrérie de Ste-Barbe, 747; cordonniers, 745; graissiers et échoppiers, 940; justice, 719; maréchaux, 743; sœurs grises du tiers-ordre de St-François, 747; tisserands, 746.
Hervisse, seigneurie, 701.
Hofflende, seigneurie, 1242.
Hondschoote, 478; confrérie de St-Sébastien, 482; confrérie de Ste-Barbe, 487; seigneurie, 1178; trinitaires, 486.
Honkeregue, seigneurie, 483.
Hostien, prieuré, 1426.

Ipre, 207; abbaye St-Jean, 201; apothicaires, 1079; augustins, 1167; bâteliers, 1151; béguines, 1164; bouchers, 1078; boulangers, 1153; brasseurs, 1150; cabaretiers, 1152; carmélites, 1092; chapitre St-Martin, 457; charcutiers, 1166; charpentiers, 1151; charrons, 1076; châtellenie, 206; chirurgiens, 1150; cordiers, 1151; cordonniers, 1076; dominicains, 1088; drapiers, 1155 fripiers, 1162; graissiers, 1150; hôpital St-Jean, 1171; jésuites, 667; maréchaux, fourbisseurs et serruriers, 1079; meuniers, 1152; orfèvres, 1075; peintres, vitriers et sculpteurs, 1082; potiers d'étain, 1166; quincailliers, 1151; sœurs grises, 1161; sœurs noires, 1165; tailleurs, 1078; tanneurs, 1152; tonneliers, 1152.

Jurnelle, seigneurie, 1241.

Kerkove, seigneurie, 1244.
Kouestowe, seigneurie, 1231.

Landrecies, 1504.
Lardier (le), seigneurie, 1228.
Lannoy, arbalétriers, 531; arbalétriers, 531; archers, 532; canonniers et confrérie de Ste-Barbe, 529; croisiers, 340; hautelisseurs, 532.
Ledrecelle, seigneurie, 1245.
Leffe, abbaye, 1459.
Lesdenighen, seigneurie, 219.
Libarsbrughe, seigneurie, 1249.

Liessies, abbaye, 1308.
Lignières, seigneurie, 1245.
Lille, 350; annonciades, 369; apothicaires et épiciers, 503; arbalétriers, 557; archers, 551; augustins, 948; bailliage, 352; béguines, 780; bouchers, 560; boulangers, 524; bourgeteurs, 514; brodeurs, 555; brouetteurs, 542; cabaretiers à bière, 508; cabaretiers à vins, 550; canonniers, 558; carmélites, 370; chapeliers, 506; charpentiers, 523; charretiers, 521; charrons, 522; chaudronniers, 515; chaussetiers, 568; chirurgiens, 545; ciriers, 515; clarisses urbanistes, 353; collége des jésuites, 379; collégiale St-Pierre, 347, et 377; cordiers, 521; cordonniers, 539; corps de la seiterie, 508; couvent N.-D. de la Miséricorde, dit Ste-Brigitte, 949; couvreurs, 539, et 558; cuisiniers, 564; dames de la Biette, 338, et 920; dominicaines, 948; épingliers, 541; étainiers et plombiers, 556; ferblantiers, 540; filletiers, 518; foulons, 521; fourbisseurs, 528; fripiers, 520; fruitiers, 543; gantiers, 521; gorliers et selliers, 515; graissiers, 511; hôpital de la Conception, 357; hôpital N.-D. de la Charité, 356; hôpital N.-D., dit Comtesse, 338; hôpital St-Jean-Baptiste, dit Gantois, 375; hôpital St-Jean-l'Evangéliste-les-Sauveurs, 148; jacobins, 948; maçons, manneliers, 771; menuisiers, 552; merciers, joailliers, buffetiers, quincailliers, tassetiers et grossiers, 536; minimes, 948; orfèvres, 559; passementiers, 527; peigneurs de laine, 526; peintres et vitriers, 534; pelletiers, 511; pénitentes capucines, 367; poissonniers de mer, 543; porteurs au sac, 758; potiers de terre, 537; religieuses du St-Esprit, 502; savetiers, 537; seigneurie, 1068; seigneurie du Franc, 1106; serruriers, maréchaux, taillandiers, couteliers et cloutiers, 538; sœurs noires, 775; tailleurs d'habits, 553; tailleurs d'images et tailleurs de pierre, 512; tanneurs, 510; teinturiers, 536; tireurs d'armes, 554; tisserands, 530; tondeurs, 513; tonneliers, 527; ursulines, 364.
Linden, seigneurie, 1242.
Locre, baronnie, 670.
Loos, 1098; abbaye, 220, et 948.

Mallenberg, seigneurie, 1062.
Marchiennes, 390; abbaye, 21, et 950.
Maroilles, abbaye, 1504.
Marquette, abbaye, 133, et 948.
Maruis, couvent et hôpital, 585.
Maubeuge, chanoinesses, 1186; chapitre St-Quentin, 1187; Pères de l'Oratoire, 1450.
Menin, 425; arbalétriers, 906; archers, 1018; bouchers, 903; boulangers, 901 bis; brasseurs, 1214; cabaretiers, 903;

canonniers, 907; chapeliers, 902; charpentiers et menuisiers, 908; charretiers, 908; collége des humanités, 901; cordonniers et corroyeurs, 901 bis; drapiers, 1048; hôpital, 909; hôpital St-Georges, 901; maçons et couvreurs, 902; tailleurs et fripiers, 902; tonneliers, 901 bis.
Meres, seigneurie, 202.
Merville, seigneurie, 936 et 1159.
Messen, seigneurie, 1234.
Messines, 671; abbaye, 936; chapitre, 1136; cour de l'abbaye, 671; paroisse, 672.
Meteren, 460.
Mevelghem, abbaye, 1049.
Mieurles, comté, 1240.
Milanzennegaem, seigneurie, 488.
Morbeck, seigneurie, 671, et 1231.
Mortagne, 602.
Mortsestich, seigneurie, 700.
Motte-aux-Bois (la), justice du château, 721.
Moulins, abbaye, 1460.
Mousty, prieuré, 1448.

Neufeglise, juridiction, 200.
Nieppeéglise, juridiction, 202.
Nieucapelle, seigneurie, 939.
Nombusghe, abbaye, 461; religieuses, 1089.
Noortpen, couvent N.-D. de Nazareth, 721.
Noortvieschaere, justice, 716.
Nortschotte, seigneurie, 682.
Notre-Dame-du-Mont-d'Or-les-Venelghem, abbaye, 900.
Offlande, seigneurie, 684, et 1218.
Oignies, abbaye, 1334, et 1486.
Olebecq, paroisse, 670.
Orchies, 645; sœurs grises, 643.
Ost et West Vieschaere, seigneurie, 1073.
Oudenhowe, seigneurie, 1227.

Paix, abbaye, 413.
Pellac, seigneurie, 1233.
Penhof, seigneurie, 1226.
Petgam, confrérie de St-Sébastien, 706; paroisse et seigneurie, 473.
Phalempin, abbaye, 343.
Philippeville, 1335.
Plancq, seigneurie, 698.
Plancq et Simpleton, seigneuries, 1248.
Poperinghe, 1085; sœurs grises, 1168.
Préavin, couvent, 718, et 1237.
Prémy, abbaye, 950.

Quesnoy (le), 1335; abbaye Ste-Elisabeth, 1191; maîtrise des eaux et forêts, 1491; officiers du bailliage, 1490; officiers du magistrat, 1492; sœurs noires, 1190.

Ravensberghe, abbaye, 472; seigneurie, 1227.
Renaix, baronnie et bourg, 320; chapitre, 319.
Renin, 1479.
Reningfelt, seigneurie, 207.
Reninghe, seigneurie, 685.

Riches-Claires, religieuses urbanistes, 466.
Rosbercqghe, abbaye, 462.
Roubaix, arbalétriers, 782; archers, 780; canonniers, 781; hôpital Ste-Elisabeth, 919; marquisat, 109.
Rousselare, seigneurie, 1073.
Rousselas, 456.

Sailly, prévôté, 506.
Saint-Amand, 601; abbaye de la Paix N.-D., 591.
Saint-Amand-en-Tournaisis, abbaye, 925.
Saint-Donat, seigneurie, 205.
Saint-Gérard, abbaye, 1463.
Saint-Sauve, abbaye, 927.
Seclin, 161; chapitre, 116.
Sox, confrérie de St-Sébastien, 477.
Stienburg, seigneurie, 1228.
Stienne, seigneurie, 1216.
Steenfort, augustines, 732.
Strazelle, seigneurie, 1210.

Templeuve, seigneurie, 957.
Terdeghem, seigneurie, 1241.
Toremdermeken, seigneurie, 1179.
Théomolin, hôpital, 166.
Thérouanne, 458.
Tourcoing, 361; arbalétriers, 568; archers, 561; canonniers, 565.
Tournai, 923; abbaye St-Martin, 71; abbaye St-Nicolas-des-Prés, 69; arbalétriers, 988; boursiers de la chambre des arts et métiers, 1271; cabaretiers, 984; canonniers, 987; carmélites, 925; célestines, 921; chapitre de la cathédrale, 925; chirurgiens, 981; communauté des religieuses de St-Sauveur, dite de Campeaux, 324; couvent des Prés-Porchains, 593; dominicaines, 923; dominicains, 583; États du bailliage, 330; Filles-Dieu, 1005; hôpital N.-D., 924; hôpital N.-D. de Plancq, 582; jésuites, 592, et 593; marchands, 980; religieuses de St-André, 583; religieuses de Ste-Croix, 584; ursulines, 597.
Trevelande, seigneurie, 1226.

Valenciennes, 244; abbaye St-Jean, 216, et 1023; amidonniers, 893; apothicaires et ciriers, 261; arbalétriers, 858; aubergistes, cabaretiers et rôtisseurs, 263; augustins, 1022; bâteliers, 1212; bouchers, 266, et 863; boulangers, 262; brasseurs, 265; brigittines, 260; carmélites, 882; carmes de Bonne-Espérance, 253; carmes chaussés, 253; chapeliers, 261; charpentiers et maçons, 263; charrons et tonneliers, 897; chartreux, 896; chaudronniers, 855; chirurgiens, 886; communauté des Bon-Vouloirs, 890; confrérie de St-Sébastien, 889; congrégation de la Ste-Famille, 266; cordiers, 266; cordonniers, 262; corroyeurs, 862, et 892; couvreurs, 892; dominicains, 887; drapiers, 260; étainiers et plombiers, 265;

fripiers, 264; fruitiers, 863; gantiers, 856; gladiateurs et joueurs d'épée, 858; gorliers, 1021; graissiers, 262; grossiers et merciers, 869; Hôtel-Dieu, 1037; jésuites, 1046; lainiers, 267; maréchaux, 861; médecins, 1211; menuisiers, 859; mesureurs de grains, 860; murquiniers, 261; orfèvres, 265; pelletiers, 887; peintres, sculpteurs et vitriers, 267; poissonniers, 265; porte-sacs, 888; religieuses de Beaumont, 888; religieuses de la congrégation de N.-D. des Anges, 1046; religieuses urbanistes de Ste-Claire, 1024; sayeteurs, 862; selliers, 894; serruriers, cloteurs et arquebusiers, 262; taillandiers et couteliers, 891; tailleurs, 859; tanneurs, 861; teinturiers, 1011; tessiers, 857; toiliers, 261; ursulines, 263.
Varneton, 209; abbaye, 208.
Vaucelle, abbaye, 16.
Vervick, 459; seigneurie, 459.
Vicogne, abbaye, 256, et 1034.
Vicoulier de Walscaphe, seigneurie, 1248.
Vietretin, seigneurie, 1220.
Vliet, seigneurie, 676.
Vormezel, abbaye, 470.
Vraylande, seigneurie, 1226.

Walheelt, seigneurie, 1217.
Waren, confrérie de St-Sébastien, 481.
Waten, 1246; jésuites, 1248.
Wausoor, abbaye, 1479.
Weerschelst, seigneurie, 1245.
Westvierschaere, justice, 722.
Wick, seigneurie, 707.
Wiilande, seigneurie, 1097.
Winzelle, seigneurie, 1249.
Wlaerdinghe, seigneurie, 1246.
Woesten, paroisse, 669.
Woestine (la), abbaye, 718; seigneurie, 1245.

Zenneghen, seigneurie, 1227.
Zonnebecke, 456; seigneurie,
Zuilande, seigneurie, 1178.
Zuitowers, seigneurie, 1244.
Zuydschotte, seigneurie, 682.

GUYENNE

Agen, 398; chapitre St-Caprasi, 927; chapitre St-Étienne, 927; évêché, 349.
Aiguillon, 398.
Aire, chapitre, 346.
Astaffort, 1069; clarisses, 207.

Bayonne, 961; augustins, 1143; carmes, 1143; chapitre de la cathédrale, 920; chapitre de l'église du St-Esprit, 597; charpentiers de maisons, 963; charpentiers de navires, 965; cordonniers, 961; couvent de la Foi, 1148; forgerons, 961; maçons, 961; marchands, 965; monastère Ste-Claire, 213; nation judaïque, 965; tailleurs, 961; tonneliers, 963; ursulines, 920; Visitation, 378.
Bazas, 933; chapitre de la cathédrale, 386.
Beaumont, 224.
Belvès, 706.
Bergerac, 590.
Blaye, 585; minimes, 511.
Bordeaux, 584; abbaye Ste-Croix, 578; annonciades, 540; apothicaires, 204; archevêché, 61; augustins, 239; bénédictines, 900; bénéficiers de St-Michel, 66; boulangers, 1030; boutonniers, bonnetiers et garnisseurs de chapeaux, 840; carmélites de l'Assomption, 66; carmélites du couvent St-Joseph, 65; carmes, 238; chapitre St-André, 577; chapitre St-Séverin, 61; chartreuse N.-D. de Miséricorde, 62; chaudronniers, 1025; chirurgiens, 913; cloutiers, 842; collége des jésuites, 313; congrégation de la Mission, 900; cordiers, 1028; cordonniers, 841; couvent du Chapelet, 900; couvent de la Merci, 190; couvent N.-D., 191; couvreurs et plombiers, 1061; écrivains, 840; feuillants, 899; fourbisseurs, 1062; gantiers, pelletiers et fourreurs, 1039; libraires et imprimeurs, 1025; maîtres de danse et joueurs d'instruments, 202; maréchaux, 1031; menuisiers, 636; minimes, 540; orfèvres, 841;

pâtissiers, 1029; perruquiers, 844; potiers d'étain, 1022; religieuses de la Magdeleine, 796; religieuses de Ste-Catherine de Sienne de l'ordre de St-Dominique, 239; savetiers, 1028; selliers, 843; sergers et bonnetiers, 1061; serruriers, 631; tailleurs, 1029; tanneurs et parcheminiers, 988; tapissiers, 845; teinturiers, 1063; tisserands, 1062; tourneurs, 638; Université, 898; ursulines, 66; Visitation, 343; vitriers, 202.
Bourdeille, 860.
Bourg, 585; ursulines, 1004.
Brantôme, 859.
Buzet, 1068.

Cadillac, chapitre St-Blaise, 899; collége, 899.
Cagnotte, couvent, 1192.
Casteljaloux, 910.
Castelle, abbaye St-Jean, 599.
Castelmoron, 1131.
Casterets, prieuré, 541.
Castillon, carmes, 541.
Castillonez, 1137.
Chamadelle, prieuré, 707.
Chancelade, abbaye, 619.
Châtre, abbaye, 435.
Clairac, abbaye, 342.
Colle, prieuré St-Jean, 456.
Condom, 407; carmes, 208; chapitre, 495; clarisses, 639; collége, 496; jacobins, 639; ursulines, 1034.

Damazan, 1068.
Dax, 598, et 1190; barnabites, 734; carmes, 492; clarisses, 733; évêché, 783; ursulines, 218.
Doazit, 1202.
Domme, 721.
Dunes, 855.

Exideuil, 507 et 859; clarisses, 659.

Guitres, communauté et manse abbatiale, 797.
Guyenne, province, 1216.

Issigeac, 707.

Lalinde, 859.
Laromieu, chapitre, 914; couvent des religieuses, 1061.
Lauch, prieuré, 653.
Libourne, 585; confrérie de St-Crespin, 1058; confrérie de St-Maur, 1058.
Ligaux, abbaye, 442.

Marmande, 593.
Mas d'Agenois (le), chapitre, 914.
Mezin, 917; augustins, 495.
Monclar, 1134.
Monflanquin, 1134.
Mont-de-Marsan, 408; clarisses, 703; ursulines, 1150.
Montrabeau, 587.
Montréal, 855; chapitre, 849.
Mussidan, 859.

Nérac, 406.
Nontron, 860.

Orrogne, 593.

Périgueux, 508; chapitre de la cathédrale, 421; ursulines, 508.
Pont-Ste-Marie, 928.
Puch-de-Gontant, 1068.
Puimirol, 1137.

Réole (la), 912; chapitre, 503; prieuré St-Pierre, 589.
Ribérac, 859.
Roquefort-de-Marsan, 409.

Sablon, prieuré, 797.
Saint-Astier, chapitre, 421.
Saint-Bernard-les-Bayonne, abbaye, 596.
Saint-Emilion, chapitre, 899; dominicains, 489; ursulines, 490.
Saint-Giron, chapitre, 565.
Saint-Jean-de-Luz, ursulines, 379.
Saint-Loubouer, chapitre, 317.
Saint-Macaire, 586.
Saint-Pardoux-la-Rivière, 860.
Saint-Sever, 601; abbaye, 317; dominicains, 261; ursulines, 262.
Sainte-Foi-en-Agenais, 590.
Sainte-Livrade-en-Agenais, chapitre, 927.
Sarlat, 223; évêché, 380.
Sauve (la), abbaye, 240.

Tarbes, évêché, 382.
Tartas, 931.
Thiviers, 860.
Tonneins-Dessous, 1133.
Tonneins-Dessus, 1134.
Tournon, 957.
Tourtoiras, abbaye, 432.

Uzerte, chapitre, 799.

Vauclair, chartreuse N.-D., 342.
Verdelay, célestins, 578.
Verteuil, 1136; abbaye, 60; religieux, 1004.
Villandrault, 799.
Villefranche, 1068.
Villeneuve, 1137.
Villereal, 1136.
Vopillon, couvent, 1064.

LANGUEDOC

Abeillan, II, 1461.
Adissan, II, 1466.
Agde, chapitre, II, 556; laboureurs et ménagers, II, 513.
Agonnez, II, 899.
Agusan, II, 840.
Aguiz, I, 751,
Aigalliez, II, 1388.
Aignan, I, 1380.
Aiguefonde, I, 771.
Aiguesvives, I, 683; autre, I, 796.
Aimargues, II, 1305.
Ajac, I, 786.
Alais, II, 192; chapitre de la cathédrale, II, 666.
Albarède, I, 740.
Albi, I, 50; chapitre métropolitain, I, 219; chapitre de St-Salvy, I, 57; chirurgiens, I, 647; confrérie de N.-D., I, 659; confrérie de St-Crespin, I, 657; confrérie de St-Éloi, I, 656; confrérie de St-Eutrope, I, 651; confrérie de St-Michel, I, 650; confrérie de St-Quitterice, I, 652; confrérie de Ste-Catherine, I, 651; frères prêcheurs, I, 508; jésuites, I, 505; Visitation, I, 57.
Albières, II, 1490.
Albon, I, 796.
Alet, I, 831; diocèse, I, 818.
Algans, I, 759.
Alhonne, I, 693.
Alignan-du-Vent, II, 1461.
Allairac, I, 658.
Allan, II, 1026.
Allègre, Alzon et Boisson, II, 1410.
Alsou, II, 840.
Ambres, I, 735.
Ambriallet, I, 644.
Amiatte, I, 736.
Anduse, II, 201.
Angles (les), II, 1400.
Aniane, abbaye, II, 902.
Antignac, II, 1173.
Antugnac, I, 832.
Appelle, I, 755.
Aragon, I, 690.
Aramon, II, 1537.
Arfons, I, 564.
Argelès, I, 1415.
Argeliers, II, 1398.
Argellès, II, 978.
Argelliès, II, 1506.
Argens, II, 1500.
Argut, I, 897.

Arigas, II, 851.
Arques, I, 826.
Arquettes, I, 681.
Arre, II, 853.
Arreau, I, 1338.
Arsy, II, 853.
Arthès, I, 642.
Artigues, I, 824.
Arzens, I, 681.
Aspet, I, 1333; chapelains, I, 1355.
Aspiran, II, 1466.
Assac, I, 653.
Aubaix, II, 1317.
Aubiet, I, 1225.
Aubussargues, II, 1400.
Auch, II, 1135; chapitre de la cathédrale, II, 1020; chapitre St-Orens, II, 1121; collége des jésuites, I, 360; ursulines, I, 357.
Aucheville, I, 609.
Augan, II, 1384.
Augmontel, I, 721.
Aujaguet, II, 378.
Aulas, II, 852.
Aumelas, II, 1463.
Aumessas, II, 839.
Aunat, I, 831.
Aureville, II, 1463.
Auriac, I, 477.
Auriac et Lachègues, II, 1490.
Aurignac, I, 1337.
Ausigna, I, 832.
Auterive, I, 851.
Auvillar, I, 1200; jacobins, I, 1203; ursulines, I, 1206.
Auxillon, I, 558.
Auzac, I, 617.
Auzielle, II, 614.
Avène, II, 1470.
Avezac, I, 756.
Ax, II, 1073.
Axat, I, 823.
Ayguèze, II, 1398.
Ayrout, I, 775.
Azas, I, 622.
Azillan, abbaye Ste-Claire, I, 1297.

Badens, I, 680.
Bagars, II, 960.
Bages, II, 1493.
Bagnères, I, 621.
Bagnols, prêtres, II, 1436.
Baignols, I, 676; autre, II, 475.
Baillargues-et-Colombiers, II, 1558.
Bains (les), I, 828.
Baixas, I, 1466.
Balaruc, II, 979.
Baldesrousses (la), I, 775.
Balmels, Aydon et le Chambon, II, 1382.
Barbaira, I, 684.
Barcelonne, I, 343.
Barjac, II, 1426.
Barran, I, 1225; chapitre, II, 1123.
Barrou, II, 1436.
Barte-de-Neste (la), I, 1350.
Barthe, I, 795.
Bassan, 2, 1460.
Bassède (la), I, 777.
Basside, I, 827.
Bassoues, chapitre, I, 379.
Bastide (la), I, 645, feuillants, II, 1209.
Bastide-d'Anjou (la), I, 773.
Bastide-en-Armagnac (la), I, 1227.
Bastide-de-Beauvoir (la), I, 621.
Bastide-Cabarsse (la), I, 642.
Bastide-d'Engras (la), II, 1404.
Bastide-Esparbairenque (la), I, 695.

Bastide-de-Garderenous (la), I, 796.
Bastide-de-Laval (la), I, 682.
Bastide-St-Georges (la), I, 736.
Bastide-St-Pierre (la), I, 749.
Bastide-St-Sernin (la), I, 630.
Bastide-de-Saux (la), II, 1170.
Bastide-de-Serou (la), II, 1172.
Bastide-du-Temple (la), I, 750.
Bastie-St-Amans, I, 558.
Baume (la), II, 1376.
Bauteville, I, 794; autre I, 803.
Bauzelle, I, 620.
Baziéges, I, 612.
Bazus, I, 632.
Beaucaire, I, 827; autre, II, 819; chapitre, II, 1340; hospitalières, II, 819; religieux de la Doctrine chrétienne, II, 1514; religieuses de St-Sauveur, II, 1341; ursulines, II, 828.
Beaulieu, II, 817.
Beaulieu, couvent, II, 1074.
Beaumarchez, II, 1030; chapitre, I, 1339.
Beaumont, II, 1022; autre, II, 1050; clarisses, II, 1283.
Beaumont de Lezat, I, 609.
Beaupuy-en-Rouais, I, 629.
Beauvais, I, 747.
Becdejan, II, 1391
Bédarrieux, II, 1467.
Bedoues, chapitre, II, 385.
Bègue (la), I, 614.
Belargua, II, 1460.
Belbezes-les-Toulouse, I, 491.
Belbiane, I, 828.
Belcastel, I, 772.
Beldour, I, 665.
Belesta, I, 614; autre, I, 832.
Belfort, I, 798.
Bellecombes, II, 1560.
Bellegarde, I, 787.
Belleperche, abbaye N.-D., II, 1160.
Bellesorre, I, 761.
Belmont, chapitre, I, 310.
Belvis, I, 827.
Belvezet, II, 1387.
Bencoque, I, 612.
Béneisson-Dieu, II, 1090.
Berlats, I, 727.
Berriac, I, 684.
Berrias, II, 1384.
Bertré, I, 562.
Bès-de-Belfourtez, I, 725.
Besplas, I, 581.
Bessan, II, 146.
Bessens, I, 745.
Bessière (la), I, 741.
Bessières, I, 608.
Bessure (la), I, 645.
Bez, II, 851.
Béziers, II, 558; apothicaires, II, 1451; arquebusiers, sculpteurs, fourbisseurs et coutelliers, II, 1455; barraliers, charrons et bâtiers, II, 1454; blanchers, gantiers, marchands de cuirs, corroyeurs et tanneurs, II, 1452; boulangers et fourniers, II, 1453; chapeliers, garnisseurs et brodeurs, II, 1450; chapitre St-Aphrodise, II, 272; chirurgiens, II, 1451; collège des jésuites, II, 1276; cordiers, II, 1455; cordonniers, II, 1452; drapiers et quincailliers, II, 1450; droguistes et épiciers, II, 1450; hôtes et cabaretiers, II, 1455; mangonniers, II, 1450; menuisiers et charpentiers, II, 1453; orfèvres et joailliers, II, 1450; pénitents

blancs, II, 1455; pénitents bleus, II, 1455; pénitents noirs, II, 1456; plâtriers, maçons et tailleurs de pierre, II, 1453; potiers, tuiliers, verriers et vitriers, II, 1454; savetiers, II, 1453; selliers, bridiers, bourreliers, éperonniers, fondeurs, maréchaux et chaudronniers, II, 1451; serruriers, II, 1452; tailleurs d'habits, II, 1452; tourneurs, mouleurs et peigneurs, II, 1449.
Bezmont, I, 825.
Bieulle, I, 945.
Bilfort, I, 830,
Bizannet, II, 1508.
Blagnac, I, 610.
Blannavès, II, 937.
Blauzat, II, 1238.
Blau, I, 772.
Blaye, I, 643.
Bocairan, II, 1387.
Boicesson-d'Augmontel, I, 718.
Boicesson-de-Masviel, I, 721.
Boisseron (la), II, 812.
Boisset, II, 849.
Boissière, II, 1558.
Bologne, I, 1346.
Bonnefont, couvent, II, 1210.
Bonnefoy, chartreux, II, 1253.
Bonnemalle, I, 655.
Bonneval, abbaye, II, 1090.
Bonnevaux, II, 1378.
Bonrieu, I, 609.
Bonrepos, I, 610; autre, I, 749.
Bordes (les), II, 1177.
Boubées, II, 1028.
Bouillennac, I, 682.
Bouisse, II, 1511.
Boujan, II, 1460; autre, II, 1471.
Boule-Tarrauers, I, 1445.
Bouleau, couvent, II, 1022.
Boulou (le), I, 1446.
Bouquet, II, 1419.
Bourdic, II, 1409.
Bourg-St-Andéol, II, 357; Visitation, II, 1239.
Bourg-St-Bernard, I, 622.
Bourgue, I, 566.
Bouriège, I, 828.
Bourigeole, I, 825.
Bourniquel, I, 930.
Bourret, I, 1282.
Boussac, I, 691.
Boussagues, II, 1469.
Bouttenac, II, 1510.
Bouttes, I, 795.
Bragasargues, II, 1336.
Brassac-de-Belfourtès, I, 726.
Brassac-de-Castelnau, I, 726.
Brazies, I, 736.
Bréau, II, 843.
Brenac, I, 828.
Brens, I, 668.
Bresilha, I, 780.
Bressols, I, 751.
Breuil (le), couvent, II, 1130.
Brezis, II, 1376.
Brignon, II, 1379.
Briquemont, II, 1027.
Brissac, II, 801.
Brive, chartreux, II, 697.
Brousses, I, 686.
Brouzet, II, 1323.
Brugières, I, 470.
Bruguière (la), I, 568; autre, I, 619; autre, II, 1402.
Bugarac, I, 828.
Bugnac, I, 622.
Buzet, I, 630.
Buziniargues, II, 980.

Cabannes, I, 736.

Cabannes et Barre, I, 725.
Cabrairolles, II, 1472.
Cabrespine, I, 690.
Cabrières, II, 1466.
Cadalen, I, 663.
Cadière (la), II, 841.
Cahors, II, 1216; chanoines réguliers, I, 248; chapitre de la cathédrale, II, 1181; chartreuse, II, 1106; collége des jésuites, II, 1099; collége de Rodez, II, 1215; collége de St-Nicolas, II, 1215; Filles des écoles chrétiennes, I, 1023; religieuses de la Daurade, I, 1022; séminaire, I, 1023; Université, II, 1181; ursulines, I, 1025.
Cahuzac, I, 656; autre, I, 760; autre, I, 797.
Caignac, I, 798.
Cailard (le), II, 1316.
Cailla, I, 822.
Caillabel, I, 775; autre, I, 779.
Cailleau, I, 779.
Cajarc, II, 1203.
Calmette (la), II, 1393.
Calmont, I, 797.
Calzan, I, 802.
Cambienne, I, 784.
Cambo, II, 854.
Cambon, I, 565; autre, I, 666.
Cambonnez, I, 757.
Cambonnez et la Valette, I, 722.
Camon, I, 800.
Campagnac, I, 667.
Campagne, I, 822.
Campagnian, II, 1463.
Campaigne, I, 828.
Campedeu, I, 683.
Campestre, II, 838.
Campoury, I, 825.
Camps, II, 1489.
Camron, II, 850.
Camuzac, I, 828.
Canals, I, 550.
Canaunas, I, 676.
Candel, abbaye, I, 68.
Candies, I, 827.
Caneraude, I, 684.
Canes, II, 1391.
Canet, II, 1508.
Canourgues, II, 556.
Capelle près Grenade (la), abbaye, II, 1023.
Capelle-Lievron (la), commanderie, I, 986.
Capelle-Marival (la), I, 1059.
Capestang, II, 1504.
Capmazes-de-Roquefort, I, 758.
Capras, I, 621.
Carbes, I, 742.
Carbonne, I, 872.
Carcassonne, I, 874; apothicaires, I, 700; augustins, I, 698; boulangers et fourniers, I, 673; cardeurs et escardasseurs, I, 674; carmes, I, 698; chapitre, I, 521; charpentiers, tourneurs, scieurs, menuisiers, sculpteurs et charrons, I, 677; chaudronniers, fourbissours, couteliers et lanterniers, I, 673; chaussetiers, I, 672; chirurgiens, I, 679; cordonniers, I, 674; diocèse, I, 696; drapiers, I, 672; maçons, I, 677; marchands de toile, I, 678; maréchaux, serruriers, bridiers, bâtiers et selliers, I, 675; officiers, I, 673; pareurs, I, 521; pâtissiers et hôtes, I, 677; peigneurs, I, 676; pénitents, I, 678; Pères de la Merci, I, 698; tailleurs, I, 674;

tanneurs, I, 677; tisserands, I, 674; ursulines, I, 698.
Cardet, II, 1350.
Carennac, I, 1059; prieuré, I, 1061.
Carla, II, 1178.
Carla-de-Moussentibaud, I, 798.
Carla-de-Roquefort, I, 795.
Carlencas, II, 1475.
Carlipa, I, 690.
Carlus, I, 648.
Carmain, I, 338; chapitre St-Félix, I, 476.
Carmeaux, I, 506.
Cascastel, II, 1505.
Casers, I, 868.
Cassagnelle, II, 1320.
Cassaignabère, I, 1352.
Cassaigne (la), I, 796.
Cassaignes, I, 822; autre, I, 828.
Castagniol, II, 1381.
Castanet, I, 733.
Castelginest, I, 608.
Castelmaure et Embres, II, 1508.
Castelmoron, I, 630.
Castelnau, II, 979.
Castelnau-d'Aude, II, 1509.
Castelnau-de-Barbarens, I, 1248.
Castelnau-de-Brassac, I, 719.
Castelnau-de-Bretenous, I, 1050.
Castelnau-d'Eausan, I, 1226.
Castelnau-d'Etrefons, I, 624.
Castelnau-de-Guers, II, 554.
Castelnau-de-Luus, I, 642.
Castelnau-de-Maignoac, II, 1131; chapitre, II, 1126; clarisses, II, 1126.
Castelnau-de-Monratié, I, 247.
Castelnau-de-Rivière-Basse, II, 1136.
Castelnaudary, I, 577; chapitre St-Michel, I, 90; clarisses, I, 752; marchands, I, 776.
Castelreu, I, 787.
Castillon, I, 430.
Castillon-de-Courri, II, 1387.
Castillon-du-Gard, II, 1408.
Castres, I, 876; apothicaires, I, 714; boulangers, I, 705; chapeliers et garnisseurs, I, 705; chapitre de la cathédrale, I, 531; chartreux, I, 710; chirurgiens, I, 712; cordonniers, I, 898; diocèse, I, 713; jésuites, I, 531; marchands, I, 705; marchands de laine, I, 705; notaires, I, 715; orfèvres, maréchaux, selliers, bridiers et peyrolliers, I, 714; tanneurs et corroyeurs, I, 705.
Castries, II, 1558.
Catus, prieuré, II, 1217.
Caubarède, I, 724.
Caucallières, I, 721.
Caudebronde, I, 684.
Caudecoste, I, 1199.
Caudeval, I, 800.
Caune (la), I, 721.
Caunes, II, 1500; abbaye, II, 1513.
Caunettes-de-Laval, I, 683.
Caunettes-les-Moussoulens, I, 693.
Causé, II, 1029.
Caussade, I, 1372.
Causse-Begon, II, 835.
Causse-de-la-Figarède, II, 811.
Caussès et Valran, II, 1474.
Caussidière, I, 607.
Caussiniozouls, II, 1473.
Caux, I, 688; autre, II, 1464.
Caux (le), I, 742.
Cavaliers, I, 772.
Caviliargues, II, 1049.

Caylus, prêtres obituaires, I, 981.
Caylux, II, 1162.
Cayrac, I, 1008.
Caze-de-Senegats (la), I, 729.
Caze-Dieu (la), monastère, II, 1030.
Cazillac, I, 691; autre, II, 811.
Cazouls-les-Béziers, II, 1458.
Cazouls-d'Hérault, II, 1461.
Ceginguam, II, 1491.
Ceille et Roquerels, II, 1470.
Cendras, II, 850.
Cenne, I, 689.
Ceret, I, 1443.
Cers, II, 1459.
Cestairols, I, 656.
Ceyrac, II, 841.
Cezas, II, 854.
Chambon, couvent, II, 356.
Chambonas, II, 1385.
Charnes, II, 1444.
Chasagnes, II, 1385.
Chaudoulas, II, 1383.
Chauses et Chambergues, II, 1426.
Chausonaresses et Chasteljan, II, 1384
Cheizelan, II, 1426.
Cier, I, 897.
Clairan, II, 1391.
Clat, I, 831.
Claverie (la), commanderie, I, 1243.
Clavet, II, 1321.
Clermont, I, 787; autre, II, 1556.
Colcas, II, 1403.
Collioure, I, 1456.
Colognac, II, 852.
Cologne, II, 1205.
Colombière-la-Gaillarde, II, 1468.
Colombrès, II, 1457.
Colomiès, I, 628.
Colorgues, II, 1397.
Combalioux, II, 979.
Combas, II, 1381.
Combelonge, couvent, I, 782.
Combret, II, 1382.
Comminges, chapitre St-Bertrand, II, 1187.
Compeyre, II, 1054.
Comuot, I, 824.
Conas, II, 1405.
Concoules, II, 1381.
Condom, I, 828.
Condoulet, II, 1383.
Confoulens, I, 671; autre, I, 681.
Conniers, II, 1379.
Connilhac, I, 830.
Conqueirac, II, 841.
Conques, I, 527; autre, I, 1081; chapitre, I, 1076.
Conserans, chapitre de la cathédrale, I, 425; évêché, I, 1357.
Contrast (la), I, 743.
Corbarrieu, I, 750.
Corbes, II, 961.
Corcour, II, 1331.
Cordes, I, 651; chapitre, I, 662.
Cornavel, I, 825.
Cornebon, I, 665.
Cornilion, II, 1382.
Cornobarieu, I, 610.
Costejean-de-St-Antonin, religieuses, I, 1505.
Couzotte-Cadoul (la), I, 759.
Couillac, II, 1504.
Coulobrès, II, 461.
Coulombiers-le-Cardinal, célestins, II, 561.
Couisa, I, 830.
Cour-St-Pierre (la), I, 749.
Cournaudrie, I, 474.

Cournazols, I, 826.
Courneille, I, 486.
Courn ze, I, 681.
Cournonsec, II, 1367.
Cournonteral, II, 1371.
Courousac, I, 632.
Courres, I, 644.
Courtade, I, 667.
Courtauly, I, 794.
Courtete (la), I, 793.
Courtouge, II, 1503.
Coustenssa, I, 830.
Crespian, II, 1392.
Creyssan, II, 1490.
Cros, II, 854.
Crousscttc (la), I, 727.
Crozille, I, 756.
Cubières, II, 1491.
Cunires, I, 797.
Cuq, I, 741.
Cuq Tolza, I, 564.
Curvalle, I, 667.
Cuxa, monastère St-Michel, I, 1455.
Cuxac, I, 685; autre, II, 1502.

Daivant, II, 1559.
Damevillette, II, 1489.
Danazac, I, 788.
Darnissan, II, 1498.
Daumazan, I, 1304.
Daureliac, II, 1409.
Daux, II, 1168 bis.
Davejan, II, 1507.
Deaux, II, 1427.
Delpouget, clarisses, I, 246.
Denai, I, 661.
Devise (la), I, 344.
Dieupentalle, I, 750.
Digue-Damon (la), I, 786.
Dio et Valguière, II, 1469.
Dions, II, 1393.
Displans, II, 1, 374.
Domazan, II, 1389.
Domenargues, I, 1391.
Donneville, I, 627.
Dourbies, II, 835.
Dournes, I, 761.
Dreuil, I, 483.
Dun, I, 804.
Duravel, I, 250.
Durban, II, 1510.
Durfort, I, 564; autre, II, 851.

Eauze, couvent, I, 1237.
Elbruc, I, 668.
Elfoussat, I, 492.
Elne, I, 1456; prêtres, I, 1477.
Elpradal, II, 1469.
Elzes, Salas et Pourcharesces, II, 1382.
Enages, I, 724.
Entraigues, prêtres, I, 1174.
Escalquens, I, 634.
Escaranaques, I, 755.
Escasses, I, 774.
Escatalens, I, 744.
Escaupont, I, 571.
Escoubre, I, 828.
Escoussens, I, 557.
Escuillens, I, 791.
Espalion, II, 1054.
Espanhiac, religieuses, I, 1044.
Esparazac, I, 831.
Esperausses, I, 720.
Espèze, I, 827.
Espoudeillan, II, 1461.
Estagel, I, 1443.
Estap (l'), I, 757.
Estezargues, II, 1404.
Euzet, II, 1399.
Exoroux et Roquefere, I, 726.

Fa, I, 823.
Fabas, monastère, II, 1030.
Fabrègues, II, 811.
Fage (la), I, 799.
Faget, I, 478; abbaye, I, 1381; chapitre, I, 1266.
Falgarde, I, 628.
Falguerat, I, 627.
Fanjaux, I, 863.
Fauch, I, 613.
Faugères, II, 1472.
Fausergues, I, 662.
Favas, I, 744.
Felines, II, 1445; autre, II, 1491.
Fenouillac, I, 660.
Fenouillèdes, chapitre St-Paul, I, 810.
Fenouillet, I, 608; autre, I, 792.
Ferières, II, 846.
Ferralt, II, 1502.
Ferté-St-André (la), I, 805.
Fertiers, I, 727.
Feuillens, I, 826.
Feurlet, I, 615.
Figeac, II, 1168; bernardines, I, 1068; chapitre St-Sauveur, II, 1204; fourniers, I, 1049; hôtes, I, 1049; meuniers, I, 1058; religieuses de St-Jean de Jérusalem, I, 1064; séminaire, I, 1069; tisserands, I, 1058.
Finham, I, 744.
Fittou, II, 1501.
Flaran, abbaye, I, 350.
Flaux, II, 1405.
Fleurence, I, 1199.
Floure, I, 682.
Foissac, II, 1400.
Foix, II, 1070; province, I, 410; chapitre, I, 1385.
Fondeille, I, 776.
Fons-outre-Gardon, II, 1394.
Fons-sur-Lussan, II, 1402.
Fonsorbes, II, 1022.
Fontanes, I, 829.
Fontanez, II, 1425.
Fontarèche, II, 1390.
Fontès, II, 1465.
Fontfroide, abbaye, II, 78.
Fontiers-Cabardiers, I, 689.
Fontiers-Rivedaude, I, 685.
Force (la), I, 773.
Fos, II, 1471.
Fosse, I, 826.
Fosseret, I, 873.
Fouille, I, 777.
Four (le), couvent, I, 1047.
Fournes, I, 699.
Fournez, II, 1401.
Fourques, II, 1516.
Fourquevaux, I, 617.
Fouzillon, II, 1412.
Fraisiners, I, 666.
Fraisse, I, 695.
Françoise (la), I, 948.
Francon, I, 963.
Franconlles, prieuré, I, 253.
Fregerolles, I, 643.
Frejeville, I, 741.
Fressac, II, 851.
Fronton, I, 613.

Gabian, II, 1470.
Gaillac, I, 852; chapitre St-Michel, I, 517.
Gaillac-Tolzan, I, 874.
Gaja, I, 788.
Gajan, II, 1390.
Galan, I, 423.
Galarguer, II, 912.
Galinargues, I, 823.
Galuzières, II, 853.
Gandelz, I, 739.
Gange, II, 803.

Ganiac, I, 471.
Garaison, chapelle N.-D., II, 1118.
Gard (le), II, 1406.
Garde-Dieu (la), abbaye, I, 975.
Garde-de-Lauragais (la), I, 798.
Garde-de-Mirepoix (la), I, 801.
Gardies, I, 672.
Gardiole (la), I, 757.
Gardouch, I, 606.
Garganvilla, I, 1301.
Gargas, I, 611.
Garridech, I, 631.
Garrigues, I, 772; autre, II, 1401.
Gartigue (la), I, 743.
Gaujac, II, 961; autre, II, 1407.
Gaulme, I, 645.
Gavre, I, 621.
Gebex, I, 831.
Generargues, II, 836.
Genolhac, II, 1402.
Gibrondes, I, 741.
Gigean, II, 909.
Gigniac, II, 1461; religieuses, II, 1275.
Gimont, II, 1022; abbaye, I, 1383; chirurgiens, I, 1300; ursulines, II, 1021, et 1026.
Ginella, I, 827.
Ginelle (la), I, 774.
Ginestas, II, 1497.
Giroussens, I, 672.
Giscar, II, 1026.
Gondrin, I, 344.
Goudargues, II, 1396.
Gourdon, I, 1038.
Grabelez, II, 812.
Grace-Dieu (la), couvent, I, 553.
Graize (la), I, 655.
Gramat, I, 265.
Gramazie, I, 791.
Granague, I, 474.
Granairac, clarisses, I, 1072.
Grandselve, I, 1290; abbaye, II, 1160.
Grange-de-Vic (la), I, 1230.
Grasse (la), I, 525; abbaye, I, 172.
Gratentour, I, 635.
Graulet, I, 776.
Graulhet, I, 734.
Grave (la), I, 664.
Graves, I, 830.
Grefel, I, 789.
Grenade, II, 1024; ursulines, II, 1024.
Grisolles, I, 605.
Gruissan, II, 1499.
Guepie (la), I, 645.
Guitalent, I, 755.
Guyonnet, I, 727.

Herepian, II, 1468.
Heuga, I, 1226.
Hounoux, I, 789.
Huos, I, 897.

Ille, I, 1461.
Isle (l'), augustins, I, 513; religieuses de Ste-Croix, I, 61.
Isle-Arbechan, I, 1251.
Isle-en-Dodon (l'), I, 388.
Isle-Jourdain (l'), II, 1036; chapitre St-Martin, II, 1206.
Isles (les), I, 699.
Issel, I, 583.
Issingeaux, religieuses, II, 1252.
Issirac, II, 1397.
Issus, I, 612.
Iverne, II, 1377.

Jaussels, II, 1470.

Jeannès, I, 728.
Jegun, I, 1225; chapitre I, 1246.
Jonquière, II, 1335.
Joucaruel, I, 644.
Joucou, I, 831.
Jul, I, 762.
Junics, dominicaines, I, 1038.
Juses, I, 613.
Juvignac, II, 1372.

Lac et Villefalse, II, 1499.
Ladern, I, 681.
Lahas, II, 1028.
Lalbenque, I, 930.
Lami, I, 1199.
Lanet, II, 1500.
Langlade, II, 1349.
Languedoc, province, II, 1.
Lansac, I, 832.
Lansargues, II, 903.
Lanta, I, 627.
Lantourville, I, 614.
Lasbartas, I, 750.
Lasserpent, I, 823.
Lastours, I, 698.
Lastouzeilles, I, 758.
Lattes, II, 900.
Laucatte, II, 1492.
Laudun, II, 1415.
Launaguet, I, 609.
Laurabuc, I, 774.
Lauragais, officiers de la sénéchaussée et présidial, I, 577.
Lauragueil, I, 786.
Lauron, II, 1509.
Lauras-le-Grand, I, 799.
Laurens, II, 1472.
Laurès, I, 792.
Lauret, II, 980.
Lautrec, I, 710; chapitre, I, 879; officiers de la juridiction, I, 730.
Lauzerte, II, 1160.
Lauzerville, I, 620.
Laval, I, 821.
Laval-des-Cagnals, I, 773.
Lavaur, chapitre de la cathédrale, I, 555; officiers de l'Hôtel-de-Ville, I, 853.
Layrac, I, 701; autre, I, 746; couvent, I, 1203.
Leberu, I, 747.
Lectour, II, 1219; chapitre de la cathédrale, II, 1220; clarisses, I, 1210; officiers du présidial, I, 1213; Pères de la doctrine chrétienne, I, 1210.
Leirac, II, 978; autre, II, 1145.
Lempeau, I, 758.
Lesan, II, 1567.
Lescout, I, 770.
Lesignan-la-Cebe, II, 1464.
Lespignan, II, 1456.
Lespinassière, II, 1488.
Lesquerde, I, 823.
Leuc, I, 680.
Levas, II, 1472.
Levignac, I, 1220; clarisses, I, 1380.
Lezat, II, 1178; chapitre, II, 1174.
Lieurac, I, 800.
Lieuran-les-Béziers, II, 1459.
Lieuran-Cabraires, II, 1466.
Lignairolles, I, 802.
Lignau, II, 1460.
Ligue-de-Bas (la), I, 781.
Limbrassac, I, 797.
Limoni, II, 1444.
Limoux, boulangers, I, 783; chirurgiens, I, 793; cordonniers, I, 785; corps des officiers, I, 793; drapiers, I, 791; hôtes et cabaretiers, I, 790; menuisiers, I, 781; parcurs de

draps, I, 791; serruriers et bâtiers, I, 788; tailleurs, I, 781; tanneurs, I, 791.
Liou, II, 1337.
Lirac, II, 1511.
Livernon, prieuré, I, 1044.
Lisle, I, 851.
Locdieu, I, 1072.
Lodève, II, 303; chapitre, II, 306.
Lombers, I, 654.
Lombez, I, 1269; chapitre, I, 1278; évêché, I, 1279; religieuses, I, 1269.
Loupia, I, 785.
Loupiac, I, 1017.
Louvière (la), I, 800.
Luc-de-Caunes, II, 1509.
Ludiez, I, 802.
Lugan, I, 574.
Lunas et Caunas, II, 1469.
Lunel, II, 1236.
Lunel-Viel, II, 978.
Lussan, II, 1373.
Lux, I, 616.

Madescours, I, 681.
Magalas, II, 1474.
Magrie, I, 785.
Magrin, I, 756.
Mairac, I, 683.
Maireville, I, 794.
Maisons, II, 1499.
Malleville, couvent de la Merci, II, 1013.
Malons, II, 1375.
Malves, I, 684.
Malvies, I, 782.
Mancier, I, 1226.
Mandagoust, II, 851; autre, II, 853.
Marceillette, I, 685.
Maraussan, II, 1457.
Marciac, I, 1335; augustins, I, 1389; chapitre, I, 1336; jacobins, I, 1353.
Marcillac, I, 1059; autre, II, 139; autre, II, 1090; couvent, I, 1056; prêtres obituaires, I, 1176.
Marcil, I, 619.
Margon, II, 1473.
Marguerites (les), II, 243.
Marlas, I, 779.
Marmorière, I, 685.
Marmouzie, I, 659.
Marquefaur, augustins, I, 552.
Mars, II, 840.
Marsa, I, 824.
Marsal, I, 666.
Marsilliargues, II, 1306.
Martignargues, II, 1399.
Martinière (la), I, 742.
Martourignan, II, 1507.
Martres, I, 422; autre, I, 897.
Marvejols, II, 1321; chapitre N.-D., II, 1569.
Mascabardes, I, 680.
Mas-d'Azil, II, 1177; chapitre, II, 1177.
Mas-Dieu (le), II, 1386.
Mas-Grenier, II, 1205; bénédictins, II, 1021.
Masmolême et la Capelle, II, 1381.
Massac, I, 766.
Massaguel, I, 754.
Massanes, II, 1324.
Massals, I, 667.
Massillargues et Atuech, II, 847.
Massugues, I, 644.
Mateles, II, 907.
Maubourguet, II, 1136.
Mauduel, II, 1516.

Maugio, II, 912.
Maureillan, II, 1457.
Maurens, I, 631; autre, I, 772; autre, II, 1027.
Maury, I, 824.
Mauvesin, II, 1219; jacobins, I, 1233.
Mauzac, I, 746.
Mauzas, I, 650.
Mayronnes, II, 1490.
Mazamet, I, 570.
Mazères, II, 1175.
Mazerettes, I, 897.
Mazet, I, 791.
Mazuby, I, 827.
Méjanes, II, 1401.
Méjanes et Leclat, II, 1408.
Méjuc, II, 1516.
Melagues, prieuré, I, 292.
Melos, I, 897.
Mende, II, 426; chapitre, II, 325; collége de Tous-les-Saints, II, 557; évêché, II, 321; prêtres de la cathédrale, II, 379.
Merans, I, 1316.
Mervilla, I, 620.
Mervillat, I, 469.
Merville, II, 1026.
Meudazon, II, 1371.
Meyrueys, II, 312.
Mèze, II, 542.
Mezens, I, 746.
Mezerville, I, 799.
Miallet, II, 957.
Michairie, I, 643.
Miclan, I, 1335.
Milhas, I, 659.
Milhau, II, 1037.
Milhau, près Nimes, II, 1517.
Milhavet, I, 664.
Millas, I, 1446.
Mioles, I, 666.
Mirabel, I, 952.
Miradou, II, 1145.
Miraval, I, 684; autre, I, 775 autre, II, 1557.
Mirepeysset, II, 1505.
Mirepoix, I, 747; autre, II, 407; chapitre, II, 407.
Mirondol, I, 644.
Missigré, I, 786.
Missule, I, 735.
Moirax, religieux de N.-D., II, 1143.
Moissac, II, 1461; Pères de la Doctrine chrétienne, I, 933.
Molandier, I, 799.
Molezan, II, 1395.
Molières, I, 951; autre, II, 840.
Molleville, I, 577.
Monchat, augustins, II, 1355.
Moncla, I, 804.
Monclar, I, 973.
Monduransse, I, 786.
Monestiers, I, 506; autre, I, 689.
Monestrol, I, 795.
Mongeard, I, 474.
Mongiscard, I, 471.
Monistrol, chapitre de St-Marcellin, II, 1252.
Monlaur, I, 620.
Monoblet, II, 840.
Monricoux, I, 983.
Mons, I, 621.
Monsaunes, I, 897.
Montagnac, II, 1386.
Montagut, I, 611.
Montaigu et Carsan, II, 1383.
Montalban, I, 824.
Montalet et Meiranes, II, 1385.
Montans, I, 666.
Montaragon, I, 802.
Montaren, II, 1394.
Montarnaud, II, 815.

Montauban, apothicaires, I, 938; augustins, II, 1167; blanchers et gantiers, I, 937; bonnetiers, I, 969; boulangers, I, 964; chapeliers, I, 1004; chapitre de la cathédrale, II, 1157; charpentiers, I, 995; chirurgiens, I, 1004; clarisses, I, 932; cordonniers, I, 931; corroyeurs, I, 934; jacobins, II, 1167; maréchaux, I, 992; menuisiers, I, 1002; Mission, I, 949; orfèvres, I, 985; perruquiers, I, 939; selliers, bâtiers et bourreliers, I, 956; tailleurs, I, 1004; tailleurs de pierre, I, 937; teinturiers, I, 985; tondeurs, I, 970; ursulines, I, 952.
Montauriol, I, 621; autre, I, 795.
Montaut, I, 781; autre, I, 1225.
Montazet, I, 825.
Montbartier, I, 551.
Montbazin, II, 908.
Montbel, I, 796.
Montbeton, I, 745; autre, I, 750.
Montblanc, II, 1467.
Montbrun, I, 617.
Montcauzel, I, 611.
Montclar, I, 679.
Montdardier, II, 817.
Montdragon, I, 721.
Montcabrie, I, 621.
Montech, I, 865.
Montedy, II, 1457.
Monteils, II, 1507.
Montels, II, 1425.
Montelus, II, 1405.
Montespieu, I, 771.
Montesquieu, I, 466; autre, I, 1226; autre, II, 1471.
Montesquieu-Volvestre, I, 866.
Montfaucon, I, 252; autre, II, 1377.
Montferrand, I, 579.
Montferrier, I, 799; autre, II, 912.
Montfoin, II, 1427.
Montfort, I, 827.
Montgaillard, I, 746.
Montgey, I, 755.
Montgradail, I, 793.
Monthoumet, II, 1500.
Montirat, I, 642; autre, I, 676.
Montiron, II, 1027.
Montjoy, II, 1488.
Montlaur, I, 676.
Montlaur et Montaud, II, 902.
Montlaures, I, 646.
Montléon, II, 1127.
Montmaur, I, 776.
Montmirat, II, 1392.
Montmoure, I, 771.
Montolieu, I, 690; autre, II, 859; abbaye, I, 520.
Montpellier, II, I, apothicaires, II, 627; boulangers, II, 658; bourreliers, selliers, bridiers et éperonniers, II, 672; chapitre St-Pierre, II, 57; cordonniers et savetiers, II, 657; fontainiers, II, 871; fripiers, II, 669; juridiction consulaire des marchands, II, 41; maçons, II, 871; marchands, II, 873; menuisiers, charpentiers et barilleurs, II, 872; orfèvres, II, 663; pâtissiers et rotisseurs, II, 637; paveurs et plâtriers, II, 871; peintres, doreurs, sculpteurs, horlogers, graveurs, batteurs d'or et ébénistes, II, 666; potiers d'étain, II, 626; religieux de

St-Ruf, II, 594; serruriers, arquebusiers et fourbisseurs, II, 617; tailleurs d'habits, II, 651; tisserands et drapiers, II, 976; ursulines, II, 420; Visitation, II, 593.
Montpeyroux, II, 1547.
Montpezat, I, 1372; autre, II, 1323; chapitre, II, 1203; ursulines, I, 955.
Montpinier, I, 742.
Montpitol, I, 626.
Montrabé, I, 630.
Montréal, II, 170; carmes, I, 691; chapitre, II, 190; officiers, I, 702.
Montredon, I, 728.
Monts, II, 1394.
Montze, I, 676.
Moremont, I, 627.
Moressargues, II, 1379.
Mortier, I, 801.
Moucairol, II, 1468.
Moulles et Beausselz, II, 853.
Mouloyrees, I, 743.
Mourvilles, I, 613.
Moussac, II, 1401.
Moussan, II, 1504.
Moussoulens, I, 693.
Moux, II, 1505.
Mouzens, I, 751.
Munes, I, 832.
Mur-de-Barrez (le), I, 1150.
Muret, II, 1061.
Murviel, II, 1557.
Murviel et Mus, II, 1458.

Nages et Solorgies, II, 1317.
Naillous, I, 607.
Najac, I, 279.
Nant, I, 1178; chapitre, I, 1197.
Narbonne, II, 553; blanchers, tanneurs, gantiers, corroyeurs et bouchers, I, 1485; chapitre de l'église métropolitaine, II, 73; chapitre St-Paul, II, 553; collège des Pères de la Doctrine chrétienne, II, 1497; confrérie de St-Éloi, II, 1482; cordonniers, II, 1486; maçons, gypsiers et tailleurs de pierre, II, 1480; menuisiers, charpentiers, tonneliers, sculpteurs et marchands de bois, II, 1485; pâtissiers, boulangers et fourniers, II, 1479; religieuses de Ste-Marie, II, 1495; serruriers, maréchaux, arquebusiers, potiers d'étain, lanterniers et vitriers, II, 1479; tailleurs, II, 1479.
Navacelle, II, 1374.
Naves, II, 1385.
Nebousan, États, I, 1355.
Neffiès, II, 1491.
Negrepelisse, I, 1373.
Ners, II, 1388.
Novian, II, 1507.
Nîmes, II, 246; canabassiers, II, 1336; chapitre de la cathédrale, II, 472; drapiers, II, 743; jésuites, II, 1566; lainiers et cardeurs, II, 1329; mangonniers, II, 1328; marchands de soie, II, 249; religieux de la Doctrine chrétienne, II, 1514; tondeurs de draps, II, 1327; ursulines, II, 1316.
Niolle, I, 822.
Niort, I, 829.
Nissan, II, 514.
Nizor, bernardins, II, 1025.
Nogaret, I, 612.

Nogaro, II, 1136; chapitre St-Nicolas, II, 1125.
Nohio, I, 752.
Notre-Dame-de-Laval, II, 1386.
Notre-Dame-de-Loudres, II, 907.
Nouvelle, abbaye, I, 1012.
Nozières, II, 1379.

Odars, I, 621.
Ondes, I, 635.
Orban, I, 650.
Orgueil, I, 615.
Orniac, II, 1405.
Orsan, II, 1377.
Ouzens, I, 685.

Padern, II, 1505.
Pailhes, II, 1458.
Pairoles, I, 805.
Palagrac, II, 1511.
Palamier, I, 660.
Palaza, I, 699.
Palesville, I, 760.
Palières, II, 851.
Palme (la), II, 1506.
Pamiers, II, 1211; boulangers, I, 1325; carmélites, I, 1318; chapitre, II, 1211; chapitre de la collégiale, I, 407; clarisses, I, 1320; collège des jésuites, I, 414; cordonniers, I, 1326; menuisiers et charpentiers, I, 1327; officiers du présidial, I, 414; serruriers, I, 1328; tailleurs, I, 1331; ursulines, II, 1173.
Paraou, I, 832.
Paraza, II, 1503.
Pariguargues, II, 1351.
Paulian, II, 1466.
Paullane, I, 785.
Pavie, I, 1256.
Pechabou, I, 631.
Pechbusque, I, 619; autre, I, 776.
Pechoudier, I, 758.
Pechoursy, I, 560.
Pech-St-Pierre, I, 781.
Pechsalamon, I, 785.
Pechsuire, I, 583.
Peiremalle, II, 935.
Peirens, I, 627.
Peirouze (la), I, 612.
Pennes, I, 503.
Pepieux, II, 1510.
Peraud et Verlieu, II, 1445.
Peret, II, 1465.
Perignan, II, 1510.
Perols, II, 1559.
Perpignan, apothicaires, I, 1469; aubergistes et cabaretiers, I, 1485; bâtiers, I, 1480; blanquiers, I, 1472; bouchers, I, 1473; boulangers, I, 1472; briquetiers, I, 1469; charpentiers et menuisiers, I, 1468; chirurgiens, I, 1468; cordiers, I, 1473; cordonniers, I, 1468; droguistes, I, 1469; faiseurs de peignes et passementiers, I, 1485; hôtes, I, 1473; jardiniers, I, 1453; maçons, I, 1469; marchands de draps, I, 1468; marchands de soie, I, 1483; maréchaux, I, 1469; meuniers, I, 1468; perruquiers, I, 1478; poissonniers, I, 1451; potiers, I, 1483; prêtres de la collégiale St-Jean-Baptiste, I, 1457; procureurs, I, 1469; revendeurs, I, 1468; rotisseurs, I, 1485; tailleurs, I, 1473; tisserands de lin, I, 1468.
Pessan, abbaye, I, 1260.

Peyrefitte, I, 786.
Peyrens, I, 776.
Peyreons, I, 742.
Peyriac-de-Mer, II, 1509.
Peyriac-de-Minerbois, II, 1509.
Peyrière (la), I, 745.
Peyrolles, II, 816.
Peyrusse, I, 1089.
Pézenas, II, 554; chapitre, II, 129.
Pezeur, II, 1472.
Pezilla, I, 830; autre, I, 1446.
Pia, I, 1467.
Pibrac, I, 619.
Pigol, I, 498; autre, I, 741.
Pigouzan, I, 659.
Pijaud, II, 539.
Pin, II, 1411.
Pincalvel, I, 741.
Plaigne (la), I, 801.
Plaine (la), I, 321.
Plaisance, I, 343.
Plaisian, II, 1462.
Planezes, I, 826.
Planques (les), I, 643.
Poilhes, II, 1493.
Pointis-de-Rivière, I, 897.
Pomerols, II, 136.
Pommas, I, 679.
Pommiers, II, 838.
Pompignan, II, 850.
Pont-de-Camarez, II, 1407.
Portel, II, 1495.
Portes, II, 1407.
Portels, II, 607.
Portiragues, II, 1460.
Poudier, I, 759.
Pouget, II, 1462.
Pougnadoresse, II, 1397.
Poujols, II, 1462.
Poulan, I, 647.
Poumei, I, 788.
Poupian, II, 1461.
Poupignan, I, 627.
Pousols, I, 650.
Poussan, II, 1234.
Poutelières, comté, II, 521.
Pouzillac, II, 1389.
Pouzolles, II, 1474.
Pouzols, II, 1511.
Prade, II, 819.
Prade (la), I, 832.
Pradelles-Cabardes, I, 690.
Pradelles-en-Val, I, 676.
Prades, I, 756; autre, II, 1178.
Pratinel, I, 759.
Prats, I, 1447.
Prax, I, 830.
Preissan, I, 699.
Preman, I, 754.
Prunigues, I, 823.
Puechflavard, II, 1516.
Puginier, I, 773.
Puiceluy, I, 850.
Puichabou, II, 1588.
Puilacher, II, 1461.
Puilaurens, I, 822; prieuré, I, 862.
Puissalicon, II, 1475.
Puissirguier, II, 1501.
Pujol, II, 1468.
Puy (le), II, 676; apothicaires, II, 1447; bonnetiers, II, 1560; canabassiers, II, 1261; cardeurs, tondeurs, tailleurs, tisserands et chapeliers, II, 1446; chapitre collégial, II, 697; chapitre N.-D., II, 367; collège des jésuites, II, 1560; congrégation de St-Joseph, II, 1261; drapiers, II, 1260; procureurs de la sénéchaussée, II, 1264; religieuses de N.-D., II, 685; ursulines, II, 1251; Visitation, II, 682.
Puy-Daniel, I, 606.

Puylagarde, Vialars et la Batude, I, 930.
Puylaroque, I, 930; chapelains de N.-D., I, 990.
Puylévesque, I, 1017.
Puymisson, II, 1459.

Quarante, II, 1500.
Quatre-Vallées, États, I, 1348.
Quezac, chapitre N.-D., II. 325.
Quilbajou, I, 825.
Quilian, II, 1392.
Quillan, I, 831.
Quissac, II, 1334.

Rabastens, I, 671; chapitre, I, 657.
Ramejan, II, 1457.
Rayssac, I, 685; autre, II, 1502.
Razeguières, I, 832.
Réalmont, I, 642.
Redon (la), II, 1503.
Réalville, II, 1166; bernardins, I, 963.
Regat, I, 796.
Remolin, II, 1402.
Reneville, I, 586.
Rennes, I, 829.
Revel, I, 559.
Reven, II, 840.
Revet, II, 819.
Reynies, I, 748.
Ribault, II, 1460.
Ribaute, II, 954.
Ribouisse, I, 791.
Ricaud, I, 775.
Rieulos, I, 796.
Rieume, I, 1282.
Rieux, I, 682; autre, II, 1510; chapitre de la cathédrale, I. 866; officiers de l'Hôtel-de-Ville, I, 868; séminaire, I, 555.
Riscle, I, 343.
Rochefort, II, 1410; bénédictins, II, 529.
Rochegude, II, 1395.
Rode (la), religieuses, I, 542.
Rodessant, II, 1321.
Rodez, II, 1085; annonciades, II, 1086; apothicaires, I, 1168; chapitre N.-D., II, 1089; chartreux, II, 1086; collége, II, 1213; confrérie de St-Éloi, I, 1139; confrérie de Ste-Croix, I, 1137; dominicaines, II, 1086; religieuses de N.-D., II, 1086; tisserands, I. 290.
Rogles, I, 798.
Romans, I, 473.
Romiguières, II, 1475.
Roquassel, II, 1472.
Roque (la), I, 643; autre, II, 802; autre, II, 1407.
Roquebrun, II, 1475.
Roquecourbe, I, 717; autre, II, 1488.
Roqueduc, II, 838.
Roquefère, I. 680.
Roquefeuil, I, 828.
Roquefort, I, 829; autre, II, 1504.
Roquefort et Ilhat, I, 794.
Roquemadour, I, 1047; chapitre, I, 1051.
Roquemaure, I, 747.
Roquemore, II, 561; chapitre, II, 470.
Roque-Roucazel (la), I, 667.
Roques, II, 838.
Roquetaillade, I, 831.
Roquevidal, I, 757.
Roqueville, chapelle N.-D., I, 848.

Roquidefa, II, 1501.
Rosary, I, 748.
Roubenac, I, 825.
Roubia, II, 1504.
Roubiac, II, 1406.
Roudoumé, I, 820.
Roufflat, I, 620.
Roullens, I, 679.
Roumegoux, I, 644.
Roumegoux et Tels, I, 666.
Roupeyroux, I, 1075; la fraternité, I, 1076.
Rouqairoux, I, 724.
Rousson, II, 1390.
Routier, I, 783.
Rouvière (la), II, 1390.
Rouvière (la), et Puechsigal, II, 846.
Rustiques, I, 675.

Sabarat, I, 1327.
Sablelles, I, 685.
Sabran, II, 1378.
Saillies, I, 1332.
Saint-Affrique, I, 772; autre, II, 1308.
Saint-Aignan, religieuses, II 1028.
Saint-Alby, I, 569.
Saint-Alexandre, II, 1389.
Saint-Amadon, I, 800.
Saint-Amancet, I, 761.
Saint-Amans, I, 722; autre, II, 1462.
Saint-Amant, I, 571.
Saint-Ambroise, II, 498.
Saint-Andiol, II, 936.
Saint-André-de-Capceze, II, 1381.
Saint-André-de-Crujère, II, 1391.
Saint-André-d'Olcylargues, II, 1396.
Saint-André-de-Roquepertuis, II, 1410.
Saint-André-de-Valborgne, II, 952.
Saint-André-de-Villeneuve-les-Avignon, chartreuse, II, 563.
Saint-Andreau, II, 1027.
Saint-Antonin, I, 643; autre, I, 1378; chapitre, I, 1090.
Saint-Arcisse, I, 743.
Saint-Auban, I, 610; autre, II, 1385.
Saint-Bauzeli, II, 1386.
Saint-Bauzille, I, 643; autre, II, 1463.
Saint-Bauzille-de-Montmelle, II, 976.
Saint-Bauzille-de-Putris, II, 809.
Saint-Béat, I, 898; autre, II, 1187.
Saint-Benezet, II, 1322.
Saint-Benoît, I, 797.
Saint-Benoît-de-Crameaux, I, 644.
Saint-Benoît-de-Fredefont, I, 657.
Saint-Bertrand, I, 1334.
Saint-Blandas, II, 839.
Saint Bonnet, II, 846; autre, II, 1348.
Saint-Bres, II, 1372; autre, II, 1557.
Saint-Bresson, II, 839.
Saint-Césaire, II, 1399.
Saint-Chattes, II, 1406.
Saint-Christol-de-Rozières, II, 1393.
Saint-Christophe, II, 909; chapitre, I, 1431; prieuré, I, 306.
Saint-Clair, prieuré, II, 1539.
Saint-Clar, I, 1199.
Saint-Cosme, prêtres, I, 1195.
Saint-Couat, I, 691; autre, 1826.

Saint-Dauins, II, 519.
Saint-Denis, I, 691.
Saint-Désir, II, 1378.
Saint-Dionisi, II, 1346.
Saint-Dresery, II, 978.
Saint-Esprit, II, 561; minimes, II, 1430; ursulines, II, 512; Visitation, II, 517.
Saint-Estèphe, I, 801.
Saint-Étienne-de-Lons, II, 937.
Saint-Étienne-de-Sors, II, 1404.
Saint-Ferriol, I, 831.
Saint-Firmin, II, 1403.
Saint-Florens, II, 1408.
Saint-Florentin, I, 652.
Saint-Gaudens, II, 1188; chapitre, II, 1187.
Saint-Cauzens, I, 734.
Saint-Gelly-du-Fère, II, 812.
Saint-Geniès, I, 641; autre, II, 1180.
Saint-Geniès-de-Comolus, II, 1377.
Saint-Geniès-de-Mourgues, II, 976.
Saint-Germa, I, 559.
Saint-Germier, I, 772.
Saint-Gervais, I, 732; autre, II, 1400; juridiction, I, 896.
Saint-Gilles, chapitre, II, 256.
Saint-Giniès, II, 1459; abbaye, II, 834.
Saint-Girons, I, 430; prêtres de la Doctrine chrétienne, I, 431.
Saint-Grégoire, I, 666.
Saint-Guilhem, II, 1302.
Saint-Guyées-de-Balançat, I, 733.
Saint-Hilaire, I, 676; autre, II, 556; abbaye, II, 166.
Saint-Hilaire-de-Beauvoir, II, 978.
Saint-Hilaire-d'Ozilian, II, 1398.
Saint-Hippolyte, II, 211.
Saint-Hippolyte-de-Caton, II, 1399.
Saint-Hippolyte-de-Montaigu, II, 1388.
Saint-Ibars, II, 1174; chapitre, II, 1179.
Saint-Jacques et Brossen, II, 1444.
Saint-Jean-du-Breuil, I, 297.
Saint-Jean-de-Bueges, II, 803.
Saint-Jean-de-Ceyrargues, II, 1399.
Saint-Jean-de-Cocules, II, 906.
Saint-Jean-de-Corny, II, 979.
Saint-Jean-de-Fos, II, 1513.
Saint-Jean-de-Lherm, I, 624.
Saint-Jean-de-Marvejols, II, 1387.
Saint-Jean-de-Rieumajou, I, 580.
Saint-Jean-de-Rives, I, 754.
Saint-Jean-de-Roque, II, 1515.
Saint-Jean-de-Valeiriscle, II, 923.
Saint-Jean-de-Vals, I, 742.
Saint-Jean-de-Vedas, II, 809.
Saint-Jory, I, 615.
Saint-Julia, I, 822.
Saint-Julia-de-Briola, I, 802.
Saint-Julia-de-Grascaport, I, 476.
Saint-Julien, I, 665.
Saint-Julien-de-Casagnas, II, 1389.
Saint-Julien-de-la-Nef, II, 836.
Saint-Julien-de-Peyroles, II, 1395.
Saint-Julien-du-Puy, I, 712.
Saint-Julien-de-Valgagne, II, 1386.
Saint-Just, II, 1559.

Saint-Just-de-Belengard, I, 789.
Saint-Just et Vaquière, II, 1375.
Saint-Justin, chapitre, I, 1260.
Saint-Laurens, II, 1502.
Saint-Laurent-d'Aigouze, II, 1345.
Saint-Laurent-des-Arbres, II, 1540.
Saint-Laurent-de-Carnol, II, 1407.
Saint-Laurent-de-la-Vernède, II, 1375.
Saint-Laurent-le-Vivier, II, 852.
Saint-Léons, couvent, II, 1045.
Saint-Lezier, I, 430.
Saint-Lieux, I, 513; autre, I, 768.
Saint-Lis, I, 396.
Saint-Loup, I, 635.
Saint-Mamet, II, 938.
Saint-Marcel, II, 1508.
Saint-Marcel-de-Carciret, II, 1389.
Saint-Marcel-de-Fontfouliouse, II, 853.
Saint-Martial, II, 843.
Saint-Martin, I, 681; autre, I, 777; autre, I, 781.
Saint-Martin-de-Campagne, II, 1558.
Saint-Martin-de-Corconnat, II, 842.
Saint Martin-de-Londres, II, 977.
Saint-Martin-de-la-Rivière, I, 616.
Saint-Martin-de-Valgagne, II, 1380.
Saint-Martory, I, 1317.
Saint-Maurice-de-Cazerville, II, 1398.
Saint-Maurice-de-Ventalon, II, 1380.
Saint-Maximin, II, 1388.
Saint-Mediez, II, 1427.
Saint-Michel-de-la-Badie, I, 653.
Saint-Michel-d'Euzet, II, 1401.
Saint-Michel-de-Lavez, I, 798.
Saint-Mont, I, 344; monastère, I, 1237; prieuré de St-Jean, I, 365.
Saint-Nazaire, II, 1388; autre, II, 1498.
Saint-Nazaire-de-Ladarez, II, 1474.
Saint-Nicolas, I, 394.
Saint-Orens-de-Gameville, I, 612.
Saint-Pardoul-de-Lastemps, I, 757.
Saint-Pargoire, II, 1462.
Saint-Paul, I, 823; autre, II, 977.
Saint-Paul-de-Capdejoux, I, 561.
Saint-Paulet, I, 775.
Saint-Pé, I, 896.
Saint-Pierre-des-Champs, II, 1506.
Saint-Pierre-de-la-Serre, I, 666.
Saint-Pierre-de-Valmaselle, II, 1474.
Saint-Plancat, I, 421.
Saint-Polycarpe, I, 786; chapitre des bénédictins, I, 790.
Saint-Pons, chapitre de la cathédrale, II, 1561.
Saint-Pons-de-Lacamp, II, 1404.
Saint-Porquier, officiers, I, 497.
Saint-Poulet-de-Caysson, II, 1398.
Saint-Privat-de-Champceaux, II, 1408.
Saint-Privat-de-Ribière, II, 1394.
Saint-Privat-des-Vieux, II, 1392.
Saint-Puy, I, 1200.
Saint-Quentin, II, 1403.
Saint-Roman-de-Codiercy, II, 842.

Saint-Rome-de-Tarn, I, 295.
Saint-Salvy-de-Carcaves, I, 644.
Saint-Sardos, II, 1024.
Saint-Sauveur, I, 608.
Saint-Sauveur-de-Crugères, II, 1409.
Saint-Sauveur-des-Pourcis, II, 842.
Saint-Sébastien, II, 981.
Saint Series, II, 911.
Saint-Sernin, I, 656; autre, I, 824; autre, II, 1052; chapitre collégial, I, 1190.
Saint-Sernin-de-Montlong, I, 758.
Saint-Sever, couvent, I, 378.
Saint-Siral-de-Lissert, I, 801.
Saint-Sirgue-d'Argou, I, 667.
Saint-Sufret, II, 1376.
Saint-Sulpice, officiers de l'Hôtel-de-Ville, I, 554.
Saint-Sulpice-de-la-Pointe, I, 487; religieuses, I, 498.
Saint-Théodorite, II, 1397.
Saint-Tibéri, abbaye, II, 131.
Saint-Valier, II, 1498.
Saint-Victor-de-la-Coste, II, 1383.
Saint-Victor-de-Gravière, II, 1385.
Saint-Victor-de-Malcap, II, 521.
Saint-Victor-des-Oules, II, 1403.
Saint-Vincent, I, 477; autre, II, 812.
Saint-Volusien, abbaye, I, 1319.
Sainte-Anastasie, II, 1396.
Sainte-Cécile-d'Endorge, II, 1394.
Sainte-Colombe, II, 1556.
Sainte-Croix, religieuses, I, 554.
Sainte-Croix-de-Caderles, II, 857.
Sainte-Croix-de-Fontanes, II, 810.
Sainte-Eulalie, I, 690.
Sainte-Foy, I, 390.
Sainte-Gemme, I, 643.
Saissac (la), I, 518.
Sainte-Ouille, II, 1402.
Saix, I, 754.
Salazac, II, 1393.
Salces, II, 1454.
Salegorses, II, 870.
Sales, I, 856.
Salespieussou, I, 770.
Salindres, II, 1380.
Salle (la), II, 850.
Salles, II, 1493.
Salles-Curan, II, 1048.
Salsa, II, 1489.
Salsigne, I, 698.
Salurargues, II, 910.
Salvetat-Peyralles (la), I, 1081.
Salvetat-St-Gillis (la), I, 493; abbaye St-Pierre, I, 541.
Salviac, I, 1038.
Samatan, II, 1064; minimes, II, 1012.
Saramont, I, 1248; abbaye, I, 1248, et II, 1059.
Sarrancolin, I, 1338.
Sarrant, II, 1024.
Sau, couvent, I, 893.
Saumane, II, 964.
Sauriac, I, 652.
Sausenar, I, 642.
Saussan, II, 1559.
Saussines, II, 977.
Sautel, I, 800.
Sauve (la), II, 210.
Sauveterre, I, 278; autre I, 724; autre, I, 1084 *bis*.
Sauvian, II, 1456.
Sauzens, I, 690.
Sauzet, II, 1427.
Saverdun, II, 1211.
Sazo, II, 1378.

Scere (la), I, 779.
Segura, I, 797.
Seignalens, I, 797.
Seines, II, 1393.
Seissan, I, 1264.
Semalens, I, 563.
Senegat et Trevesy, I, 720.
Senilhac, II, 1391.
Seple, I, 782.
Septfons, I, 1372.
Seran, I, 761.
Serières, II, 1115.
Sérignan, II, 1456.
Sermées, I, 740.
Sermes, I, 681.
Serran, I, 779.
Serrant et Poumardelle, I, 727.
Serres, I, 825.
Servas et la Sorbière, II, 1380.
Servian, II, 1467.
Serviez, II, 1376.
Seuil, I, 571.
Severac-le-Castel, II, 1017.
Sevignac, I, 1200.
Sigean, II, 781.
Signac, II, 1346.
Siguer, II, 1178.
Silvanez, chapitre, I, 305.
Simorre, I, 1287; bénédictins, II, 1028.
Sommières, II, 734.
Sorenc, I, 665.
Sorèze, I, 561; bénédictins, I, 855.
Soual, I, 557.
Soubeyros, II, 1367.
Soudorgues, II, 835.
Sougraigne, I, 826.
Souillac, I, 1047; autre, I, 1059; abbaye, I, 1048.
Soula, I, 801.
Soulade, I, 626.
Soupets, I, 777.
Sournia, I, 831.
Sumène, II, 850.
Sussargues, II, 817; autre, II, 978.

Taissac, I, 826.
Taix, I, 642.
Tarabel, I, 622.
Tarascon, II, 1072.
Taraux, II, 1396.
Tarbe, Eclaignes et Pradettes, I, 797.
Tarraube, I, 1190.
Tasque, abbaye, I, 1239.
Tauriac, I, 549.
Taurize, I, 682.
Tauxac, II, 1469.
Tavel, II, 1375.
Teissodé, I, 757.
Tence, couvent des sœurs de St-Joseph, II, 1262.
Termes, II, 1503; autre, II, 1506.
Terou, I, 664.
Terroles, I, 805.
Tersac, I, 666.
Teziers, II, 1391.
Thesan, II, 1458.
Thoiras, II, 850.
Thouy, I, 1483.
Touget, monastère St-Martin, II, 1121.
Toulouse, I, 841; Antonins, I, 850; apothicaires, I, 615; augustins, I, 33; bénédictins de la Daurade, I, 170; blanchers, I, 615; boulangers, I, 611; bourreliers et bâtiers, I, 615; carmélites, I, 32; chandeliers, I, 623; chanoinesses de St-Sernin, I, 41; chapitre St-Étienne, I, 168; chapitre St-Jean de l'ordre de Malte, I, 183; cha-

pitre St-Sernin, I, 846; charpentiers et menuisiers, I, 629; chartreux, I, 20; chaudronniers, I, 640; clarisses, I, 889; collége de Foix, I, 182; collége de Périgord, I, 166; collége St-Bernard, I, 890; collége St-Martial, I, 156; collége St-Raymond, I, 603; communauté des habitants, I, 635; cordonniers, I, 616; couteliers, I, 626; dominicains, I, 888; feuillantines, I, 892; feuillants, I, 187; gantiers et pelletiers, I, 640; horlogers et graveurs, I, 631; hospitalières, I, 35; jésuites, I, 173; noviciat des jésuites, I, 503; marchands, I, 463; marchands de bois, I, 616; maréchaux, I, 633; minimes, I, 32; moulin du Château-Narbonnois, I, 851; notaires, I, 626; orfèvres, I, 612; ouvriers en soie, I, 609; papetiers et cartiers, I, 619; pâtissiers, I, 613; pénitents blancs, I, 616; pénitents gris, I, 623; pénitents noirs, I, 484; Pères de la Doctrine chrétienne, I, 181; potiers d'étain, I, 611; prêtres de l'Oratoire, II, 406; procureurs du Parlement, I, 611; procureurs de la sénéchaussée, I, 628; religieuses du tiers ordre de St-François, I, 503; religieuses de St-Jean de l'ordre de Malte, I, 190; religieuses de St-Pantaléon, I, 26; religieuses de Ste-Catherine, I, 160; religieux de la Merci, I, 41; selliers, I, 618; tanneurs, I, 615; tapissiers, I, 624; tonneliers, I, 490; tourneurs, I, 625; trinitaires, I, 850; Université, I, 215; ursulines, I, 496; Visitation, I, 33; vitriers et peintres, I, 488.

Tour (la), I, 832.

Tourbès, II, 1467.

Toureilles, I, 791.

Tournac, II, 850.

Tournay, I, 1248; minimes, I, 381.

Tournebouis, I, 829.

Tournefeuille, I, 479.

Tournens, I, 779.

Toutons, I, 485.

Traisanel, I, 686.

Traussan, II, 1488.

Trebas, I, 665.

Trebillac, I, 824.

Tremoulet, I, 795.

Tresbas, I, 524.

Tresque, II, 1387.

Tressan, II, 1463.

Trèves, II, 842.

Treviers, II, 1557.

Treville, I, 585.

Treziers, I, 800.

Triadou, II, 819.

Troupiac, I, 762.

Troye, I, 800.

Truilhas, II, 1502.

Trye, chapitre, I, 1356.

Uzelas, II, 1465.

Uzès, II, 561; cardeurs, II, 1373; chapeliers, II, 939; chapitre II, 1536; chapitre St-Nicolas, II, 539; cordonniers et tanneurs, II, 1375; détailliers, II, 1373; drapiers, II, 1374; droguistes et teinturiers, II, 1373; menuisiers, broquiers

et charrons, II, 1411; pâtissiers, II, 939; revendeurs et mangonniers, II, 1371; serruriers, maréchaux, faiseurs de peignes, chaudronniers, couteliers et potiers, II, 1416; tailleurs, gantiers et blanchers, II, 1379.

Vabre, I, 730.
Vabres, II, 846; autre, II, 1041; chapitre, II, 1011.
Vacquerie, II, 1333.
Vailhan, II, 1471.
Valabrégue, II, 1383.
Valabris, II, 1403.
Valbonne, II, 923.
Valcournouze, I, 762.
Valderies, I, 642.
Valdurenque, I, 721.
Valeiguière, II, 1427.
Valence, I, 641; autre, II, 1400.
Valentine, I, 806.
Valerargue, II, 840; autre, II, 1405.
Valergues, II, 817.
Valette (la), I, 623; autre, I, 681.
Valflanne, II, 1233.
Valjausquet, II, 980.
Vallegue, I, 621.
Valmiger, II, 1489.
Valros, II, 1467.
Valz-le-Puy, couvent, II, 688.
Vans (les), II, 926.
Vaour, I, 661.
Vaquier, I, 610.
Varague, I, 582.
Vareilles, I, 1331.
Vareu, I, 1091; chapitre, I, 1083.
Varenes, I, 747.
Varennes, I, 628.
Vauvert, II, 1345.
Veaux, I, 475.
Vedillan, II, 1501.
Vendargue, II, 1557.
Vendemian, II, 1463.
Vendres, II, 1456.
Venejan, II, 1407.
Venes et Chefouls, I, 729.
Ventenac, I, 675; autre, I, 796; autre, II, 1494.
Ventillat et Villeneuve, I, 745.
Verargues, II, 977.
Verdale, I, 751.
Verdun, I, 399; autre, I, 771; augustines, I, 400; chirurgiens, I, 1300; confrérie des Prés, I, 1301.
Verfeuil, I, 471; autre, I, 1087; autre, II, 1406.
Velhac, I, 746.
Vernet, I, 639.
Vers, II, 1397.
Verune (la), II, 878.
Veuzin, II, 1444.
Vezenobre, II, 854.
Viane, I, 720.
Vic, II, 980; grange, I, 1230.
Vic et Lefez, II, 1392.
Vic-Fezensac, chapitre, I, 1240.
Viedisses, II, 1173.
Vieil-Toulouse, I, 618.
Vieilles, I, 757.
Vieillevigne, I, 606.
Vielmur, I, 865; abbaye, I, 547.
Vieussan, II, 1475.
Vieux, I, 894.
Vigan (le), II, 837; chapitre, II, 1099.
Vignevielle et Durfort, II, 1507.
Vignogoul, abbaye, II, 792.
Vignonet, I, 777.
Vilanien, I, 699.
Vilarzel, I, 690.
Vilegly, I, 686.

Vilhac, I, 795.
Villantou, I, 794.
Villardebelle, I, 787.
Villardonnel, I, 685.
Villaret, I, 689.
Villarzel, I, 783.
Villebrumer, I, 551.
Villedaigue, II, 1503.
Villedieu (la), I, 701; autre, I, 791.
Villedubert, I, 704.
Villeflour, I, 682.
Villefort, II, 1382.
Villefranche, I, 269; autre, I, 667; chapitre, I, 1073; chartreuse St-Sauveur, I, 271; chirurgiens, I, 1108; confrérie de St-Crespin, I, 1107; confrérie de St-Eutrope, I, 1107; prêtres, I, 1100; séminaire N.-D., I, 1084; ursulines, I, 1095; Visitation, I, 278.
Villefranche-en-Conflent, I, 1446.
Villegaillenc, I, 874.
Villelier, I, 703.
Villelongue, I, 781.
Villemagne, II, 899; autre, II, 1469; bénédictins, II, 1276.
Villemeur, I, 741; officiers de la juridiction, I, 740; officiers de la maîtrise des eaux et forêts, I, 745.
Villenasi, I, 690.
Villeneuve, I, 660; autre, I, 775; autre, I, 1074; autre, II, 1459; prêtres obituaires, I, 1107.
Villeneuve-les-Avignon, II, 562; chartreux, II, 1414.
Villeneuve-les-Lavaur, I, 762.
Villeneuve-les-Maguelonne, II, 976.
Villeneuve-de-Montréal, I, 689.
Villeneuve-dOlmez, I, 801.
Villenouvelle, I, 609; autre, I, 775; autre, II, 1458.
Villenullier, II, 1351.
Villepinte, I, 862.
Villerouge, II, 1504.
Villesavany, I, 777.
Villesequelande, I, 693.
Villetritoulz, I, 682.
Vinassan, II, 1493.
Vinça, prêtres, 1465.
Vinsac, I, 1444.
Vintrou, I, 722.
Vira, I, 795; autre, I, 832.
Vissec, II, 838.
Viterbe, I, 759.
Vivez-le-Fort, II, 979.
Vivier, II, 822.
Viviers, I, 801; autre, II, 1515; chapitre, II, 559.
Viviers-les-Lavaur, I, 762.
Viviers-les-Montaignes, I, 567.
Viviès, I, 647.
Voisins, I, 704.

LIMOUSIN

Aixe, prêtres, 313.
Allassac, 442.
Allois (les), abbaye, 324.
Angoulême, 203; apothicaires, 351; avocats et médecins, 352; bouchers et marchands graisseurs, 349; boulangers et fourniers, 348; chapeliers, selliers, bâtiers, bonnetiers et perruquiers, 349; carmélites, 92; chapitre de la cathédrale, 92; chirurgiens, 350; cordonniers, 351; évêché, 209; fondeurs, maréchaux, blanconniers et gantiers, 352; horlogers, orfèvres et pintiers, 350; jésuites; 93; marchands de draps, 351; marchands quincailliers, vitriers, imprimeurs, confiseurs et marchands de sel, 353; menuisiers, charpentiers, charrons et chaisiers, 350; officiers du présidial, 358; pâtissiers et aubergistes, 348; prieurés de St-André d'Angoulême et de St-Pierre de Chuslen, 387; procureurs du présidial, 348; religieuses du tiers-ordre de St-François, 348; sergiers, tisserands, cardeurs et passementiers, 349; serruriers, arquebusiers, fourbisseurs et couteliers, 352; tailleurs d'habits et chaussetiers, 350; ursulines, 353.
Angoumois, province, 432.
Auberre, 432.
Auriac, prieuré, 398.
Autoir, prieuré, 398.

Beaulieu, prieuré, 386.
Beauregard, 204.
Bellac, 201; doctrinaires, 202; prêtres, 202.
Benevant, 317.
Beuil, couvent, 220.
Bonnaigue, abbaye, 398.
Bonnesaigne, abbaye, 176.
Bort, 398; hôteliers, cabaretiers

8

et artisans, 476; marchands, 476; prêtres, 479.
Bourganeuf, 404.

Cellefrouin, abbaye, 388.
Chaslard, prieuré, 416.
Chasteau-Poinsat, prêtres, 343.
Chastenet, prieuré, 121.
Cléjoux, prieuré, 399.
Courrèze, 396; prieuré, 398.

Dajon, couvent, 401.
Donzenac, 441.
Dorat (le), 202; chapitre, 311; prêtres, 414; religieuses de la Trinité, 267.
Droullil-Blanche (la), prieuré, 327.

Enbournet, abbaye, 357.
Esglettons, 170; artisans, 475; bourgeois, 475.
Esterp (l'), communauté de l'ordre de Ste Geneviève, 294.

Fage (la), prieuré, 397.

Glandières, couvent, 440.
Grobosc, abbaye, 235.

Limoges, abbaye St-Augustin, 111; abbaye St-Martin des Feuillants, 116; avocats, 292; boulangers, 313; carmélites, 14; ceinturiers, fourbisseurs, gantiers, pelletiers et potiers d'étain, 311; chapitre de la cathédrale, 202; chapitre St-Martial, 203; chirurgiens et perruquiers, 313; collége des jésuites, 12; cordonniers et savetiers, 313; couvent St-Joseph de la Providence, 19; grand couvent de Ste-Claire, 16; petit couvent de Ste-Claire, 23; libraires, imprimeurs, selliers, bâtiers, peintres et éperonniers, 312; maison de ville, 220; marchands, 310; médecins et apothicaires, 293; notaires, 292; officiers de l'élection, 203; officiers des finances de la généralité, 202; officiers de la justice royale, 325; officiers du présidial, 202; prêtres de la Mission, 115; prêtres de l'Oratoire, 8; procureurs, 293; religieuses de N.-D., 106; séminaire, 266; serruriers, armuriers, couteliers, taillandiers et maréchaux, 312; tailleurs, tapissiers, fripiers et chaussetiers, 312; tanneurs, 314; ursulines, 107; Visitation, 16.
Limousin, province, 419.

Magnac, 336; prêtres, 342.
Magontier, prieuré, 399.
Mauzanes, prieuré, 303.
Meymac, 391; avocats, procureurs et notaires, 478; hôteliers et artisans, 479; marchands, 479; prêtres, 467.
Montbron, 432; prieuré, 386.
Moustiers, église St-Étienne, 6.

Neuvic, 396; artisans, 476; avocats, procureurs et notaires 475.

Palais, abbaye, 188 et 399.
Peyrat, 404.
Portdieu, prieuré, 399.

Rochefoucault (la), chapitre, 374; Visitation, 389.
Ruffec, 432; prieuré, 390.

Saint-Angel, bénédictins, 395.
Saint-Ausony, abbaye, 275.
Saint-Cybar, abbaye, 275.
Saint-Germain, 320; chapitre, 149.
Saint-Junien, 107; chapitre, 111; gantiers, 293; religieuses de N.-D., 110.
Saint-Léonard, 286; cabaretiers et pâtissiers, 294; chapitre, 266; prêtres, 293; prieuré, 334; religieuses de N.-D., 140.
Saint-Yrieix, 339; chapitre 285; religieuses, 319.
Solignac, abbaye, 311 et 325.
Souterraine (la), 344; prêtres, 343.

Treignac, 397; artisans, 474; avocats, procureurs et notaires, 472; hôteliers et cabaretiers, 474; marchands, 474; prêtres, 462.

Tulle, 158; chapitre de la cathédrale, 395; clarisses, 437; évêché, 436; jésuites, 252, marchands épiciers, huiliers; chirurgiens, apothicaires, barbiers et perruquiers, 480; maréchaussée, 471; orfèvres, potiers d'étain, chaudronniers, teinturiers et chapeliers, 436; officiers de l'élection, 249; pâtissiers, hôteliers et cabaretiers, 434; prêtres de St-Julien, 252; prêtres de St-Pierre, 174; religieuses de St-Bernard, 439; séminaire, 164; ursulines, 466; Visitation, 173.

Ussel, 397; prêtres, 467; procureurs, 399.
Uzerches, avocats et notaires, 476; hôteliers, cabaretiers, pâtissiers. apothicaires, barbiers et perruquiers, 477; marchands de vins fins, grossiers et quincailliers, 477; officiers du sénéchal, 401; officiers de la ville, 442.

Valette (la), couvent, 173; ursulines, 381.
Vedrennes, prieuré, 399.
Ventadour, prieuré, 399.
Vigiras, religieux de St-Benoit, 182.
Vindelle, prieuré, 386.

LORRAINE

Asbourg, maire, échevins et gens de justice, 568.
Autrey, abbaye, 511.

Bar-le-Duc, 153; chapitre de la collégiale; 99; chapitre St-Maxe, 100; chirurgiens, 150; maîtrise des eaux et forêts, 152; marchands, 20; officiers du bailliage, 5; officiers de la prévôté, 6.
Bastogne, maire, échevins et gens de justice, 567.
Benoîtevaux, prémontrés, 566.
Bittebourg, maire, échevins et gens de justice, 269.
Bonnevoye, abbaye, 281.
Bourmont, annonciades, 156; chapitre, 156.
Bouxières, couvent, 145.
Bouzonville, abbaye, 563.
Brie, 418.
Bruyères, 151.
Butgenbach, maire, échevins et gens de justice, 270.

Carignan, 649.
Chauvancy, officiers de la juridiction, 661.
Clairefontaine, abbaye, 263.
Clervaux, haute justice, 177.
Conflans, 623.

Danvillers, 671; bouchers, 671; brasseurs, 632; chapeliers, 632; officiers de la prévôté, 632.
Dieuloart, 624.
Dieuze, 290.
Dompère, abbaye, 119.
Durbuy, justice et franchise, 89; justice et haute cour, 88.

Épinal, 477; abbaye St-Goery, 473.
Esche-sur-l'Alzette, maire et échevins, 87.
Esternach, abbaye, 279; clarisses, 268; maire et échevins, 266.
Estival, abbaye, 58.
Étain, 623.

Flavigny, bénédictins, 149.
Fricourt, prieuré, 647.

Gorze, 623; abbaye, 646; chapitre St-Gorgon, 560.
Grandeville (la), prieuré, 155.

Hattonchal, chapitre St-Maur, 622.
Hauteseille, abbaye, 469.
Hesse, prieuré, 660.
Hombourg, chapitre St-Étienne, 419.
Honfalise, prieuré, 262.
Hossingen, couvent, 567.

Justemont, abbaye, 562.

Lisle-en-Barrois, abbaye, 153.
Longeville, abbaye St-Martin, 399.
Longuyon, chapitre, 156.
Longvy, confrérie St-Blaise des tisserands, 62; confrérie St-Éloi et St-Thomas, 63; confrérie St-Honoré des boulangers, 64; confrérie St-Barbe des tailleurs d'habits, 63.
Lorraine, province, 119.
Louet-St-Pierre, maire, échevins et gens de justice, 567.
Luxembourg, confrérie St-Thibaut, 684; drapiers, 683; magistrat et communautés, 269; maréchaux, 681; merciers, 684; tisserands, 684.

Marienthal, couvent, 683.
Marsal, 290; chapitre, 569; religieuses de la Congrégation, 564.
Marville, 561; bénédictines, 565; bouchers, 632; charpentiers, menuisiers, charrons, maçons et vitriers, 632; drapiers, merciers, tondeurs et teinturiers, 632; officiers de la juridiction et prévôté, 640; prieuré St-Nicolas et St-Hilaire, 561; tanneurs, cordonniers, corroyeurs, savetiers, selliers et tisserands, 672.
Metz, 644; abbaye du petit Clervaux, 388; abbaye de Pontifroy, 606; abbaye de St-Arnould, 391; abbaye de St-Clément, 560; abbaye de St-Pierre, 406; abbaye de St-Pierremont, 607; abbaye de St-Symphorien, 564; abbaye de Ste-Glossinde, 560; apothicaires, 610; arquebusiers et monteurs d'armes, 609; augustins, 627; bénédictins de St-Vincent, 412; bénédictins de Ste-Barbe, 560; bonnetiers, 615; bouchers, 77; boulangers, 398; bourreliers, 610; carmélites, 563; carmes, 416; cartiers, 620; célestins, 77; chandeliers, 608; chanoines réguliers de St-Augustin, 562; chapeliers, 560; chapitre de la cathédrale, 601; chapitre N.-D. de la Ronde, 644; chapitre St-Sauveur, 203; chapitre de St-Thibaut, 560; chapitre Ste-Marie, 560; charpentiers, 620; charrons, 611; chaudronniers, 611; chaussetiers, 592; chirurgiens, 618; ciriers, 401; clarisses, 564; commanderie de St-Jean, 660; cordiers, 612; couteliers, 562;

distillateurs d'eau-de-vie, 84; drapiers, 614; épingliers et ceinturiers, 610; experts jurés, 640; febvres, 607; fondeurs en cuivre, 614; fourbisseurs, 620; gouvernement, 644; huiliers, 561; huissiers du bailliage et siége présidial, 644; huissiers du Parlement, 647; imprimeurs et libraires, 613; jacobines, 561; jésuites, 408; maçons, 618; menuisiers, 609; merciers, drapiers, épiciers, quincailliers et vendeurs de saline, 559; minimes, 561; notaires, 636; officiers du bailliage de l'évêché, 687; officiers du bailliage et siége présidial, 662; officiers des eaux et forêts, 642; officiers de l'Hôtel-de-Ville, 644; officiers de la maîtrise des eaux et forêts, 687; officiers de la monnaie, 643; officiers de la Table de marbre, 642; orfèvres, 609; pâtissiers, 608; peintres, sculpteurs et graveurs, 610; pelletiers, 610; perruquiers, 619; potiers d'étain, 615; prêcheresses, 561; prêtres de la Mission, 563; procureurs au bailliage et siége présidial, 643; procureurs au Parlement, 619; recouvreurs, 617; religieuses de la congrégation N.-D., 563, et 565; religieuses de la Madeleine, 565; religieuses de la propagation de la foi, 564; rôtisseurs et charcutiers, 562; selliers, 609; serruriers, 562; tailleurs, 561; tanneurs et corroyeurs, 561; tisserands, 393; tondeurs, 616; tonneliers, 243; trinitaires, 188; ursulines, 563; Visitation, 84; vitriers, 561.

Montier-sur-Jarny, officiers du bailliage, 151; officiers de la prévôté, 151.

Montigny-les-Metz, couvent; 563.

Montmédy, 565; bouchers, 633; cabaretiers, 673; cordonniers, 633; marchands, 633; officiers des eaux et forêts, 640; tailleurs, 633.

Moyenmoutier, abbaye, 103.

Moyenvic, 89.

Munster, abbaye, 279.

Nancy, 119; bénédictins, 58; boulangers, 118; carmélites, 116; chapitre primatial, 145; chapitre St-Georges, 464; marchands, 119; officiers des eaux et forêts, 144; prémontrés, 112; religieuses de la Congrégation, 116; religieuses du St-Sacrement, 112.

Nassogne, chapitre, 568.

Neufchâteau, 130; officiers de la prévôté, 130; prévôt et échevins, 88.

Neuvy, prieuré, 112.

Nomeny, 624.

Orval, abbaye, 567.

Pierrefitte, officiers de la prévôté, 26.

Pont-à-Mousson, 146; abbaye Ste-Marie, 58; chanoines ré-

guliers, 97; chapitre collégial, 97; couvent St-Antoine, 97; faculté, 146; médecins, 148; officiers des eaux et forêts, 147; prévôté royale, 98; prieuré des religieux de St-Benoît, 148.
Poursay, abbaye, 477.

Rambervillers, 568; bouchers, 685; boulangers et pâtissiers, 685; chapeliers et bonnetiers, 685; charrons et charpentiers, 686; épiciers, 685; fondeurs d'étain et de cuivre, serruriers et cloutiers, 686; maréchaux et taillandiers, 686; menuisiers, pâtissiers et maçons, 686; merciers, 681; officiers de la justice, 568; religieuses du St-Sacrement, 510; serruriers et cloutiers, 686; tailleurs, selliers et boulangers, 685; tanneurs, 685; tisserands, 686; tonneliers et huiliers, 686.
Rangeval, couvent, 40.
Rembercourt, 670.
Remiremont, abbaye St-Pierre, 472.
Rethel, chartreuse, 691.

Saint-Avold, 610; bénédictines, 563; bénédictins, 563.
Saint-Dié, chapitre, 33.
Saint-Nicolas, 113; bénédictins, 113; officiers de la prévôté, 114.
Saint-Quirin, prieuré, 568.
Saint-Remy, abbaye, 283.
Sainte-Hoilde, abbaye, 153.
Salival, abbaye, 289.
Sarrebourg, chapitre, 688.
Senones, abbaye, 59.
Sierk, 443.
Stirtzelbronn, abbaye, 390.

Thionville, 517; abbaye du St-Esprit, 543; bouchers, 689; boulangers, 689; chirurgiens, 690; cordonniers et tanneurs, 690; maçons, charpentiers et recouvreurs, 690; maréchaux, 690; merciers, huiliers, rotisseurs et ciriers, 689; officiers du bailliage, 691; procureurs postulans au bailliage, 689; tailleurs, 689; tisserands, 689.
Thomen, maire et échevins, 265.
Toul, 43; blanchers et pelletiers, 101; bonnetiers, brodeurs et passementiers, 105; bouchers, 105; cathédrale, 39; chanoines de St-Léon, 105; chapitre de St-Gengoul, 103; chapitre de St-Maxe, 157; congrégation de la Mission, 103; Maison-Dieu, 104; officiers du bailliage et siége présidial, 104; orfèvres, arquebusiers, armuriers, maréchaux-ferrants, taillandiers, couteliers, émouleurs, cloutiers, éperonniers, fourbisseurs et serruriers, 43; religieuses du St-Sacrement, 104; tisserands, 105.
Trognon, 624.

Verdun, 86; abbaye St-Arry, 525; abbaye St-Nicolas-des-Prés, 560; abbaye St-Paul,

566; abbaye St-Vanne, 367; apothicaires, 669; armuriers, 672; bonnetiers, 672; bouchers, 669, et 670; boulangers, 670; brasseurs, 669; carmélites, 566; chapeliers, 670; chapitre de la cathédrale, 535; chapitre St-Maur, 528; chapitre Ste-Marie-Madeleine, 528; charpentiers, 670; charrons, 669; clarisses, 566; collége des jésuites, 566; cordonniers, 667; couvreurs, 672; crieurs d'enterrement, 672; évêché, 519; experts jurés, 674; hôteliers, 668; huissiers du bailliage et siége présidial, 679; maçons, 669; marchands, 668; marchands de bois, 673; maréchaux, 668; menuisiers, 669; minimes, 672; monastère de la Congrégation N.-D., 566; notaires, 673; officiers du bailliage et siége présidial, 680; orfèvres, 567; pêcheurs, 673; perruquiers, 670; potiers d'étain, 670; procureurs du bailliage et siége présidial, 679; rotisseurs, 668; selliers, 672; serruriers, 669; tailleurs, 668; tisserands, 673; tonneliers, 669.

Vergaville, abbaye St-Eustache, 560.

Verthon, 565.

Vianden, 177.

Vic, 289; bouchers, 569; chapeliers, bonnetiers et pelletiers, 570; chapitre St-Étienne, 569; charrons, tonneliers et couvreurs, 570; cordonniers, 569; dominicaines, 568; huiliers et ciriers, 570; marchands, 297; médecins, apothicaires, chirurgiens et perruquiers, 583; menuisiers et charpentiers, 569; orfèvres, potiers d'étain, fondeurs, chaudronniers, brasseurs et meuniers, 687; pâtissiers et boulangers, 569; prieuré St-Christophe, 585; religieuses de la Congrégation N.-D., 569; serruriers, maréchaux et forgerons, 569; tailleurs, 569; tanneurs, 569; tisserands, cordiers et chanvriers, 570.

Villers-Bethenach, 624.

Viviers, prieuré N.-D., 569.

LYONNAIS

Avenas, juridiction, 9.

Bard, prieuré, 611.
Beaujeu, 973; chapitre, 863.
Beaulieu, religieuses de N.-D., 247.
Belleville, 481.
Bénévent, juridiction, 11.
Bénisson-Dieu, abbaye, 1012.
Bezay en Dauphiné, prieuré, 901.
Bourgargental, 764.

Cervières, 980.
Charlieu, 359; autre, 1014; prieuré, 1016; ursulines, 815.
Chazaut, abbaye, 582.
Chazelles, 979.
Condrieux, 1039; religieuses de Ste-Marie, 764.

Feugerolles, baronnie, 763.
Feurs, ursulines, 1013.

Joux-Dieu, abbaye, 564.

Laubepin, baronnie, 780.
Lyon, 583; abbaye N.-D. de la Déserte, 22; abbaye St-Pierre, 583; annonciades, 602; antonins, 50; apothicaires, 760; archevêché, 720; augustins de St-Vincent, 35; banquiers, 964; bernardines, 914; bouchers, 678; boulangers, 324; cabaretiers, 678; carmélites, 279; carmes déchaussés, 18; carmes des Terreaux, 721; cartiers, 962; célestins, 582; chandeliers, 679; chapeliers, 677; chapitre de la cathédrale, 36; chapitre de l'Ile-Barbe, 720; chapitre N.-D. de Fourvières, 28; chapitre St-Irénée, 520; chapitre et baronnie de St-Just, 7; chapitre St-Martin d'Ainay, 32; chapitre St-Nizier, 25; chapitre St-Paul, 28; charpentiers, 585; charrons, 561; chartreux, 581; chevaliers du jeu de l'arc, 963; chirurgiens, 761; ciergers, 680; collége des jésuites, 59; collége de médecine, 36; collége N.-D. de Bonsecours, 52; cordonniers, 585; corroyeurs et maroquiniers, 560; couvent du Verbe incarné, 371; douane, 761; drapiers, 761; emballeurs, 681; forgeurs, 681; feuillants, 914; frères prêcheurs, 20; gantiers, 962; gardes pour le roi, 679; horlogers, 679; jésuites, 48; libraires et imprimeurs, 963; libraires et relieurs, 963;

maçons, 962; maison de St-Lazare, 900; marchands de blé, 961; maréchaux, 681; menuisiers, 680; minimes 712; monastère Ste-Marie des Anticailles, 22; 3e monastère de la Visitation, 29; mouleurs de bois, 678; mouliniers, 680; notaires, 457; Oratoire, 28; orfèvres, 585; ouvriers en étoffes d'or, d'argent et de soie, 760; ouvriers en fer blanc, 963; passementiers, 679; pâtissiers, 677; peintres, 457; pénitents blancs, 20; pénitents de la Croix, 611; Pères de l'Oratoire, 54; perruquiers, 962; plieurs de soie, 679; potiers d'étain, 680; poulaillers et marchands de fromage, 964; religieuses de Ste-Élisabeth, 40, et 909; religieuses de Ste-Marie de Bellecour, 9; sceau de la marque d'étain, 890; selliers, 456; séminaire St-Joseph, 8; tailleurs, 560; tanneurs, 678; tapissiers, 681; teinturiers, 560; tireurs et batteurs d'or et d'argent, 760; tonneliers, 678; tourneurs, 680; trinitaires, 831; ursulines, 913.

Lyonnais, Forez et Beaujolais, gouvernement, 281.

Montbrison, 1000; bouchers, 873; boulangers, 890; chapitre N.-D., 258; charpentiers et menuisiers, 1000; cordonniers, 871; maréchaux, 999; tailleurs, 997; ursulines, 797; Visitation, 797.

Montfort, seigneurie, 719.

Mornand, prieuré, 34.

Noially, prieuré, 605.

Noizy, prieuré, 973.

Plattière, prieuré N.-D., 582.

Pommiers, couvent, 880.

Roanne, 1012; collége des jésuites, 251; minimes, 812; officiers du bailliage, 1018; religieuses de Ste-Élisabeth, 812; ursulines, 151.

Rochette-de-St-Victor (la), prieuré, 996.

Saint-Bonnet-le-Chastel, 975; ursulines, 798.

Saint-Chamond, chapitre St-Jean, 467; minimes, 763; ursulines, 763.

Saint-Étienne, 1039; boulangers, 1042; chartreux de Ste-Croix, 761; chirurgiens, 777; cordonniers, 1043; couteliers, 1042; faiseurs de platine, 1042; forgerons et maréchaux, 1042; hôtes, 778; juridiction, 775; minimes, 762; monteurs d'armes, 1043; religieuses de Ste-Catherine, 763; religieuses de Ste-Marie, 794; revendeurs, 1042; serruriers, 1042; teinturiers, 1043; ursulines, 763.

Saint-Galmier, 975; ursulines, 979.

Saint-Genis-l'Argentière, couvent, 721.

Saint-Germain-Laval, 1017.
Saint-Rambert, 978; chapitre, 870.
Saint-Romain, prieuré, 985.
Saint-Saturnin-de-Beaujolais, prieuré, 898.
Saint-Sauveur-en-Rue, jésuites, 325.
Saint-Symphorien-le-Chastel, 962.
Saint-Thomas-la-Garde, couvent, 795.
Salle (la), prieuré, 40.
Savignieux, bénédictins, 798; prieuré, 900.
Savigny, abbaye, 35; comté, 46.
Thizy, 973.
Truys-en-Touraine, prieuré, 714.

Valette (la), 581.
Villefranche, 587; bouchers, 788; boulangers, 232; chapitre, 480; chirurgiens, 863; confrérie de S'-Sébastien, 231; cordonniers, 788; maréchaux, 788; pénitents blancs, 484; pénitents noirs, 690; Pères de l'Oratoire de N.-D. de Grâce, 989; prieuré de N.-D. de la Merci, 983; tailleurs, 232; toiliers, 231; ursulines, 232; Visitation, 232.

NORMANDIE

Alençon, I, 497; apothicaires, droguistes et confiseurs, I, 1112; bouchers, I, 1110; boulangers, I, 1114; chandeliers, I, 1112; chapeliers et bonnetiers, I, 1111; chirurgiens, barbiers et perruquiers, I, 702; cordonniers et carleurs, I, 1111; couteliers, armuriers, fourbisseurs, faiseurs de gaînes et écritoires, poêliers, chaudronniers et cordiers, I, 694; drapiers et tailleurs, I, 1110; drapiers et teinturiers, I, 1113; filles de l'Union chrétienne, I, 427; flottiers, I, 1113; menuisiers, charpentiers et charrons, I, 1111; merciers et joailliers, I, 1112; officiers du bailliage et siége présidial, I, 1277; officiers de l'élection, I, 1153; officiers de la vicomté royale, I, 1272; orfèvres, étamiers et vitriers, I, 1111; pâtissiers, cabaretiers et vendeurs d'eau de-vie, I, 696; potiers, maçons et terrassiers, I, 1113; prieuré, I, 1272; religieuses de N.-D., I, 394; selliers, bourreliers, cordiers et sabotiers, I, 695; serruriers et maréchaux, I, 1113; tailleurs, I, 1110; tanneurs, corroyeurs, mégissiers et parcheminiers, I, 1114; Visitation, I, 394.

Almenesche, abbaye, I, 767.

Amhenoy, Charité, I, 1314.

Andelys, III, 1383; bouchers, III, 1383; boulangers, III, 1377; bourreliers, III, 1378; chandeliers, épiciers, ciriers et merciers, III, 1377; cordonniers, III, 1383; drapiers drapans et couverturiers, III, 1378; maçons, III, 1383; menuisiers, III, 1381; merciers, III, 1381; savetiers, III, 1378.

Angerville, III, 396.

Arcisses, abbaye, I, 661.

Ardenne, abbaye, II, 489.

Argentan, I, 55; apothicaires et chirurgiens, I, 741; bouchers, I, 771; boulangers, I, 742; chapeliers et teinturiers, I, 746; cordonniers, I, 741; corroyeurs, pelletiers et parcheminiers, I, 746; cuisiniers et rotisseurs, I, 745; étamiers, chaudronniers et éperonniers, I, 743; étaminiers, I, 746; maréchaux et serruriers, I, 741; menuisiers, charpentiers et tonneliers, I, 740; officiers du bailliage, I, 767; officiers des eaux et forêts, I, 757; officiers de l'élection, I, 753; officiers du grenier à sel, I, 768; officiers de la vicomté, I, 772; selliers et bourreliers, I, 745; tailleurs, I,; 742 tan-

neurs, I, 740; toiliers, I, 741; vitriers et peintres, I, 743.
Asnières, prieuré de St-Jean, I, 862.
Aubervilliers, juridiction, III, 163.
Aubray, Charité, I, 1298.
Aumale, III, 1414; bouchers, III, 1413; boulangers, III, 1412; carleurs, III, 1413 *bis*; chapeliers, III, 1413 *bis*; chaussetiers, III, 1413 *bis*; chirurgiens, III, 1413 *bis*; cordonniers, III, 1413; drapiers, III, 1412; maréchaux, III, 1412; mégissiers, 1413 *bis*; merciers, III, 1412; sergers, III, 1414; tailleurs, III, 1412; tanneurs, III, 1413; toiliers, III, 1414; vinaigriers, III, 1413 *bis*.
Aunay, abbaye, II, 183.
Avranches, II, 338; bouchers, II, 528; boulangers, II, 527; chapeliers, II, 528; chapitre, II, 526; cordonniers, II, 527; évêché, II, 526; maréchaux, II, 528; menuisiers, II, 528; officiers de l'élection, II, 528; officiers des traites foraines, II, 527; tanneurs, II, 528.

Barbery, abbaye, II, 136.
Barfleur, officiers de l'amirauté, II, 446; officiers de la vicomté, II, 703.
Barnavast, prieuré, II, 686.
Barre (la), Charité, I, 896.
Bavan, prieuré, II, 397.
Bayeux, II, 1; bailliage et vicomté, II, 7; bénédictines, II, 9; bouchers, II, 619; boulangers, II, 832; bourreliers, II, 832; cabaretiers, II, 836; chandeliers, II, 832; chapeliers et teinturiers, II, 616; chapitre, II, 7; charpentiers et couvreurs, II, 616; congrégation de la Mission, II, 418; cordonniers, II, 832; corroyeurs, II, 615; couteliers, II, 616; drapiers, II, 833; droguistes et apothicaires, II, 618; étamiers, II, 832; hospitalières, II, 661; maréchaux, II, 616; mégissiers, II, 836; menuisiers, II, 617; merciers, II, 617; officiers des eaux et forêts, II, 671; officiers de l'élection, II, 664; officiers du grenier à sel, II, 668; officiers des traites foraines, II, 619; officiers de la vicomté, II, 671; orfèvres et chirurgiens, II, 617; peigneurs de laine, II, 835; religieuses de la Charité, II, 667; savetiers, II, 833; savetiers et saboticrs, II, 615; solliers et éperonniers, II, 616; serruriers et arquebusiers, II, 616; tailleurs, II, 617; tanneurs, II, 616; tisserands, II, 835; toiliers, II, 833; ursulines, II, 665; vinaigriers, II, 617.
Beaumesnil, Charité, I, 912.
Beaumont, chirurgiens, I, 940; officiers de la vicomté, I, 952; prieuré de la Trinité, I, 1316.
Bec (le), abbaye, III, 165.
Belhomer, abbaye, I, 613.
Belle-Étoile, II, 372.
Bellesme, I, 1252; boulangers, 1225; cardeurs, tisserands et étaminiers, I, 1232; charpen-

tiers, maçons et menuisiers, I, 1226; chirurgiens, perruquiers et apothicaires, I, 1225; cordonniers et chapeliers, I, 1227; drapiers, I, 1286; frères de la Charité, I, 1286; frères de la Charité St-Martin, I, 1289; hôteliers et marchands de vin, I, 1231; marchands de toile et filottiers, I, 1287; maréchaux, serruriers et bourreliers, I, 1226; officiers du bailliage, I, 1240; officiers des eaux et forêts, I, 1231; officiers de la vicomté, I, 1231; prieuré St-Martin, I, 1252; tanneurs, I, 1231.

Bellozanne, abbaye, III, 185; religieux, III, 185.

Bernay, I, 449; abbaye N.-D., I, 449; bouchers, I, 876; boulangers, I, 877; chandeliers, I, 876; Charité de Ste-Croix, I, 887; charpentiers et menuisiers, I, 877; chirurgiens et perruquiers, I, 879; collége, I, 1136; cordeliers, I, 883; cordonniers, I, 878; la Couture, I, 883; drapiers, I, 1300; Hôtel-Dieu, I, 884; hôteliers, I, 877; marchands de frocs, I, 883; mégissiers, chapeliers et corroyeurs, I, 881; merciers, I, 1300; officiers de la vicomté, I, 1136; religieuses de la congrégation N.-D., I, 449; savetiers, I, 878; serruriers et arquebusiers, I, 877; tailleurs, I, 885; tanneurs, I, 879; tisserands et foulons, I, 876; toiliers, I. 875; tondeurs et cardeurs, I, 883.

Blanche (la), abbaye, II, 529.

Blanchelande, abbaye, II, 81.

Bloutière (la), prieuré, II, 232.

Bolbec, bâtiers et bourreliers, III, 1139; boulangers et pâtissiers, III, 1139; chandeliers, III, 1140; chapeliers, III, 1138; chirurgiens, III, 1140; cordonniers, III, 1139; drapiers, III, 1138; étamiers, III, 1140; marchands de plâtre, III, 1140; maréchaux, III, 1144; mégissiers, gantiers, bâtiers, bourreliers et selliers, III, 1145; tailleurs d'habits, III, 1139; tanneurs, III, 1140; teinturiers, III, 1138; tondeurs de draps, III, 1139; tonneliers, menuisiers et rouettiers, III, 1145.

Bonneville, abbaye, III, 165.

Bonport, abbaye, III, 177.

Bosc (le), prieuré, I, 443.

Boscmorel (le), prieuré, I, 457.

Bosq, couvent de St Michel, II, 719.

Boullay, Charité St-Vincent, I, 891.

Bourg-Achard, chanoines réguliers, III, 173.

Bozay, Charité, I, 1308.

Breouze, officiers de la vicomté, I, 1190; prieuré, I, 1198.

Breteuil, bouchers, I, 1310; boulangers, I, 1310; chandeliers, I, 1310; chirurgiens, I, 1310; cloutiers, I, 1311; cordeliers, I, 943; maréchaux, I, 1311; tailleurs, I. 944.

Bretoncelles, Charité, I, 1289.

Brezolles, Charité, I, 1222.

Broquebeuf, chapelle, II, 761.

Caen, II, 806; abbaye St-Étienne, II, 186; abbaye de la Trinité, II, 472; bénédictines de l'Adoration du Saint Sacrement, II, 556; bouchers, II, 500; boulangers, II, 495; carleurs, II, 555; cartiers, II, 498; chandeliers, II, 495; chapeliers, II, 492; chapitre du Sépulcre, II, 491; chirurgiens, II, 551; cordonniers, II, 502; corroyeurs, II, 553; couteliers, II, 553; croisiers, II, 490; dindandiers, II, 556; drapiers, II, 491; droguistes, confiseurs et ciriers, II, 1596; étamiers et plombiers, II, 555; faiseurs de bas, II, 497; fourbisseurs, II, 499; hospitalières, II, 610; imprimeurs et libraires, II, 557; maçons, chapeliers et couvreurs, II, 555; marchands de bois, II, 561; marchands de mer, II, 556; maréchaux, II, 497; médecins, II, 555; mégissiers, II, 498; menuisiers, II, 495; merciers, II, 491; officiers du grenier à sel, II, 600; officiers de la monnaie, II, 581; officiers des traites foraines, II, 562; officiers de la vicomté, II, 582; orfèvres, II, 493; pâtissiers, II, 581; peigneurs et sergers, II, 492; perruquiers, II, 555; prêtres de la Mission, II, 555; prieuré de St-Gabriel, II, 491; religieuses de la Charité, II, 391; rotisseurs, II, 502; selliers, II, 500; serruriers, II, 497; tailleurs, II, 496; tanneurs, II, 493; teinturiers, II, 553; toiliers, II, 495; trésoriers de France, II, 611; Université, II, 481; ursulines, II, 178; vinaigriers, II, 498; Visitation, II, 178; vitriers, II, 553.

Cagny, prieuré, II, 583.

Carentan, bouchers, II, 810; boulangers, II, 810; chandeliers, II, 752; chirurgiens, II, 751; cordonniers, II, 810; marchands, II, 751; menuisiers, II, 752; religieuses de la congrégation N.-D., II, 762; savetiers, II, 810; tailleurs, II, 751; tanneurs, II, 810.

Carneille, prieuré, I, 1093.

Carrouge, chapitre, I, 1088.

Carsix, Charité, I, 879.

Caudebec, III, 282; apothicaires, III, 1142; bouchers, III, 1141; boulangers, III, 1141; chandeliers, épiciers et ciriers, III, 1141; cordonniers, III, 1142; étamiers, vitriers et orfèvres, III, 1146; marchands drapiers, III, 1145; marchands de toile, III, 1146; merciers et quincailliers, III, 1142; serruriers, maréchaux, cloutiers et fourbisseurs, III, 1145; tanneurs, III, 1142; vinaigriers, III, 1141.

Cerisy, abbaye, II, 739.

Cervières, Charité St-Pierre, I, 894.

Chaise (la), prieuré, I, 1242.

Chaise-Dieu, couvent N.-D., I, 1079.

Chaisne (la), prieuré, I, 891.

Chambrais, Charité, I, 878.

Champ-du-Boult (le), chapelle Ste-Barbe, II, 452.

Chantelou, chapelle N.-D., II, 624.

Chapelle-Gautier (la), prieuré, I, 451.

Charleval, prieuré, III, 187.

Châteauneuf, I, 972; boulangers, I, 991; charrons, I, 990; chirurgiens I, 992; maçons, I, 991; merciers, I, 990; officiers des eaux et forêts, I, 656; officiers de la maréchaussée, I, 980; prieuré St-Thomas, I, 1149; sergers, I, 989; tailleurs, I, 990; toiliers, I, 990.

Chaumont, III, 1348.

Chemilly, Charité, I, 1289; prieuré, I, 1224.

Cherbourg, II, 241; abbaye N.-D., II, 819; bouchers, II, 822; boulangers, II, 823; chandeliers, II, 825; cordonniers, II, 823; corroyeurs, II, 824; drapiers, II, 822; maçons et couvreurs, II, 440; maréchaux, II, 823; menuisiers et charpentiers, II, 822; merciers, II, 823; officiers de la haute justice, II, 700; officiers des traites foraines, II, 698; taillandiers, II, 825; tailleurs, II, 823; tanneurs, II, 823, et II, 824; tisserands, II, 822; vitriers et teinturiers, II, 440.

Chesnaie (la), prieuré St-Nicolas, II, 418.

Chesne (le), chapelle N.-D., II, 750.

Chesne-Galloy, prieuré N.-D., I, 277.

Clairets (les), abbaye, I, 657.

Conches, I, 1316; alaisniers, I, 947; bonnetiers et chapeliers, I, 947; boulangers, I, 936; bourreliers, I, 938; charpentiers, I, 946; chirurgiens, I, 1309; ciriers et chandeliers, I, 1132; cloutiers, I, 946; cordonniers, I, 949; drapiers, tanneurs et mégissiers, I, 1132; maçons, I, 946; maréchaux, I, 947; menuisiers, I, 948; merciers, I, 947; officiers du bailliage, I, 1131; officiers de l'élection, I, 1131; pâtissiers, I, 1312; savetiers, I, 947; serruriers, I, 948; tailleurs, I, 943; toiliers, I, 941.

Condé, Charité, I, 1315; officiers de l'Hôtel-de-Ville, II, 387.

Cordillon, abbaye, II, 657.

Cormeille, abbaye N.-D., III, 168.

Corneville, abbaye, III, 315; religieux, III, 315.

Courbepine, Charité, I, 983.

Courceveaux, prieuré, I, 1048.

Courgeoust, Charité, I, 1286.

Courterayo, prieuré St-Jean, I, 1053.

Coutances, II, 194; armuriers, couteliers et chaudronniers, II, 628; bouchers et poissonniers, II, 627; cabaretiers, II, 675; chandeliers, II, 625; chapeliers, II, 672; chapitre de la cathédrale, II, 814; chirurgiens, 612; cordonniers, II, 624; cuisiniers et rotisseurs, II, 627; droguistes et apothicaires, II, 634; étaminiers, II, 625; hospitalières, II, 626; maçons et couvreurs, II, 624; maréchaux et taillandiers, II, 625; mégissiers, II, 624; merciers, II, 631; menuisiers et charpentiers, II, 625; officiers du siége présidial, II, 674; of-

ficiers de la vicomté, II, 675 ; orfèvres, libraires, pintiers et sabotiers, II, 631 ; parcheminiers, II, 624 ; prieuré de l'Hôtel-Dieu, II, 224 ; selliers et pâtissiers, II, 645 ; tailleurs, II, 629 ; tanneurs, II, 672 ; teinturiers, II, 624 ; tisserands, II, 672.

Damville, boulangers, I, 926 ; chandeliers et ciriers, I, 926 ; chirurgiens, I, 926 ; cordonniers, I, 944 ; taillandiers et maréchaux, I, 927 ; tisserands en laine, I, 928.

Dannemarie, prieuré, I, 1240.

Darnetal, boulangers, III, 1040 ; drapiers, III, 1019.

Désert (le), prieuré, I, 953.

Deux-Amants (les), couvent, III, 170 ; prieuré, III, 1045.

Deux-Jumeaux (les), prieuré, II, 420.

Dieppe, apothicaires et épiciers, III, 1099 ; barbiers et perruquiers, III, 1099 ; bouchers, III, 1099 ; boulangers, III, 1098 ; chandeliers, III, 1097 ; chapeliers, III, 1097 ; chaudronniers, III, 1097 ; cloutiers, III, 1096 ; cordonniers, III, 1095 ; corroyeurs, III, 1100 ; cuisiniers, III, 1096 ; drapiers et chaussetiers, III, 1095 ; étamiers, III, 1101 ; maréchaux, III, 1100 ; menuisiers, III, 1099 ; Oratoire, III, 1095 ; orfèvres, III, 1096 ; peigners et tabletiers, III, 1095 ; peintres et sculpteurs, III, 1100 ; rouettiers et futaillers, III, 1097 ; savetiers, III, 1098 ; selliers, III, 1100 ; serruriers et armuriers, III, 1098 ; taillandiers, III, 1096 ; tailleurs et fripiers, III, 1096 ; tanneurs, III, 1098 ; teinturiers, III, 1098 ; tonneliers, III, 1097 ; vitriers, II, 1099.

Domfront, I, 1165 ; armuriers, étamiers et charbonniers, I, 1156 ; bénédictins, I, 1170 ; bouchers, I, 1156 ; boulangers, I, 1156 ; cabaretiers, I, 1166 ; charpentiers, menuisiers et tourneurs de chaises, I, 1157 ; chirurgiens, apothicaires et perruquiers, I, 1155 ; cordonniers et tailleurs d'habits, I, 1155 ; drapiers, I, 1324 ; ferronniers, serruriers et maréchaux, I, 1157 ; merciers, tanneurs et vendeurs, I, 1157 ; missionnaires, I, 1166 ; officiers du bailliage, I, 1167 ; officiers de l'élection, I, 1168 ; officiers de la maîtrise, I, 1324 ; officiers de l'officialité, I, 1170 ; officiers des traites foraines, I, 1169 ; officiers de la vicomté, I, 1159 ; selliers, bourreliers et tisserands, I, 1156.

Ectomare, Charité, I, 1313.

Elbeuf, bouchers, III, 1052 ; boulangers, III, 1049 ; chandeliers, ciriers et vinaigriers, III, 1046 ; chapeliers, III, 1055 ; cordiers, III, 1055 ; cordonniers, III, 1052 ; crediers, III, 1055 ; drapiers, III, 174 ; drapiers droguetiers, III, 1053 ; gre-

netiers en gros, III, 1053; maçons et plâtriers, III, 1052; maréchaux, III, 1055; mégissiers, III, 1051; menuisiers et tonneliers, III, 1054; merciers, III, 1053; rouettiers et futaillers, III, 1054; savetiers, III, 1051; selliers et bourreliers, III, 1054; serruriers et arquebusiers, III, 1055; tailleurs d'habits, III, 1053; tapissiers, III, 1052; ursulines, III, 1055.

Ercey, Charité St-Clair, I, 886.

Esbiard, marquisat, II, 809.

Esmanville, Charité, I, 1312.

Essay, abbaye, I, 184; Charité, I, 1280.

Eu, III, 468; abbaye, III, 468; bouchers, III, 1425; boulangers, III, 1426; brasseurs, III, 1419; chapeliers, III, 1425; chaudronniers, III, 1428; chirurgiens, III, 1426; cloutiers, III, 1427; cordonniers, III, 1428; drapiers, III, 1428; étaminiers, III, 1424; marchands de fer, III, 1426; mégissiers, III, 1427; menuisiers, III, 1428; merciers, III, 1426; savetiers, III, 1426; serruriers, III, 1425; tailleurs, III, 1425; tonneliers, III, 1425; tourneurs, III, 1427; vitriers, III, 1427.

Évreux, III, 377; abbaye St-Sauveur, III, 397; abbaye St-Taurin, III, 1310; bonnetiers, III, 1311; boulangers, III, 1313; chapitre N.-D., III, 396; cordonniers et carleurs, III, 1312; étamiers, III, 1314; maçons et charrons, III, 1311; menuisiers et sabotiers, III, 1312; merciers, épiciers, chandeliers et apothicaires, III, 1311; merciers, joailliers, manchonniers et gantiers, III, 1311; meuniers, III, 1312; officiers de la ville, III, 377; pâtissiers, rotisseurs et horlogers, III, 1314; selliers, bâtiers et cordiers, III, 1314; serruriers, vitriers et éguilletiers, III, 1313; tailleurs d'habits et corroyeurs, III, 1313; toiliers, III, 1314.

Evrigny, officiers de la vicomté, II, 602.

Exmes, abbaye, I, 780.

Falaise, I, 577; abbaye St-Jean, I, 217; barbiers, I, 802; bouchers, I, 808; boulangers et meuniers, I, 1088; carleurs, I, 1090; chapeliers et teinturiers, I, 1088; chirurgiens, I, 1097; ciriers, I, 1090; cordonniers, I, 1089; corroyeurs et bourreliers, I, 1089; cuisiniers, I, 1090; drapiers, I, 1090; drapiers tondeurs, I, 1098; maréchaux et ferronniers, I, 1091; mégissiers, I, 1089; menuisiers, charpentiers, charrons et vitriers, I, 1095; officiers du bailliage et de la vicomté, I, 810; officiers de l'élection, I, 1089; officiers du grenier à sel, I, 813; orfèvres, étamiers et merciers, I, 1089; séminaire, I, 820; serruriers et fourbisseurs, I, 1090; tanneurs, I, 1100; tourneurs-rouettiers, I, 1192; ursulines, I, 798.

Fécamp, abbaye, III, 181; annonciades, III, 1192; bénédictins, III, 163.
Felsois, prieuré, II, 418.
Ferrière (la), bouchers, I, 936; Charité, I, 1315.
Ferté (la), Charité, I, 894.
Folleville, Charité, I, 1298; officiers de la vicomté, I, 873.
Fontaine-Guérard, abbaye, III, 163.
Fontenay, abbaye, II, 587; marquisat, II, 809.
Foucarmont, abbaye, III, 468.

Gisors, III, 1349; bâtiers, III, 1354; bouchers, III, 1353; boulangers, III, 1350; chapeliers, III, 1352; chirurgiens, III, 1351; cordonniers en neuf, III, 1352; cordonniers en vieux, III, 1351; maçons, couvreurs, plâtriers et charpentiers, III, 1350; maréchaux, III, 1353; mégissiers, III, 1349; menuisiers, III, 1352; merciers, III, 1350; pâtissiers et rôtisseurs, III, 1349; serruriers et arquebusiers, III, 1351; taillandiers, cloutiers et chaudronniers, III, 1350; tailleurs d'habits, III, 1351; tanneurs, III, 1349; tonneliers, III, 1353; vanniers, tourneurs en bois et pâtenostriers, III, 1353.
Gomerfontaine, abbaye, III, 1348.
Goupillières, Charité, I, 1312.
Gournay, III, 425.
Grammont, prieuré, I, 451.
Grandmont, prieuré, III, 1011.
Grandville, II, 226; augustins, III, 1193; officiers des traites foraines, II, 613; officiers de la vicomté, II, 646.
Grestain, couvent, III, 316.
Grosleu, prieuré, I, 1220.
Guibray, chapelle St-Lazare, I, 473.

Harfleur, III, 1193; bouchers, III, 1198; boulangers, III, 1202; brasseurs, III, 1205; charpentiers, III, 1203; chirurgiens, III, 1205; cordiers, III, 1205; cordonniers, III, 1202; corroyeurs, III, 1203; couvreurs et plâtriers, III, 1201; menuisiers, III, 1198; merciers, III, 1198; orfèvres, III, 1206; savetiers et carleurs, III, 1200; serruriers et arquebusiers, III, 1206; tailleurs, III, 1198.
Havre (le), III, 1196; apothicaires, III, 1199; bouchers, III, 1191; boulangers, III, 1196; brasseurs, III, 1202; chapeliers, III, 1199; chaudronniers, III, 1197; chirurgiens, III, 1201; cloutiers, III, 1191; cordiers, III, 1195; cordonniers, III, 1191; épiciers, ciriers et graissiers, III, 1195; étamiers, III, 1195; fripiers et revendeurs, III, 1197; lingers et lingères, III, 1198; marchands de dentelles, III, 1196; maréchaux, III, 1198; menuisiers, III, 1197; merciers, III, 1206; orfèvres, III, 1203; plâtriers, III, 1197; rôtisseurs, III, 1193; savetiers,

III, 1194; serruriers, III, 1196; tailleurs, III, 1195; tonneliers, III, 1196; tourneurs, futaillers et pompiers, III, 1195; trainiers et voiliers, III, 1196; ursulines, III, 1193; vitriers, III, 1197.

Honfleur, apothicaires, III, 1272; bouchers, III, 1275; boulangers, III, 1275; carleurs, III, 1274; chandeliers, III, 1270; cordiers, III, 1268; cordonniers, III, 1270; drapiers, III, 1267; droguistes, III, 1274; marchands de dentelles, III, 1268; marchands de grains, III, 1271; marchands de morue, III, 1275; maréchaux, III, 1274; merciers, III, 1266; plâtriers, III, 1280; serruriers, III, 1276; tailleurs d'habits, III, 1271; tanneurs, III, 1271; tisserands, III, 1268; toiliers, III, 1270; toiliers et lingers, III, 1267; tonneliers, III, 1268.

Ile-Dieu (l'), abbaye, III, 181; prémontrés, III, 175.

Islou, prieuré, I, 994.

Jouttière (la), prieuré, I, 938.

Jumièges, abbaye, III, 184; religieux, III, 165.

Laigle, bonnetiers, I, 973; bouchers, I, 956; boulangers, I, 975; cabaretiers, I, 974; chapeliers, I, 957; chirurgiens, apothicaires et barbiers, I, 726; cordonniers, I, 974; drapiers, I, 959; épingliers, I. 956; ferronniers, I, 976; marchands, I, 957; menuisiers, I, 976; merciers, I, 973; officiers de la vicomté, I, 1148; tailleurs, I, 975; tanneurs, I, 974.

Lalleu, Charité, I, 1273.

Landepereuse, Charité, I, 895.

Lessay, abbaye, II, 811.

Lillebonne, bouchers, III, 1147; boulangers et tanneurs, III, 1148; chandeliers, maréchaux et chirurgiens, III, 1148; marchands de salines, III, 1148.

Lire, abbaye N.-D., I, 433; Charité, I, 1314; tailleurs, I, 945.

Lisieux, apothicaires, I, 857; bouchers, I, 840; boulangers, I, 824; bourreliers, I, 829; carleurs, I, 296; chandeliers, I, 829; chapeliers, I, 840; chapitre de la cathédrale, I, 299; cordonniers, I, 851; corroyeurs, I, 1076; étamiers, I, 833; évêché, I, 866; ferronniers, I, 842; hôteliers, I, 828; jacobins, I, 865; marchands tondeurs, I, 828; maréchaux, I, 823; mégissiers, I, 833; menuisiers et tonneliers, I, 832; merciers, I, 824; officiers de l'élection, I, 824; officiers de l'Hôtel-de-Ville, I, 825; passementiers, I, 842; pâtissiers, I, 857; serruriers et arquebusiers, I, 830; tailleurs, I, 851; tanneurs, I, 829; teinturiers, I, 829; tisserands, I, 823; toiliers, I, 825; trinitaires, I, 676.

Litourp, prieuré, II, 447.

Loigny, bénédictines, I, 1285.

Loisay, Charité de St-Germain, I, 1291.

Longué, abbaye, II, 426.
Longny, prieuré, I, 1236.
Lonlay, abbaye, I, 1320.
Louviers, III, 1019; bouchers, III, 1018; boulangers, III, 1051; chandeliers et ciriers, III, 1047; chirurgiens, III, 1047; cordiers, III, 1050; drapiers, III, 1018; drapiers de draps fins, III, 1017; futaillers, III, 1051; maréchaux, III, 1048; menuisiers, III, 1051; merciers, III, 1048; religieuses de Ste-Élisabeth, III, 171; taillandiers, III, 1048; tailleurs d'habits, III, 1050; tanneurs, III, 1050; toiliers, III, 1047.
Luzerne (la), couvent, II, 527.

Magny, III, 753; cordiers, III, 1322; cordonniers, III, 1323; mégissiers, III, 1322; merciers, III, 1323; pâtissiers, charcutiers et rôtisseurs, III, 1323; serruriers, III, 1323; tailleurs, III, 1323.
Maillebois, I, 1149.
Maneval, Charité, I, 896.
Mantilly, prieuré, I, 1164.
Marchemaisons, Charité, I, 1270.
Marcheroux, abbaye, III, 1348.
Maupas, prieuré, I, 895.
Merlerault, Charité, I, 1280.
Mesnil-Josselin (le), Charité, I, 1299.
Meulle, Charité, I, 1298.
Mondaye, abbaye, II, 621.
Montebourg, abbaye, II, 817; bouchers, II, 431; merciers, II, 440; tanneurs, II, 822.
Montéquot, marquisat, II, 540.
Montfort, prieuré, I, 618.
Montivilliers, III, 183; abbaye, III, 1193; bouchers, III, 1199; boulangers, III, 1204; brasseurs, III, 1206; chapeliers, III, 1201; charrons, III, 1200; chirurgiens, III, 1198; cordonniers, III, 1200; corroyeurs, III, 1203; couvreurs et plâtriers, III, 1201; cuisiniers et rôtisseurs, III, 1205; drapiers, III, 1204; maréchaux, III, 1200; mégissiers, III, 1200; menuisiers, III, 1202; merciers, III, 1203; rouettiers et futaillers, III, 1202; savetiers, III, 1201; tailleurs et chaussetiers, III, 1201; tanneurs, III, 1204; toiliers, III, 1200.
Montmorel, couvent, II, 527.
Montreuil, Charité, I, 454; seigneurie, II, 838.
Mont-St-Michel, abbaye, II, 522.
Mortagne, I, 429; barbiers, perruquiers et couteliers, I, 1006; bouchers, I, 1016; cabaretiers et vendeurs d'eau-de-vie, I, 1008; cardeurs, tireurs d'étain et étaminiers, I, 1011; chapeliers, I, 1006; chapitre de Toussaints, I, 364; Charité, I, 1291; charrons, menuisiers, tourneurs et sabotiers, I, 1007; chaufourniers, maçons, charpentiers et couvreurs, I, 1006; chirurgiens, apothicaires et droguistes, I, 1007; ciriers et chandeliers, I, 1223; cordonniers et savetiers, I, 1006; couvent de St-Éloi, I, 364; drapiers, I, 1027; flottiers et tisserands, I, 1008

marchands de fils d'étain, I, 1005; officiers du bailliage, I, 1286; officiers des eaux et forêts, I, 1007; officiers de l'élection, I, 1077; selliers, bourreliers, filassiers, cordiers et vitriers, I, 1025; tailleurs et gantiers, I. 1018; tanneurs, corroyeurs et mégissiers, I, 1241.

Mortain, II, 543; apothicaires, II, 793; boulangers, II, 792; cordonniers et carleurs, II, 792; officiers du bailliage, II, 793.

Mortemer, religieux, III, 436.

Moulines, prieuré, I, 708.

Moutons, prieuré, II, 526.

Moyaux, officiers de la vicomté, I, 1208.

Neufbourg (le), abbaye, I. 453; bouchers, I, 929; boulangers, I, 927; ciriers et chandeliers, 934; cordonniers, I, 930; charité St-Pierre et St-Paul, I, 1313; merciers, I, 1316; taillandiers et maréchaux, I, 934.

Neufchâtel, apothicaires, III, 1410; bouchers, III, 1408; boulangers, III, 1408; chapeliers, III, 1409; chaudronniers, III, 1410; chirurgiens, III, 1411; cordonniers, III, 1408; drapiers, III, 1411; drapiers et chaussetiers, III, 1409; faïenciers, vinaigriers et potiers d'étain, III, 1410; marchands de laine, III, 1411; marchands de lard salé, III, 1411; maréchaux, III, 1409; menuisiers, III, 1410; merciers, III, 1410; serruriers, III, 1409; tanneurs, III, 1408; toiliers, III, 1409.

Nogent, I, 733; apothicaires, chirurgiens, barbiers et perruquiers, I, 1052; bouchers, tanneurs, corroyeurs, cordonniers et savetiers, I, 1051; boulangers, I, 1051; cabaretiers, I, 1045; chapitre, I, 1052; charpentiers, couvreurs et menuisiers, I, 1046; commissionnaires de serges et d'étamines, I, 1055; drapiers, I, 1053; ferronniers, couteliers et maréchaux, I, 1044; frères de la Charité, I, 1287; maçons et potiers, I, 1045; merciers, ciriers et chandeliers, I, 1235; monastère de N. D. de Nazareth, I, 289; officialité, I, 1057; poulaillers et voituriers, I, 1052; prieuré St-Denis, I, 289; selliers et bourreliers, I, 1044; sergers et étaminiers, I, 1044; tailleurs, I, 1048; telonniers, teinturiers et cardeurs, I, 1045; ursulines, I, 239.

Nonancourt, III, 1294.

Normandie, province, III, 185.

Noron, prieuré, I, 822.

Notre-Dame-sur-l'Eau, prieuré, I, 1321.

Omonville-la-Petite, prieuré, II, 687.

Orbec, I, 872; apothicaires, I, 855; bouchers, I, 855; boulangers, I, 856; cabaretiers, I, 856; carleurs, I, 851; chandeliers, I, 856; chapeliers, I,

854; cordonniers, I, 854; drapiers, I, 852; maçons, I, 856; marchands de laine, I, 854; maréchaux, I, 853; officiers du bailliage, I, 874; officiers de la vicomté, I, 874; religieux de St-Joseph, I, 369; sculpteurs, I, 856; selliers, I, 856; tailleurs, I, 852, et I, 855; tanneurs, I, 855.
Orival, cordiers, III, 1054; drapiers, III, 1054; teinturiers, III, 1054.
Ormes, Charité, I, 1313.
Ourville, chapelle, II, 684.

Pacy, boulangers, bouchers et chirurgiens, III, 1312; serruriers, maréchaux, charpentiers, maçons et tailleurs, III, 1313.
Parc de Harcourt (le), prieuré, I, 633.
Perche (le), officiers de la maréchaussée, I, 1011.
Perrières, prieuré, I, 602.
Pervenchères, prieuré, I, 1060.
Pin (le), Charité, I, 1290.
Planches, prieuré, I, 428.
Plauttes, frères de la Charité, I, 1271.
Plessis-Grimoult (le), prieuré, II, 379.
Pollet-les Dieppe (le), Visitation, III, 748.
Pont-Audemer (le), III, 314; apothicaires, III, 1262; bâtiers, III, 1257; bouchers, III, 1259; boulangers, III, 1258; chandeliers, III, 1263; chapeliers, III, 1257; charpentiers, III, 1258; chirurgiens, III, 1259; cordonniers, III, 1258; corroyeurs, III, 1258; couvreurs, III, 1259; drapiers, III, 1260; droguistes, III, 1263; écrivains, III, 1261; étamiers, III, 1262; ferronniers, III, 1261; maréchaux, III, 1260; mégissiers, III, 1262; menuisiers, III, 1261; merciers, III, 1257; meuniers, III, 1262; pâtissiers, III, 1261; savetiers, III, 1258; serruriers, III, 1260; tailleurs d'habits, III, 1260; tanneurs, III, 1258; teinturiers, III, 1259; toiliers, III, 1262; vendeurs de grains, III, 1260; vinaigriers, III, 1263; vitriers, III, 1261.
Pont-de-l'Arche, III, 183; bouchers et charcutiers, III, 1050; boulangers, III, 1050; chandeliers, III, 1049; chirurgiens, III, 1049; cordonniers, III, 1052; serruriers et taillandiers, III, 1049; toiliers, III, 1049.
Pont-l'Évêque, III, 361; apothicaires, III, 1286; bouchers, III, 1278; boulangers, III, 1285; chandeliers, III, 1273; charpentiers et menuisiers, III, 1272; cordonniers, III, 1270; corroyeurs, III, 1275; cuisiniers, III, 1269; lanterniers, tourneurs et saboliers, III, 1272; maréchaux, III, 1273.
Pontorson, II, 522; juridiction des traites, II, 521.
Pré (le), prieuré dit de Bonne-Nouvelle, III, 187.
Préaux, abbaye St-Pierre, III, 316; bénédictins, III, 316.
Puisaye (la), prieuré, I, 1150.

Quillebeuf, III, 1257.

Reginallard, frères de la Charité, I, 1289.

Reno (le), Charité, I, 1290; prieuré de la Madeleine, I, 1249.

Rogles, Charité, I, 1314.

Rouen, III, 167; abbaye St-Amand, III, 169; abbaye St-Ouen, III, 166; annonciades, III, 173; apothicaires, épiciers, droguistes et confiseurs, III, 1017; archevêché, III, 1047; arquebusiers, III, 1043; augustins, III, 1046; augustins du Mont-aux-Malades, III, 177, et III, 180; auneurs de toile, III, 1024; balanciers, III, 1035; baleiniers, III, 1035; barbiers et perruquiers, III, 1038; bénédictines de St-Hilaire, III, 181; bénédictins de St-Ouen, III, 165; bouchers du vieux marché et porte Beauvoisine, III, 1036; boulangers, III, 1020; bourreliers et bâtiers, III, 1039; brasseurs, III, 1028; brodeurs chasubliers, III, 1036; brouettiers royaux, III, 1041; carmélites, III, 171; carmes, III, 1045; cartiers, III, 1025; célestins, III, 174; chandeliers, III, 1020; chanoines du prieuré S^t-Lô, III, 166; chapeliers, III, 1020; chapeliers et bonnetiers, III, 1021; chapitre N.-D., III, 176; chapitre N.-D. de la Ronde, III, 178; chapitre du St-Sépulcre, III, 1045; charcutiers, III, 1033; charpentiers, III, 1032; charrons, III, 1034; chartreux, III, 183; chaudronniers, III, 1028; chirurgiens, III, 1038; cloutiers, III, 1024; coffretiers, III, 1031; collège des jésuites, III, 186; compagnie de la Cinquantaine, III, 1043; cordiers, III, 1037; cordonnniers, III, 1022; corroyeurs, III, 1026; courtiers de laine, III, 1042; courtiers de vin et cidre, III, 1030; couteliers, III, 1027; couturiers, III, 1039; couvent des Nouvelles catholiques, III, 189; couvreurs et plâtriers, III, 1034; crediers, III, 1037; cuisiniers, III, 1022; dominicaines du Sang précieux, III, 178; drapiers, III, 1020; drapiers drapans, III, 1023; drapiers et chaussetiers, III, 1023; écrivains, III, 1038; éguilletiers, III, 1029; émouleurs, III, 1028; épingliers, III, 1035; étamiers et plombiers, III, 1023; faiseurs d'amidon, III, 1028; faiseurs de bas, III, 1039; faiseurs de boutons et cordons à chapeau, III, 1036; faiseurs de savon, III, 1037; feuillants, III, 178; filassiers, III, 1026; Filles de Dieu, III, 1016; fondeurs, III, 1027; fourbisseurs, III, 1037; fripiers chinchers, III, 1027; futailleurs, III, 1025; gainiers, III, 1031; gardes-bouchers, III, 1018; gardes-corneliers, III, 1025; garnisseurs en cuivre, III, 1029; graveurs, III, 1033; horlogers, III, 1021; hospitalière de Ste-Elizabeth, III, 176; imprimeurs libraires, III,

1036; jacobines dites amurées, III, 182; jacobins, III, 1045; jaugeurs, III, 1039; joueurs d'instruments, III, 1010; lingères en neuf, III, 1020; lingères en vieux, III, 1027; maçons et tailleurs de pierre, III, 1012; marchands de chevaux, III, 1019; marchands de cidre, III, 1019; marchands de grains, III, 1031, et III, 1039; marchands de lin, III, 1030; marchands de la place, III, 1018; marchands de poisson salé, III, 1041; marchands de vin en gros, III, 1032; maréchaux, III, 1041; mariniers et voituriers de la rivière de Seine, III, 1032; mathurins, III, 180; mégissiers et gantiers, III, 1021; menuisiers, III, 1024; merciers, III, 1018; mesureurs de grains, III, 1013; mesureurs de sel, III, 1043; meuliers, III, 1042; minimes, III, 1045; miroitiers et lunetiers, III, 1034; mouleurs de bois, III, 1038; Oratoire, III, 190; orfèvres, III, 185; pannetiers, vanniers et bouteil ers, III, 1026; papetiers, III, 1041; parfumeurs et faiseurs de cire à cacheter, III, 1026; passementiers, III, 1029; pâtissiers, III, 1033; paveurs, III, 1033; peigners, III, 1022; peintres et sculpteurs, III, 1029; pelletiers et fourreurs, III, 1036; pénitents, III, 1045; pipiers, III, 1044; plâtriers et couvreurs, III, 1040; plumassiers et apprêteurs de plume, III, 1035; porteurs de charbon de terre, III, 1041; porteurs de grains, III, 1033; porteurs de sel, III, 1043; prieuré de Bonne-Nouvelle, III, 167; prieuré de l'Hôtel-Dieu de la Madeleine, III, 190; prieuré du Mont-aux-Malades, III, 183; prieuré N.-D. des Anges, dit Bellefond, III, 190; prieuré St-Gilles, III, 188; prieuré S[t]-Lo, III, 181; prieuré St-Louis, III, 188; quincailliers en fer blanc, III, 1028; religieuses de St-Joseph, III, 180; religieuses du saint Sacrement, III, 179; religieux de St-Antoine, III, 169; religieux de St-Ouen, III, 178; rubaniers et frangers, III, 1025; sages-femmes, III, 1034; savetiers et carleurs, III, 1023; selliers et carrossiers, III, 1032; séminaire archiépiscopal, III, 181; séminaire de Joyeuse, III, 186; serruriers et arquebusiers, III, 1030; taillandiers, III, 1041; tailleurs d'habits, III, 1025; tanneurs, III, 1021; tapissiers, III, 1018; tapissiers, courtepointiers et piqueurs, III, 1031; teinturiers, III, 1022; teinturiers en toile, III, 1026; toiliers, III, 1022; toiliers de St-Gervais, III, 1028; tondeurs, III, 1030; tonneliers, III, 1024; ursulines, III, 176; vergetiers, III, 1038; vinaigriers, III, 1021; Visitation, III, 168, et III, 170; vitriers, III, 1040.

Rouvroy, chapelle, II, 724.

Saint-André-en-Gouffern, religieux, I, 106.
Saint-Aubin-des-Fresnes, prieuré, I, 438.
Saint-Bosmer, frères de la Charité, I, 1281.
Saint-Christophe, prieuré, I, 867.
Saint-Étienne, commanderie, I, 935.
Saint-Évroult, abbaye, I, 676.
Saint-Georges-les-Rouen, bénédictins, III, 167.
Saint-Julien-sur-Sarthe, Charité, I, 1289.
Saint-Lambert, prieuré, I, 951.
Saint Lo, II, 838; abbaye, II, 839; apothicaires, II, 731; bâtiers et bourreliers, II, 728; bouchers, II, 727; boulangers, II, 725; carleurs, II, 728; chandeliers, II, 843; chapeliers, II, 729; charpentiers et maçons, II, 728 *A*; chirurgiens, II, 730; cordonniers, II, 728; corroyeurs, II, 732; couteliers, II, 732; cuisiniers, II, 728; drapiers, II, 731; éguilletiers, II, 727; étamiers, II, 732; horlogers, chaudronniers et couvreurs, II, 732; maréchaux, II, 732; menuisiers, II, 728 *B*; merciers, II, 728 *A*; officiers du bailliage, II, 731; officiers de l'élection, II, 740; officiers des traites foraines, II, 733; officiers de la vicomté, II, 731; orfèvres, II, 731; passementiers, II, 728; selliers, serruriers et vitriers, II, 732; tanneurs, II, 728 *A*; teinturiers, II, 728 *B*; toiliers, II, 725, et II, 731; tourneurs, futailliers et blanchisseurs, II, 728 *A*.
Saint-Martin-Alix, prieuré, II, 439.
Saint-Paul-les-Rouen, prieuré, III, 1044.
Saint-Philibert, Charité, I, 1298.
Saint-Pierre-sur-Dive, abbaye, I, 677; bouchers, I, 793; boulangers, I, 793; chandeliers, I, 794; cordonniers, I, 793; officiers de la vicomté, I, 1189; tanneurs, I, 802.
Saint-Remy, prieuré, I, 987.
Saint-Saëns, bouchers, III, 1414; boulangers, III, 1414 *bis*; chapeliers, III, 1414 *bis*; cordonniers, III, 1414 *bis*; merciers, III, 1414 *bis;* tanneurs, III, 1414.
Saint-Sauveur-les-Évreux, abbaye, III, 397.
Saint-Sauveur-de-Ruonce, II, 819.
Saint-Sever, abbaye, II, 378.
Saint-Sulpice, prieuré, I, 971.
Saint-Ursin, prieuré, I, 1152.
Saint-Vast, officiers de l'amirault, II, 146.
Saint-Valery, bouchers, III, 1144; boulangers, III, 1146; chandeliers, III, 1147; chapeliers, III, 1143; charpentiers, III, 1143; chirurgiens, III, 1144; cordonniers, III, 1147; corroyeurs, III, 1143; cuisiniers et pâtissiers, III, 1143; drapiers et froquiers, III, 1147; maréchaux, III, 1143; tailleurs d'habits, III, 1144, et III, 1146; tisserands, III, 1146; toiliers, III, 1143; tonneliers, III, 1147.
Saint-Vigor, prieuré, II, 832.
Saint-Vincent-près-Châteauneuf, prieuré, I, 1307.

Sainte-Gauburge, prieuré, I, 1025.
Sainte-Radegonde, prieuré, III, 1044.
Sainte-Scolasse, prieuré, I, 711.
Sainte-Vaubourg, commanderie, III, 1044.
Salle-en-Forest (la), prieuré St-Jean, II, 439.
Sap, officiers de la vicomté, I, 861.
Saussaye (la), chapitre St-Louis, III, 172.
Sausseuse, prieuré N.-D., III, 419.
Savigny, abbaye, II, 165.
Séez, I, 189; abbaye St-Martin, I, 675; bouchers, I, 719; cordonniers et tireurs de laine, I, 717; chambre des députés, I, 720; chandeliers et quincailliers, I, 717; chapeliers, I, 717; chapitre, I, 1075; chirurgiens, I, 724; cordonniers et carleurs, I, 713; merciers, I, 720; officiers du grenier à sel, I, 722; officiers de l'officialité, I, 720; prieuré Ste-Croix, I, 1277; serruriers, I, 718; tanneurs, I, 724; tessiers et filotiers, I, 718.
Semillé, prieuré St-Blaise, II, 683.
Silly, abbaye, I, 511.
Soligny, Charité, I, 1289.

Tailleville, prieuré, II, 402.
Thimer, prieuré, I, 991.
Thorigny, abbaye, II, 737; bernardines, II, 714; officiers du bailliage, II, 715; officiers de la haute justice, II, 725.
Ticheville, prieuré, I, 811.
Tilleul-Gibon (le), prieuré St-Blaise, I, 441.
Tourouvre, frères de la Charité, I, 1287.
Trappe (la), abbaye, I, 1001.
Trésor (le), abbaye, III, 1348.
Troarn, abbaye, II, 334.

Val (le), religieux, I, 1283.
Valasse, religieux, III, 283.
Valcanville, commanderie, II, 687.
Val-Dieu (le), chartreux de N.-D., I, 429.
Valognes, II, 278; abbaye des bénédictines réformées de N.-D. de la Protection, II, 817; bâtiers, II, 693; bouchers, II, 821; boulangers, II, 821; carreleurs, II, 824; chandeliers et ciriers, II, 829; chapeliers, II, 693, et II, 824; chirurgiens, apothicaires et droguistes, II, 703; confrérie St-Eloi, II, 821; cordonniers, II, 821, et II, 824; étamiers, II, 693; gantiers, II, 450; graissiers, II, 829; menuisiers, II, 822; merciers, II, 691; meuniers, II, 821; officiers du bailliage, II, 702; officiers de l'élection, II, 702; officiers des traites foraines, II, 701; officiers de la vicomté, II, 702; orfèvres, II, 413; plumassiers, II, 825; rôtisseurs, II, 829; taillandiers, II, 825; tanneurs, II, 822; teinturiers, II, 688; tissiers, II, 822; vitriers et dindandiers, II, 419.
Vaucé, prieuré St-Simon, I, 1161.
Vauville, prieuré, II, 110.

Verneuil, I, 1307; apothicaires, I, 1221; bouchers, I, 992; boulangers, I, 981; cabaretiers, I, 988; charpentiers, I, 980; confrérie St-Antoine, I, 954; confrérie St-Sébastien, I, 954; cordonniers, I, 979; droguetiers, I, 960; maréchaux, I, 1221; officiers de l'élection, I, 978; officiers du grenier à sel, I, 1221; sergers, I, 980; tanneurs, I, 1131.

Vernon, III, 417; bonnetiers, III, 1379; apothicaires, III, 1383; boulangers, III, 1380; chapeliers, III, 1382; charpentiers, III, 1379; cordiers, III, 1380; cordonniers, III, 1379; corroyeurs, III, 1378; épiciers et ciriers, III, 1382; étamiers, III, 1380; maçons, III, 1381; menuisiers, III, 1381; merciers, III, 1381; marchands de fer, III, 1377; pâtissiers, III, 1379; pêcheurs, III, 1382; serruriers, III, 1380; taillandiers, III, 1382; tailleurs d'habits, III, 1380; tanneurs, III, 1378; telliers et tisserands, III, 1381; tonneliers, III, 1382.

Verrière, frères de la Charité, I, 1289.

Vicaudeville, prieuré, II, 687.

Villars, monastère de Ste-Élizabeth, II, 175.

Villers-Canivet, abbaye, I, 678.

Villiers, frères de la Charité, I, 1287.

Vimoutiers, bénédictines, I, 738.

Vire, apothicaires, II, 704; bénédictines, II, 377; bouchers, II, 386; boulangers, II, 704; brasseurs, II, 454; cabaretiers et cuisiniers, II, 546; carleurs, II, 545; chandeliers, II, 385; chapeliers, II, 383; charpentiers et menuisiers, II, 381; chaudronniers, II, 709; chirurgiens, II, 705; cordonniers, II, 381; drapiers, II, 382; faiseurs d'escardes, II, 707; grossiers et merciers, II, 546; juridiction de la maîtrise des eaux et forêts, II, 351; maréchaux, II, 545; médecins, II, 355; mégissiers, II, 544; officiers du bailliage, II, 350; officiers de l'élection de Vire et Condé, II, 353; officiers de la mairie, II, 723; officiers des traites et quart-bouillon de Vire, Condé et Tinchebray, II, 351; officiers de la vicomté, II, 720; passementiers, II, 545; poissonniers, II, 380; selliers et bâtiers, II, 707; taillours d'habits, II, 545; tanneurs, II, 453; tissiers en toile et blanchisseurs, II, 386; ursulines, II, 374.

ORLÉANAIS

Ambert, célestins, 37.
Amponville, prieuré, 1023.
Antrain, notaires et procureurs, 886; tanneurs, 887.
Arville et la Bressière, commanderie, 850.
Authon, prieuré, 855.

Bardelle, abbaye, 570.
Basseville, chartreuse, 233.
Bazoche-Gouet (la), prieuré, 856.
Beaugency, abbaye N.-D., 157; avocats et procureurs, 588; boisseliers, tourneurs, chapeliers et vanniers, 589; bouchers, 588; chandeliers et épiciers, 589; charcutiers, 587; chirurgiens, barbiers, perruquiers et droguistes, 590; cordonniers et savetiers, 589; drapiers et toilers, 589; hôteliers et cabaretiers, 587; huissiers, 588 et 589; maréchaux, charrons, bourreliers et cordiers, 590; merciers, 588; notaires, 587; officiers des eaux et forêts, 591; officiers de l'élection, 156; officiers de la maison de ville, 591; officiers de la prévôté, 157; potiers d'étain et vitriers, 591; sergers et tisserands, 591; serruriers et menuisiers, 590; tailleurs d'habits, 591; tanneurs, mégissiers et corroyeurs, 587; tonneliers, 588; ursulines, 53; voituriers par eau, 590.
Blois, 778; abbaye de St-Laumer, 100; apothicaires, 780; bonnetiers et potiers d'étain, 781; bouchers, 775; boulangers, 774; carmélites, 99; Chambre des comptes, 779; chandeliers, 773; chanoines de N.-D. de Bourgmoyen, 380; chapelains de St-Louis, 777; chapeliers, 773; chapitre St-Jacques, 379; chapitre St-Sauveur, 100; charcutiers, 777; charpentiers, 777; chirurgiens, 780; communauté de St-Lazare, 379; cordiers, tondeurs, selliers, bourreliers et chaudronniers, 780; cordonniers, 775; couvreurs, 776; drapiers, 380; experts jurés, 779; fourreurs, 781; gantiers, 775; horlogers, 774; hôteliers et cabaretiers, 779; jacobins, 102, et 379; jésuites, 101, et 379; libraires, perruquiers et corroyeurs, 781; marchands-commissionnaires, 380; marchands de toile, 773; maréchaux, 380; menuisiers, 778; minimes, 778; notaires, 777; officiers des eaux et forêts, 101; officiers de l'élection

380; officiers du grenier à sel, 379; officiers de la maréchaussée, 210; officiers du siége présidial, 100; orfèvres, 380; pâtissiers, 776; procureurs, 777; religieuses Véroniques, 379; rôtisseurs, 775; savetiers, 776; sergers, 776; serruriers, 778; taillandiers, 776; tailleurs, 774; tanneurs, 774; tonneliers, 775; tourneurs, boisseliers et charrons, 780; ursulines, 100; Visitation, 99.

Boigny, commanderie, 508.

Boines, marchands, 975.

Boiscommun, officiers du grenier à sel, 138; officiers de la justice, 525.

Bonneval, 849; abbaye, 220; cordonniers et bourreliers, 848; prévôté, 853; procureurs, 851.

Bonny-sur-Loire, couvent, 1020.

Briare, canal, 964.

Brou, avocats et procureurs, 849; cabaretiers, 849; officiers du grenier à sel, 854; sergers, tessiers et étaminiers, 848.

Buslon, prieuré, 930.

Buzelle, religieuses, 570.

Cellé, prieuré, 934.

Chapelle-Descomble (la), prieuré, 573.

Chapelle-Guillaume (la), prieuré, 856.

Chartres, 703; abbaye de St-Jean-en-Vallée, 710; abbaye de St-Père, 81, et 714; archidiaconé de Dreux en l'église N.-D., 66; archidiaconé de Dunois en l'église N.-D., 66; grand archidiaconé, 67; bénédictins de St-Jean-en-Vallée, 710; bonnetiers et chaussetiers, 704; bouchers, 709; boulangers, 705; carleurs, 708; carmélites, 80; chapeliers, 704; chapitre N.-D., 79; chapitre St-André, 705; chapitre St-Maurice, 709; chapitre St-Nicolas en l'église N.-D., 711; chapitre St-Piat en l'église N.-D., 711; charpentiers et charrons, 708; chirurgiens, 703; cordiers et bourreliers, 709; cordonniers, 706; cuisiniers et charcutiers, 706; drapiers, 703; écrivains et libraires, 711; évêché, 702; Filles-Dieu, 714; huissiers, 714; jacobins, 713; juges-consuls, 60; maréchaussée, 714; maréchaux et cloutiers, 711; merciers et épiciers, 703; notaires, 705; officiers de l'élection, 713; officiers du grenier à sel, 715; officiers du présidial, 713; officiers de la prévôté, 714; orfèvres, 709; pâtissiers, 710; peigneurs, cardeurs, parcheminiers et mégissiers, 705; pelletiers, selliers, tapissiers, vitriers, brodeurs et horlogers, 707; perruquiers, potiers d'étain, paveurs et foulons, 711; procureurs en l'élection et juges-consuls, 715; procureurs du présidial, 708; religieuses de la Providence, 81; séminaire du Grand Beaulieu, 713; sergers, 60; tailleurs d'habits, 707; tanneurs, 704; tisserands

et corroyeurs, 708; tonneliers, 707; tourneurs et serruriers, 709; vinaigriers, tuiliers, taillandiers, couvreurs et maçons, 712; Visitation, 80.

Chastelcensoir, 233; chapitre, 887.

Châteaudun, 844; abbaye St-Avy, 844; avocats et procureurs, 849; bouchers, 850; boulangers, 846; cabaretiers et aubergistes, 845; chanoines de la Madeleine, 1014; chapitre St-André, 220; chapitre de la Ste-Chapelle, 1014; charpentiers et couvreurs, 848; chirurgiens et apothicaires, 846; cisterciens, 221; cordiers et charrons, 846; cordonniers, 847; experts priseurs et arpenteurs jurés, 855; maçons, 849; menuisiers, tourneurs et boisseliers, 847; merciers, 845; officiers du comté de Dunois, 844; officiers de l'élection de Châteaudun, 845; officiers du grenier à sel, 852; officiers de la maréchaussée, 852; procureurs de l'élection, 845; religieuses de la Congrégation N.-D., 1015; selliers et bourreliers, 846; sergers, 846; serruriers, 847; taillandiers et maréchaux, 847; tanneurs et corroyeurs, 845; tessiers, 849.

Châtillon, chapitre, 138.

Clamecy, bouchers, 888; boulangers et pâtissiers, 886; chapitre, 887; gantiers, pelletiers et mégissiers, 885; marchands de bizoirs et drapiers, 885; marchands de bois, 887; maréchaux, taillandiers, serruriers, armuriers, couteliers et selliers, 885; médecins, apothicaires et chirurgiens, 886; procureurs et notaires, 234; tailleurs et chapeliers, 886; tanneurs, corroyeurs et cordonniers, 888.

Cléry, chapitre, 369.

Cosne, augustins, 967; bénédictines de N.-D., 1019; chapitre collégial, 967; officiers du grenier à sel, 965.

Coulommiers, prieuré, 155.

Couloms, abbaye, 715; bénédictins, 82.

Dangeau, prieuré, 855.

Dourdan, bouchers, 951; boulangers, 950; bourreliers, cordonniers, charpentiers, menuisiers et maçons, 950; chirurgiens, 950; marchands de bois, 949; marchands de vin, 949; maréchaux en œuvres blanches, 950; officiers du bailliage, 951; officiers des eaux et forêts, 951; officiers de l'élection, 951; officiers de l'Hôtel-de-Ville, 951; procureurs, 949; religieux de la Vie, 949.

Douy, prieuré, 852.

Eau (l'), abbaye, 707.

Éclimont, célestins, 712.

Etoile (l'), couvent St-Sauveur, 254.

Ferrières-en-Gâtinais, abbaye, 45.
Ferté-Autun (la), chapitre, 570.
Ferté-Imbault (la), chapitre, 570.
Fontaine-Jean, abbaye, 49.

Gabandière (la), prieuré, 856.
Gien, avocats et procureurs, 965; cabaretiers, hôteliers, bouchers, charcutiers et boulangers, 966; chapitre St-Étienne, 281; gantiers, mégissiers, bonnetiers et chapeliers, 966; médecins, chirurgiens et apothicaires, 966; officiers du bailliage, 281; officiers de l'élection, 965; officiers du grenier à sel, 965; officiers de l'Hôtel-de-Ville, 281; officiers de la maréchaussée, 966; ursulines, 965.
Glatigny, religieuses, 1008.
Graçay, cabaretiers, pâtissiers, boulangers, fourniers et bouchers, 571; chaudronniers, maréchaux, charrons, serruriers et menuisiers, 571; chirurgiens, apothicaires et droguistes, 571; procureurs et avocats, 572.
Gy-les-Nonnains, religieuses, 524.

Jargeau, chapitre, 507.
Josaphat, abbaye, 712; bénédictins, 704.

Lance, prieuré, 934.
Laverdin, prieuré St-Martin, 933.
Libaudière, prieuré, 933.

Martroy (le), chapelains de St-Lazare, 320.
Menethou-sur-Cher, religieuses, 569.
Meung, chapitre St-Liphard, 321.
Montargis, 48; bénédictines du faubourg de la Chaussée, 141; collége des barnabites, 47; dominicaines, 46; drapiers, 45; merciers, 375; officiers des eaux et forêts, 139; officiers de l'élection, 375; officiers du grenier à sel, 139; officiers de la maréchaussée, 140; officiers de la prévôté, 140; officiers du siége présidial, 139; religieuses de Ste-Marie, 47; savetiers, 46; tanneurs, 47; ursulines de la Porte-aux-Moines, 137.
Montmiral, chapitre St-Nicolas, 853; officiers du grenier à sel, 856.
Montoire, augustins, 912.
Morée, prieuré, 855.

Neufville, notaires et procureurs, 988; officiers de la justice royale, 987.

Oigny, prieuré, 856.
Olivet, abbaye, 572.
Orléanais, province, 1034.
Orléans, 35; apothicaires, 372; barbiers, perruquiers et étuvistes, 374; bonnetiers, 369; bouchers, 372; boulangers, 321; carmélites, 36; chandeliers, 369; chapeliers, 371; chapitre St-Aignan, 369; cha-

pitre St-Pierre-le-Puellier, 319; chapitre Ste-Croix, 369; charcutiers, 373; Chartreuse, 34; chirurgiens, 369; confituriers, 373; cordonniers, 321; corroyeurs, 371; couteliers, arquebusiers et fourbisseurs, 374; couvent N.-D. de Bonne-nouvelle, 34; couvreurs et plombiers, 374; épiciers, 374; experts jurés, 375; feuillants de St-Mesmin, 35; fripiers, 371; horlogers et chaudronniers, 373; juges consuls, 371; libraires et imprimeurs, 371; maçons, 373; marchands et faiseurs de bas, 369; marchands de draps de soie et de laine, 370; marchands de toile, 372; maréchaux, 38; mégissiers, 370; menuisiers, 370; merciers, gantiers, cartiers et boutonniers, 373; merciers et quincailliers, 372; notaires, 374; officiers du bureau des finances, 509; officiers de la maréchaussée, 508; officiers de la maréchaussée provinciale, 509; officiers du siége présidial, 508; Oratoire, 38; orfèvres, 372; pâtissiers, 371; paumiers, 374; pelletiers et fourreurs, 370; potiers d'étain, 369; procureurs, 374; religieuses du Calvaire, 320; religieuses de la Madeleine, 369; savetiers, 372; selliers, éperonniers et bahutiers, 372; sergers, 374; serruriers, 371; taillandiers, 373; tailleurs, 372; tanneurs et bourreliers, 372; tapissiers et revendeurs, 373; teinturiers, 372; tisserands, 371; tondeurs, presseurs, répareurs et moulliniers, 373; tourneurs et boisseliers, 373; Université, 375; ursulines, 320; vanniers et cordiers, 374; vinaigriers, 370; Visitation, 37.

Patay, prieuré, 855; religieuses, 851.

Péan (le), prieuré St-Martin, 855.

Pithiviers, boulangers, 971; bourreliers, selliers et vanniers, 972; chapitre St-Georges, 285; charpentiers, maçons, couvreurs, tailleurs de pierre et cordiers, 972; cordonniers et saveliers, 972; corroyeurs, tanneurs, mégissiers et bouchers, 973; hôteliers, cabaretiers, pâtissiers et charcutiers, 973; maréchaux, taillandiers, serruriers et chaudronniers, 974; médecins et chirurgiens, 971; menuisiers, tonneliers, boisseliers, tourneurs et marchands de bois, 973; merciers et épiciers, 971; notaires, 970; officiers de l'élection, 289; officiers de la Maison-de-Ville, 977; orfèvres, potiers d'étain, couteliers et vitriers, 971; prieuré St-Pierre, 286; sergers, bonnetiers, tisserands, cardeurs et chapeliers, 973; tailleurs et toiliers, 971.

Pont-aux-Moines (le), prieuré, 508.

Pontlevoy, abbaye, 101.

Portereau (le), augustins, 320; ursulines, 369.
Pruniers, prieuré, 573.

Romorantin, abbaye N.-D.-les-Romorantin, 155; bouchers, charcutiers et rotisseurs, 1008; boulangers, pâtissiers et meuniers, 1009; cabaretiers, 573; chandeliers, droguistes et marchands de drap en détail, 1008; chapitre N.-D., 1007; chapitre N.-D.-de-Grâce, 1008; charpentiers menuisiers, charrons, maçons, bourreliers, selliers et mégissiers, 1010; chirurgiens, 1009; cordonniers, corroyeurs, et cardeurs, 1010; drapiers et sergers, 1007; maréchaux, serruriers, œuvres blanches et couteliers, 1009; officiers des eaux et forêts, 570; officiers de l'élection, 51; potiers d'étain, orfèvres et horlogers, 1610; procureurs et avocats de la châtellenie, 571; tailleurs et tossiers, 1010.

Saint-Aignan-en Berry, bernardines, 569; chapitre, 569.
Saint-Avy-au-Perche, prieuré, 856.
Saint-Benoist-sur-Loire, abbaye, 36.
Saint-Chéron, abbaye, 703; chanoines, 710.
Saint-Fargeau, bénédictins, 967.
Saint-Genou, prieuré, 49.
Saint-Georges-du-Bois, prieuré, 931.
Saint-Gervais, prieuré, 508.
Saint-Laurent-des-Orgeries, prieuré, 507.
Saint-Loup, abbaye, 320.
Saint-Marceau les Orléans, prieuré, 408.
Saint-Pierre-en-Pont, chapitre, 369.
Saint-Remy-des-Landres, religieuses, 952.
Sully, chapitre St-Étienne, 282.

Tannay, chapitre, 886.
Thoury, hôteliers et cabaretiers, 968.
Tiron, bénédictins, 713.
Toussy, chapitre, 967.
Troo, chapitre St-Martin, 255.

Varzy, chapitre, 888; officiers de l'Hôtel-de-Ville, 888.
Vatan, chapitre, 52.
Vendôme, abbaye de la Trinité, 253; apothicaires, 893; bouchers, 890; boulangers, 899; chapeliers, 898; chapitre St-Georges, 252; charcutiers, 904; charpentiers, 903; chirurgiens, 894; ciergiers, chandeliers et droguistes, 892; compagnie des Grands jours, 896; cordiers, 896; cordonniers, 892; couvreurs, 895; drapiers et tessiers, 935; drapiers, toiliers et enjoliveurs, 935; gantiers, 895; maçons et bouteilleurs, 897; maréchaux, 900; médecins, 904; menuisiers, 892; officiers de l'élection de Vendôme, 897; officiers du grenier à sel, 905; officiers de

l'Hôtel-de-Ville, 902; officiers de la maréchaussée, 920; Oratoire, 254; procureurs, 903; religieuses du Calvaire, 253; religieuses de la Virginité, 935; religieux de St-Georges, 905; selliers et bourreliers, 898; sergents et huissiers, 906; serruriers et arquebusiers, 894; tailleurs, 895; tanneurs, corroyeurs et mégissiers, 893; tessiers, 903; tonneliers, 893; ursulines, 252.

Voisins, abbaye, 36.

Yenville, officiers du grenier à sel, 988.

Yèvre-le-Chastel, officiers de la justice, 298; prieuré, 1021.

PARIS

Abecourt, abbaye, IV, 294.
Acy. bénédictins, IV, 742.
Amblainville. prieuré, IV, 683.
Avernes, prieuré, IV, 401.

Baroy, Oratoire, IV, 217.
Baugerais-en-Touraine, abbaye, III, 163.
Beaumont, IV, 738.
Beaupré, abbaye, IV, 294.
Beauvais, IV, 127; chapitre de la cathédrale, IV, 120; chapitre N.-D. du Chastel, IV, 116; chapitre St-Barthélemy, IV, 114; chapitre St-Laurent, IV, 121; chapitre St-Michel, IV, 499; chapitre St-Nicolas, IV, 123; chapitre St-Vaast, IV, 118; corps du grenier à sel, IV, 721; drapiers drapans, IV, 535; drapiers et chaussetiers, IV, 138; officiers de l'élection, IV, 294; présidial, IV, 294.
Béthizy, prieuré St-Adrien, IV, 699.
Boise, diocèse du Mans, prieuré, III, 482.
Borang, religieuses de St-Martin, IV, 740.
Bougé, prieuré, I, 719.
Bray-sur-Seine, IV, 153; corps de ville. IV, 548.
Brinon, chapitre, IV, 533.
Cercanceau, abbaye, IV, 560.
Cervon, chapitre, IV, 331.
Chaalis, abbaye, IV, 289.
Chablis, chapitre St-Martin, IV, 445.
Chambrefontaine, religieux, IV, 215.
Chambenoist, bénédictines, (transférées à Provins), IV, 83.
Champeaux, chapitre, IV, 269.
Charnier-les-Sens (le), prieuré N.-D., IV, 528.
Châteaulandon, abbaye St-Séverin, IV, 560.
Château-Thierry, Hôtel-Dieu de St-Jean-Baptiste, II, 429.
Chaufour, prieuré, IV, 614.
Chaume-en-Brie (la), abbaye, IV, 456.
Chelles, abbaye, II, 435.
Chenoise, religieux de la Merci, IV, 798.
Clairefontaine, abbaye, III, 493.
Compiègne, abbaye St-Corneille, IV, 332; carmélites, IV, 319; chapitre St-Clément, IV, 320; maîtrise des eaux et forêts, IV, 331; officiers de l'élection, IV, 695; orfèvres, IV, 336; prieuré St-Nicolas-au-Pont, IV, 334; religieuses de la Congrégation N.-D., IV, 324; teinturiers et sergers, IV, 333; Visitation, IV, 329.

Concevreux, prieuré St-Laurent, IV, 614.
Corbigny, abbaye St-Léonard, IV, 347; ursulines, IV, 470.
Coupvray, trinitaires, IV, 221.
Creil, chapitre St-Évremont, IV, 743.

Dilo, abbaye, IV, 293; religieux, IV, 292.
Dommartin, chapitre N.-D., IV, 413.
Dreux, chapitre St-Étienne, IV, 502; religieuses du St-Sacrement, IV, 758.

Étampes, IV, 241; barnabites, IV, 700; chapitre Ste-Croix, IV, 240; trinitaires, IV, 701.

Faremoustier, II, 485.
Fermaincourt, prieuré, IV, 761.
Ferté-Gaucher (la), augustines, IV, 98.
Ferté-sous-Jouarre (la), IV, 305.
Fontainebleau, mathurins, II, 473; missionnaires, IV, 629.
Fontaines, religieuses, IV, 184.
Froidmont, abbaye, IV, 733.

Gerberoy, IV, 119; chapitre St-Pierre, IV, 119.
Grandchamp, prieuré, IV, 182.
Grez, prieuré, IV, 560.
Grizelle, prieuré St-Valentin, IV, 445.

Hamel (le), prieuré, IV, 402.
Hautes-Bruyères, religieuses, IV, 778.
Hermières, abbaye, IV, 300, et IV, 462.
Hierre, abbaye N.-D., II, 483.
Houdan, prieuré St-Jean, IV, 782; religieuses, IV, 783.

Jard (le), abbaye St-Jean, IV, 423.
Jouarre, abbaye, IV, 305.
Jouy, abbaye, IV, 795.

Lagny, abbaye St-Pierre, IV, 103.
Lanoy, religieux, IV, 293.
Laval-les-Lagny, prieuré St-Thomas, IV, 103.
Lezines, abbaye de la Charité, IV, 441.
Lheroy, prieuré, IV, 558.
Lis (le), abbaye N.-D., IV, 422.

Malnoue, abbaye N.-D., IV, 299.
Mantes, bénédictines, IV, 603; célestins, IV, 380; chapitre N.-D., IV, 384.
Marais (les), prieuré N.-D., IV, 759.
Marcoussis, célestins, II, 128.
Meaux, IV, 305; abbaye N.-D., IV, 184; abbaye N.-D. de Chage, IV, 202; abbaye St-Faron, IV, 304; bénédictines de St-Nicolas de Noefort, IV, 207; chapitre de la cathédrale, IV, 302; chapitre St-Saintin, IV, 196; officiers du présidial, IV, 415; trinitaires, IV, 186; Visitation, IV, 186.

Melun, ursulines, IV, 420.
Meulan, annonciades, III, 544; prieuré St-Nicaise, IV, 380.
Milly, chapitre, IV, 627.
Molesme, bénédictins, IV, 447.
Molosme, abbaye St-Pierre, IV, 280.
Moncel, religieuses, IV, 743.
Montaterre, prieuré St-Léonard, IV, 746.
Montbéon, prieuré, IV, 528.
Montereau, chapitre N.-D., IV, 664.
Montfort-l'Amaury, religieuses de la Congrégation N. D., IV, 169.
Morienval, abbaye, IV, 339.
Morigny, abbaye, III, 18.
Mouchy-le-Chastel, chapitre N.-D., IV, 293.
Moustiers-au-Perche, prieuré, III, 165.

Neaufle-le-Vieil, abbaye, IV, 782.
Nemours, IV, 261; religieuses de la Congrégation, IV, 784.
Nesle-la-Reposte, abbaye N.-D., II, 480.
Nogent, corps de la ville, IV, 301.

Oissery, chapitre St-Germain, IV, 591.
Orléans, abbaye St-Euverte, I, 296.
Osmoy, prieuré N.-D., IV, 610.

Paiseries de Fermaincourt, prieuré, IV, 761.
Paraclet (le), abbaye, IV, 503.
Paris, I, 579; abbaye D.N.-des Bois, I, 640; abbaye St-Antoine, I, 649; abbaye St-Germain-des-Prés, II, 471; abbaye St-Victor, III, 433; abbaye Ste-Geneviève, II, 471; abbaye du Val-de-Grâce, I, 544; Académie des sciences, III, 159; aides à mouleurs de bois, III, 300; aiguilliers et épingliers, III, 537; annonciades de la rue Culture Ste-Catherine, I, 570; arquebusiers, I, 853; augustines de la Miséricorde, I, 848; augustines de St-Magloire, I, 555; augustines de Ste-Geneviève de Chaillot, III, 139; balanciers, III, 583; barnabites, I, 849; bateliers, III, 539; batteurs d'or, III, 538; bénédictins anglais du faubourg St-Jacques, I, 547; bernardines du Sang précieux, I, 845; Blancs-Manteaux, II, 205; boisseliers, lanterniers et souffletiers, III, 441; bonnetiers et ouvriers en bas, III, 540; bouchers, I, 568; boulangers, III, 298; boulangers du faubourg St-Germain, III, 445; bouquetières, III, 548; bourreliers, III, 537; boutonniers, III, 545; brasseurs, III, 441; brodeurs et chasubliers, III, 205; brossiers, vergetiers et raquetiers, III, 447; carmélites du faubourg St-Jacques, I, 1077; carmélites de la rue Chapon, I, 1369; carmes des Billettes, I, 576; carmes de la place Maubert, I, 618; cartiers, I, 584; ceinturiers, III,

538; célestins, II, 127; chandeliers et huiliers, III, 539; chanoines réguliers de Ste-Croix de la Bretonnerie, III, 463; chanoinesses du St-Sé-de Bellechasse, I, 562; chapeliers, I, 589; chapitre métropolitain, II, 477; chapitre St-Benoît, III, 141; chapitre St-Germain l'Auxerrois, III, 134; chapitre St-Honoré, I, 1400; chapitre St-Jacques de l'Hôpital, I, 620; chapitre St-Jean de Jérusalem, I, 226; chapitre St-Marcel, II, 1232; chapitre St-Merry, I, 393; chapitre St-Nicolas du Louvre, I, 849; chapitre de la Ste-Chapelle, III, 458; chapitre Ste-Opportune, I, 646; chapitre du Sépulcre, I, 640; charcutiers, III, 540; chargeurs de bois, I, 626; charpentiers, I, 854, charrons, III, 539; chartreux, III, 9; chaudronniers, III, 540; chirurgiens, II, 1186; clarisses du faubourg St-Marcel, III, 444; cloutiers, III, 520; coffretiers, malletiers, III, 596; collége de l'Ave-Maria, III, 315; collége de Bayeux, III, 311; collége de Beauvais, III, 294; collége des Bernardins, I, 622; collége de Boissy, III, 328; collége de Cambrai, III, 312; collége du cardinal Lemoine, I, 575; collége des Chollets, I, 608; collége de Cluny, I, 1401; collége de Danville, II, 1221; collége de Fortet, III, 138; Collége de France, I, 840; collége de Gramont, I, 552; collége des Grassins, II, 1197; collége de justice, I, 609; collége de Laon, I, 587; collége de Lisieux, III, 355; collége de Maître Gervais, II, 481; collége du Mans, III, 311; collége de la Marche, III, 5; collége Mazarin, II, 1136; collége de Montaigu, I, 1092; collége de Navarre, I, 546; collége du Plessis, I, 576; collége de Presle, III, 297; collége de Reims, III, 298; collége de Ste-Barbe, III, 291; collége de Séez, I, 713; collége de Tours, I, 675; communauté de Ste-Agnès, III, 138; compagnie des intéressés du Sénégal et côtes d'Afrique, II, 456; contrôleurs de la bûche, III, 324; cordiers, III, 540; cordonniers, III, 541; corroyeurs et baudroieurs, III, 441; courtiers en vin, III, 296; couteliers, III, 539; couturières, III, 447; couvent St-Antoine, III, 117; couvreurs, III, 538; crieurs, I, 1208; crieurs de vieux fers, III, 541; doreurs, III, 545; drapiers, III, 481; écoles de médecine, III, 311; écrivains, III, 206; emballeurs, III, 441; éperonniers, III, 446; épiciers et apothicaires, III, 465; éventaillistes, III, 539; faiseurs de bas, III, 446; faiseurs d'instruments, I, 851; ferreurs d'aiguillettes, III, 542; feuillants, II, 461; Filles de la Croix, III, 435; Filles-Dieu de la rue St-Denis, III, 137; Filles de Ste-Geneviève du quai de

la Tournelle, I, 580; fondeurs, III, 540; fourbisseurs, III, 546; fripiers, III, 310; fruitiers et orangers, III, 541; gainiers, III, 542; gantiers, III, 215; gibeciers, III, 546; grainetiers, III, 443; graveurs, III, 545; horlogers, III, 543; huissiers audienciers des consuls, III, 395; huissiers et commissaires de l'Hôtel-de-Ville, III, 317; imprimeurs et libraires, III, 296; jacobins de la rue St-Dominique, III, 314; jacobins de la rue St-Honoré, III, 311; jaugeurs de vin et essayeurs d'eau-de-vie, III, 387; juridiction royale consulaire de la ville, prévôté et vicomté de Paris, II, 436; lapidaires, III, 542; layetiers, III, 548; limonadiers et distillateurs, III, 444; lingères, III, 303; maçons, III, 548; maîtres à danser et joueurs d'instruments, III, 549; maîtres en fait d'armes, III, 209; marchands, fabricants et ouvriers en draps d'or et de soie, II, 431; marchands de foin, III, 273; marchands de poisson d'eau douce, III, 854; marchands de vin, II, 459; maréchaux ferrants, III, 510; mathurins, II, 1033; mégissiers, III, 545; menuisiers, III, 543; merciers, II, 547; mesureurs de grains, III, 327; minimes, I, 608; miroitiers, III, 547; monastère de la Conception N.-D., I, 842; mouleurs de bois, II, 85; notaires du Châtelet, III, 319; nouvelles catholiques, III, 446; oiseleurs, I, 571; orfèvres, II, 434; pain d'épiciers, III, 547; papetiers et fournisseurs de l'Université, III, 546; parcheminiers, III, 544; patenôtriers en bois, cornetiers et faiseurs de dés, III, 583; patenôtriers en jais, III, 548; pâtissiers, III, 542; paumiers, III, 209; paveurs, III, 544; peaussiers, III, 543; pêcheurs, I, 587; peigners et tabletiers, III, 440; peintres et sculpteurs de l'Académie royale, III, 486; peintres, sculpteurs, graveurs et enlumineurs, II, 449; pelletiers, I, 426; Pères de l'Oratoire du faubourg St-Jacques, I, 634; Pères de l'Oratoire de la rue St-Honoré, I, 568; plumassiers, III, 542; porteurs de charbon, I, 591; porteurs de grains, III, 318; porteurs de sel, III, 324; potiers d'étain, 543; potiers de terre, III, 213; prémontrés du faubourg St-Germain, I, 617; prêtres de la congrégation de St-Lazare, III, 138; prieuré St-Martin-des-Champs, II, 486; procureurs du Châtelet, III, 439; procureurs de l'élection, III, 316; procureurs de l'officialité, III, 414; procureurs du Parlement, I, 558; religieuses de l'Assomption, rue St-Honoré, I, 558; religieuses de la Madeleine du Tresnel, rue de Charonne, I, 542; religieuses de N.-D. de Consolation, rue du Chasse-Midi, I, 847; reli-

gieuses de N.-D. de Liesse, III, 442; religieuses du St-Sacrement de la rue Cassette, I, 591; religieuses de Ste-Élisabeth du Temple, III, 139; religieuses de Ste-Marie de Chaillot, I, 697; religieux de la Merci, I, 607; religieux de Ste-Catherine du Val-des-Écoliers, I, 607; rôtisseurs, III, 545; rouleurs et chargeurs de vin, III, 327; selliers, lormiers et carrossiers, III, 442; séminaire St-Nicolas du Chardonnet, III, 295; séminaire St-Sulpice, I, 537; séminaire de l'Union chrétienne de St-Chaumont, I, 562; serruriers, III, 211; Sorbonne, III, 139; taillandiers et ferblantiers, III, 208; tailleurs, III, 322; tanneurs, III, 445; teinturiers, I, 846, et III, 549; tireurs d'or et d'argent, III, 510; tisserands, III, 521; tissutiers, rubanniers, frangers et ouvriers en draps d'or et de soie, III, 212; tondeurs de draps, III, 544; tonneliers et déchargeurs de vin, I, 854; tourneurs, III, 544; trésoriers, III, 299; ursulines du faubourg St-Jacques, I, 547; ursulines de la rue Ste-Avoye, I, 536; vanniers et quincailliers, III, 199; vendeurs et contrôleurs de vin, III, 295; vendeurs de poisson de mer, I, 644; verriers, faïenciers, couvreurs de flacons et bouteilles en osier, III, 207; vinaigriers, III, 547; Visitation, III, 302; Visitation du faubourg St-Germain, II, 482; Visitation du faubourg St-Jacques, II, 481; Visitation Ste-Marie, II, 310; vitriers et peintres sur verre, III, 540.

Parmain, fief, IV, 252.

Poissy, chapitre N.-D., IV, 295; monastère St-Louis, II, 484.

Pont, IV, 746; officiers de l'Hôtel-de-Ville, IV, 766; prieuré, IV, 739.

Pont-aux-Dames, abbaye, IV, 181, et IV, 303.

Pontoise, carmélites, IV, 251; chapitre St-Melon, IV, 507; officiers du bailliage, IV, 672; officiers du grenier à sel, IV, 556; prêtres de l'Oratoire, IV, 252; religieuses de l'Hôtel-Dieu, IV, 507; religieux de St-Martin, IV, 674; trinitaires, IV, 556; ursulines, IV, 464.

Port-Royal-des-Champs, abbaye, III, 150.

Provins, IV, 298; abbaye du Montnostre, IV, 87; abbaye Ste-Catherine, IV, 296; chapitre N.-D. du Val, IV, 296; chapitre St-Ayoul, IV, 538; chapitre St-Nicolas, IV, 89; chapitre St-Quiriace, IV, 88; corps de l'élection, IV, 801; maison des Bonshommes, IV, 807; officiers du présidial, IV, 802; prieuré Ste-Croix, IV, 538; religieuses de la Congrégation, IV, 88; religieux de St-Jacques, IV, 297.

Rebais, abbaye St-Pierre, IV, 304.

Reconfort, abbaye, IV, 472.

Reuil, religieux, IV, 218.

Royaulieu, abbaye, IV, 339.
Royaumont, abbaye, IV, 735.
Rozay, religieuses, IV, 662.

Sailly, prieuré, IV, 611.
Saint-Cloud, chapitre, I, 297, et II, 461.
Saint-Corentin, abbaye, IV, 614.
Saint-Cyr, abbaye, IV, 781; maison St-Louis, I, 180.
Saint-Denis, abbaye, II, 467.
Saint-Fiacre-en-Brie, prieuré, IV, 188.
Saint-Gemme, prieuré, III, 13.
Saint-Germer, abbaye, IV, 718.
Saint-Julien-du-Sault, chapitre S-Pierre, IV, 43.
Saint-Laurent-les-Sens, chapitre, IV, 648.
Saint-Leu, religieux, IV, 743.
Saint-Maur-les-Fossés, chapitre, II, 470.
Saint-Maurice, prieuré, IV, 289.
Saint-Pierre-au-Mont de Chastres, IV, 336.
Saint-Quentin, abbaye St-Prix, II, 474; chapitre, II, 476.
Saint-Sauveur, prieuré, IV, 154.
Saulieu, en Bourgogne, I, 466.
Segrez-les-Rozoy, prieuré de la Madeleine, II, 936.
Sellières, abbaye, IV, 546.
Senlis, IV, 13; abbaye St-Vincent, IV, 518; chapitre de la cathédrale, IV, 740; chapitre St-Frambourg, IV, 741; chapitre St-Rieul, IV, 742; religieuses de la Présentation, IV, 497.
Sens, abbaye St-Jean-les-Sens, IV, 525; abbaye St-Paul, IV, 25; abbaye St-Pierre-le-Vif, IV, 290, et IV, 498; abbaye St-Remi-les-Sens, IV, 525; abbaye Ste-Colombe, IV, 651; annonciades, IV, 22; archevêché, IV, 14; bénédictines, IV, 521; bénédictins de Ste-Colombe, IV, 292; carmélites, IV, 22; célestins, IV, 291; chapitre de la cathédrale, IV, 14; collége des jésuites, IV, 454; notaires, IV, 520; officiers du bailliage, IV, 522; officiers de l'élection, IV, 291; officiers du grenier à sel, IV, 453; officiers de la prévôté, IV, 526; procureurs du bailliage et siége présidial, IV, 521; séminaire, IV, 21; ursulines, IV, 21.
Sixte, prieuré, IV, 525.
Stenil, prieuré, IV, 614.

Tiron, (le petit), prieuré, IV, 613.
Tonnerre, IV, 448; bénédictins, IV, 575; bouchers, IV, 578; boulangers, IV, 575; cabaretiers et hôteliers, IV, 576; chapeliers, IV, 577; couvreurs, IV, 576; marchands, IV, 574; menuisiers, IV, 577; officiers de l'élection, IV, 578; orfèvres, IV, 574; pâtissiers, IV, 575; potiers d'étain, IV, 576; savetiers, IV, 577; selliers, IV, 576; serruriers et armuriers, IV, 575; taillandiers, IV, 577; tailleurs d'habits, IV, 577; texiers, IV, 575; tonneliers, IV, 576.
Tresnel, chapitre, IV, 648.

Val-de-Gif, abbaye N.-D., II, 455.
Valprofonde, chartreuse, IV, 43.
Val-St-Georges, chartreuse N.-D., IV, 349.
Vauluisant, abbaye, IV, 153.
Vaux-de-Cernay, abbaye, IV, 779.
Velmandois, prieuré, IV, 683.
Vézelay, chapitre de la Madeleine, IV, 243; officiers de l'élection, IV, 242; ursulines, IV, 345.
Victoire (la), abbaye, IV, 518.
Vieuxport, prieuré, IV, 44.
Vilhéon, prieuré, IV, 560.
Villarceau, prieuré, III, 148.
Villefolle, chapitre, IV, 649.
Ville-L'Evesque (la), bénédictines, I, 566.
Villeneuve-le-Roi, bénédictines, IV, 522; notaires, IV, 527; officiers du bailliage, IV, 527; procureurs du bailliage, IV, 528.
Vincennes, chapitre de la chapelle, III, 116; minimes, I, 608.

PICARDIE

Abbeville, 365*bis*; bonnetiers, 425; bouchers, 293; boulangers, 286; cabaretiers à bière, 760; carmélites, 369*bis*; chapelains de St-Jean-des Prés, 644; chapelains du grand autel de St-Vulfran, 747; chapitre St-Vulfran, 365*bis*; chartreux, 276; chaudronniers, 274; chirurgiens, 644; cordiers, 287; cordonniers, 286; couturières et lingères, 291; cuisiniers, 276; dominicaines, 277; drapiers et chaussetiers, 289; franciscaines, 451; houppiers, 295; jacobins, 471; jardiniers, 287; laboureurs, charrons, maréchaux, éperonniers, selliers et violons, 647; maçons, chaufourniers, briquetiers, charpentiers, scieurs d'ais, couvreurs, plaqueurs, menuisiers, monteurs d'affûts et chapeliers, 630; mégissiers, gantiers et fourreurs, 292; marchands de linge, 421; marchands de vin et brasseurs, 631; merciers, 289; mesureurs de grains, 645; notaires, 268; officiers des traites, 365*bis*; orfèvres, horlogers, graveurs en cachet et graveurs en taille douce, 647; pâtissiers, 643; perruquiers, 631; présidial, 424; prieuré St-Pierre, 265, et 427*bis*; sueurs de vieil, 288; tailleurs, 279; teinturiers, 427 *bis*; tisserands, 426; tonneliers, 425; ursulines, 271; Visitation, 264.

Airaine, prieuré, 444, et 606.

Aire, 481; apothicaires, 784; aubergistes, cuisiniers, vinaigriers et satiniers, 782; bateliers, 783; béguines, 782; boulangers et merciers, 784; brasseurs, 781; chapitre St-Pierre, 483; cordonniers, 783; corroyeurs et pelletiers, 783; drapiers, 783; graissiers, 783; hôteliers et cabaretiers, 781; maçons, couvreurs et potiers de terre, 781; mandeliers, peintres et vitriers, 782; marchands de fer, 781; marchands de toile et tisserands, 783; orfèvres, chaudronniers et quincailliers, 782; prieuré St-André, 483; religieuses pénitentes, 781; savetiers, 782;

serruriers, maréchaux, selliers et fourbisseurs, 782; tanneurs, 783; tonneliers et charpentiers, 781.

Albert, prieuré, 714.

Amiens, 403; abbaye du Paraclet, 38; abbaye St-Jean, 405; apothicaires et vinaigriers, 550; bateliers et poissonniers, 621; bonnetiers, 544; bouchers, 543; boulangers, 543; brasseurs, 554; cabaretiers et hôteliers, 542; carmélites, 381; carmes, 47; célestins, 363; chanoines de l'abbaye St-Martin-aux-Jumeaux, 364; chapelains du chapitre de la cathédrale, 10; chapeliers, 405; chapitre de la cathédrale, 9; chapitre St-Firmin, 20; chapitre St-Nicolas, 21; charbonniers, 551; charpentiers, charrons et tourneurs, 562; chaudronniers, 549; chirurgiens et perruquiers, 567; cloutiers et serruriers, 546; cordeliers, 367; cordonniers, 548; corps du présidial, 400; corroyeurs, selliers et bourreliers, 549; couvent St-Jean, 363; couvreurs et pailloteurs, 549; drapiers et chaussetiers, 403; feuillants, 363; fripiers, 560; gantiers et pelletiers fourreurs, 547; hautelisseurs, 543; hortillons et jardiniers, 548; houppiers, 543; huissiers à masse, 604; jacobins, 73; jésuites, 30; maçons, 566; maréchaux, 544; médecins, 606; menuisiers, 559; merciers, 403, et 542; mesureurs de blé, 550; minimes, 376; notaires, 568; officiers de l'élection, 565; orfèvres, 404; pâtissiers, 550; peintres, sculpteurs et doreurs, 570; potiers d'étain, 542; prêtres de l'Oratoire, 394; procureurs au bailliage et siége présidial, 556; religieuses de St-Julien, 38; savetiers, 551; sayetiers, 543; séminaire, 430; taillandiers et couteliers, 551; tailleurs, 547; tanneurs, 404; tapissiers, cordiers et tisserands, 551; teinturiers, 542; tondeurs et pareurs, 552; tonneliers, 431; ursulines, 17; Visitation, 1; vitriers et vanniers, 544.

Anchin, abbaye St-Sauveur, 365; corps du magistrat, 681; religieux, 365.

Ardres, 815 *bis*.

Arras, abbaye S-Vaast, 150; abbaye du Vivier, 153; apothicaires, 720; archers de la confrérie de St-Sébastien, 732; bouchers, tripiers et charcutiers, 420; boulangers, 418; brigittines, 165; chapelains de la cathédrale 183; chapeliers, teinturiers et marchands de laine, 418; chapitre de la cathédrale, 364; charpentiers et tonneliers, 418; cordiers, potiers de terre et faïenciers, 420; cordonniers, 417; cordonniers en veau, 419; dominicains, 654; drapiers, 416; fripiers, tisserands, mulquiniers, boutonniers et couteliers, 418; horlogers, graveurs et armuriers, 417; Hôtel-de-Ville, 127; jésuites, 735; jus-

tice de l'abbaye de St-Vaast, 149; lingères, 417; maçons, couvreurs et arpenteurs, 419; magistrat, 364; marchands de fer, 416; maréchaux-ferrants et cloutiers, 419; mathurins, 732; menuisiers, 417; merciers, 421; merciers et chandeliers, 421; meuniers et mandeliers, 418; officiers des eaux et forêts, 733; officiers de la maréchaussée, 734; orfèvres, fourbisseurs, étainiers, plombiers et épingliers, 420; pelletiers, peaussiers, matelassiers, gantiers et bourreliers, 421; prévôté de St-Michel dépendant de St-Vaast, 152; religieuses de la Paix de Jésus, 369; religieuses de l'abbaye du Vivier, 154; religieux de St-Vaast, 150; selliers et corroyeurs, 420; taillandiers, charrons, carillonneurs et coutnriers en linge, 420; tailleurs, 417; tanneurs, 419; vitriers, sculpteurs, peintres, brodeurs et libraires, 184.

Arrouaise, abbaye, 161; religieuses, 162.

Artois, États, 364.

Aubigny, prieuré, 729.

Audruicq, 737; communauté et mairie, 218.

Avesnes, abbaye, 177.

Bapaume, boulangers, 730; cordonniers, 730; drapiers, 729; mayeur et échevins, 170; merciers, 729.

Beaulieu, abbaye, 334.

Beaurainville, prieuré, 789.

Bertaucourt, abbaye, 389.

Béthune, 684; annonciades, 802; avaleurs de vin et jaugeurs, 807; bénédictines, 802; bouchers, 805; chapitre St-Barthélemy, 806; chirurgiens, 805; cordiers et charpentiers, 803; jésuites, 808; marchands de draps, 805; religieuses de la Conception, 805; porteurs au sac, 804; savetiers, 802; serruriers et maréchaux, 803; tailleurs, 803; tanneurs, cordonniers et corroyeurs, 804; tisserands, 803.

Beussen, prieuré, 826.

Biache, religieuses de l'abbaye, 713.

Blandecque, abbaye, 212.

Blangy, abbaye, 683.

Bœurrière (la), prieuré, 796.

Boulogne, 773; abbaye St-Vulmer, 356; annonciades, 340; boulangers, serruriers, fourbisseurs, chaudronniers et taillandiers, 774; chapelains de la cathédrale de Boulogne, 767; chapitre N.-D., 302; chirurgiens, apothicaires, barbiers et perruquiers, 774; cordonniers, talonniers, chapeliers, savetiers, potiers d'étain et de terre, 774; drapiers et merciers, 775; officiers de la maîtrise des eaux et forêts, 779; officiers de la maréchaussée, 778; officiers de la sénéchaussée, 779; prêtres de l'abbaye St-Vulmer, 666; prieuré de St-Vaast, 765; séminaire, 765; tanneurs, selliers, bourreliers et gantiers, 774; ursulines, 337.

Calais, 815 *bis*; bateliers, 820; boulangers, 818; cabaretiers, 818; fourbisseurs, vitriers, chaudronniers et charretiers de rivière, 820; meuniers, 818.
Cappy, prieuré, 713.
Cayeux, prieuré, 618.
Cerisy, prévôté, 561.
Chepy, marquisat, 433.
Chocques, abbaye, 797.
Clairmarais, abbaye, 190.
Corbie, bénédictins, 897.

Dompmartin, abbaye, 493.
Doullens, 862; bouchers et charcutiers, 864; brasseurs, boulangers et meuniers, 864; chapeliers, peigneurs de laine, tisserands, cordiers et sabotiers, 863; charpentiers, menuisiers, tonneliers, charrons, selliers, maçons, couvreurs, pailloteurs et vitriers, 864; drapiers, lingers et tailleurs, 863; fermatiens, chirurgiens et perruquiers, 864; hôteliers et cabaretiers, 861; merciers, 863; officiers de l'élection, 861; serruriers, armuriers, taillandiers, maréchaux, selliers et bourreliers, 863; tanneurs, corroyeurs, cordonniers et savetiers, 863.

Esclainville, prieuré St-Faron, 845.
Espagne, abbaye, 267.

Fervaques, abbaye N.-D., 515.
Franquembergue, chapitre, 213.
Frevent, corps du magistrat, 789.
Fromecourt, prieuré, 789.

Gamaches, chapitre, 613.
Gard, religieux de l'abbaye, 689.
Gorres, prévôté, 800.
Gonnay du Mont-Ste-Marie, chartreuse, 166; chartreux, 862.
Gouy, prieuré St-Pierre, 690.

Hesdin, 492; chapelains de St-Louis, 499; chapitre St-Martin, 494; prieuré St-Georges, 499.
Hombliéres, abbaye N.-D., 530.
Honnecourt, abbaye, 872.
Houdin, prieuré, 726.

Lens, chapelains du chapitre, 725; chapitre, 725; corps du magistrat, 369.
Leuilly, prieuré, 561.
Lieu-Dieu (le), abbaye, 620; religieux, 620.
Lihons, prieuré, 712; religieux, 415.
Longpré, chapitre, 259.
Longvilliers, abbaye, 352; religieux de l'abbaye, 339.

Mareuil, abbaye, 733; prieuré, 274; religieux, 734.
Montdidier, 837; apothicaires, chirurgiens, barbiers et perruquiers, 853; bouchers et gantiers, 852; boulangers et pâtissiers, 850; bourreliers, taillandiers et chaudronniers, 851; cabaretiers et tonneliers, 850; chapeliers, peigneurs de

laine, tailleurs et teinturiers 851; cordonniers, 852; drapiers et merciers, 844; étamiers, maréchaux-ferrants et serruriers, 853; lingers et tisserands, 851; maçons et charpentiers, 852; mandeliers, vanniers et jardiniers, 851; menuisiers, tourneurs et vitriers, 351; officiers du bailliage, 832; officiers de l'élection, 834; officiers de la prévôté, 844; procureurs du bailliage et de la prévôté, 857; religieuses du prieuré N.-D., 837; tanneurs et corroyeurs, 851; ursulines, 837.

Montreuil, 831; abbaye Ste-Austreberte, 822; bonnetiers et chapeliers, 830; bouchers, 826; boulangers, 827; bourreliers et selliers, 830; brasseurs, 828; chaudronniers, 829; chirurgiens, barbiers et perruquiers, 828; cloutiers, 828; cordiers, 828; cordonniers, 829; couvreurs et potiers de terre, 828; cuisiniers, pâtissiers et charcutiers, 831; gantiers et mégissiers, 826; lingers, 829; marchands, 825; marchands de draps, 828; maréchaux, 829; menuisiers, 830; savetiers, 829; sergers, 830; tailleurs, 829; tanneurs, 825.

Mont-St-Éloi (le), abbaye, 167.

Mont-St-Martin (le), abbaye, 514.

Mont-St-Quentin, couvent, 368.

Moreaucourt, abbaye, 21.

Neuville, chartreuse, 358.

Noyelle, chapitre N.-D., 300.

Pas, prieuré, 791.

Pernes, 789.

Péronne, 414, et 700; apothicaires et perruquiers, 708; arquebusiers, 720; bouchers, 697; boulangers, 696; bourreliers, selliers et gantiers, 697; brasseurs, 704; chapelains de St-Fursy, 695; chapitre St-Fursy, 408; charpentiers, cordiers et savetiers, 699; chirurgiens, 702; cordonniers, 698; corps du bailliage, 413; couvreurs, 697; cuisiniers, pâtissiers et rôtisseurs, 698; hôteliers et cabaretiers, 698; maçons, 703; manneliers et tourneurs, 697; maréchaux et charrons, 699; menuisiers, 696; merciers, 415; mulquiniers et tisserands, 698; officiers de l'élection, 702; officiers du grenier à sel, 368; officiers des traites foraines, 718; orfèvres, chaudronniers et chapeliers, 697; poissonniers d'eau douce, 698; serruriers, 696; taillandiers et vitriers, 696; tailleurs, 696; tanneurs et tonneliers, 707; ursulines, 412.

Picquigny, chapitre, 561.

Poix, prieuré N.-D., 441; prieuré St-Denis, 614.

Ponthieu, corps de l'élection, 365 *bis*.

Rollot, chapitre, 847.

Roye, chapitre St-Florent, 870; chirurgiens, 870; drapiers, 870; menuisiers, 870; officiers du bailliage, 870; officiers du grenier à sel, 870; officiers de la ville et mairie, 834; tanneurs, 870.
Ruisseauville, abbaye, 678.

Saint-Acheul, abbaye, 15.
Saint-André-au-bois, abbaye, 497.
Saint-Augustin-en-Artois, abbaye, 482.
Saint-Fuscien-au-Bois, abbaye, 81.
Saint-Omer, 185; abbaye St-Bertin, 188; apothicaires, 747; bouchers, 746; boulangers, 744; brasseurs, 741; charpentiers et menuisiers, 745; cordiers, fourbisseurs et vitriers, 745; cordonniers, 743; corroyeurs, selliers et bourreliers, 744; cuisiniers et chaudronniers, 744; faiseurs de bateaux et bateliers, 743; graissiers, 744; hôteliers, 745; maçons, sculpteurs, peintres et doreurs, 744; mesureurs, porteurs au sac et brouetteurs, 744; meuniers, 745; officiers du bailliage, 745; orfèvres, 747; pelletiers et chapeliers, 743; religieuses conceptionnistes, 745; religieuses pénitentes, 745; religieuses de Ste-Catherine, 742; religieuses de Ste-Marguerite, 746; savetiers, 743; séminaire, 217; séminaire des jésuites anglais, 737; serruriers et maréchaux, 744; tailleurs d'habits, fripiers et tapissiers, 747; tanneurs, 741; tisserands et mandeliers, 741; tourneurs et tonneliers, 742; urbanistes, 743; ursulines, 216.
Saint-Pierre-les-Selincourt, abbaye, 87; religieux, 86.
Saint-Pol, 681; bouchers, 684; brasseurs, 654; carmes chaussés, 678; chapitre collégial, 789; cordonniers, 684; marchands, 684.
Saint-Prix, prieuré, 798.
Saint-Quentin, 506; archers, 525; blanchisseurs de toile, 896; bouchers, 896; brasseurs, 578; canonniers, 531; chapelains, 531; chapeliers, 526; chapitre Ste-Pécinne, 501, et 885; charpentiers, charrons et ardoisiers, 876; chirurgiens, 523; cuisiniers et pâtissiers, 526; drapiers, 884; maçons, plaqueurs et paveurs, 896; mandeliers, cordiers et chaudronniers, 874; marchands de toile, 525; menuisiers, 525; merciers, 885; meuniers, 895; notaires, 529; officiers du bailliage, 527; officiers de l'élection, 528; officiers du grenier à sel, 528; officiers de l'Hôtel-de-Ville et juridiction de la police, 885; officiers de la maréchaussée, 877, et 885; religieuses de N.-D. du Petit-Pont, 517; religieux de l'abbye St-Martin, 885; religieux de l'abbaye St-Prix, 885; religieux de l'abbaye de St-Quentin-en-l'Ile, 876; serruriers, fourbisseurs

et taillandiers, 876; tailleurs et fripiers, 525; tisserands et cordonniers, 896.
Saint-Riquier, abbaye, 861; religieux, 862.
Saint-Silvin-en-Auchy, abbaye, 500.
Saint-Valery, religieux, 613.
Samer, abbaye, 329; religieux, 768.
Sertan, prieuré, 792.
Sery, abbaye, 559.
Sommereux, commanderie, 691.
Strun, abbaye, 157.
Templeux-la-Fosse, couvent, 369.
Ticuloye, dominicaines, 365.
Tubeauville, abbaye, 355.
Valloir, abbaye, 820; religieux, 821.
Val-Ste-Aldegonde, chartreuse, 227, et 423.
Vermand, abbaye N.-D., 871.
Villers, comté, 240.
Willencourt, abbaye, 266.

POITOU

Aizenay, prieuré, 1218.
Alleux (les), abbaye, 1052.
Angle, abbaye, 924, et 933; religieux, 924.
Angles, à Chantonnay, prieuré, 940.
Anjambes, prieuré, 915.
Ardilliers, à St-Etienne de Carcoy, prieuré, 940.
Argenton-Château, tanneurs, blanconniers, corroyeurs, cordonniers, tisserands, marchands de draps, épiciers, chapeliers, menuisiers et serruriers, 1386.
Aslonne, prieuré, 900.
Aulnay, carmes, 1069.

Baugrelière (la), chapelle, 943.
Bazoges, prieuré, 939.
Beaulieu, prêtres de la Mission, 704.
Beauvoir, jacobins, 378; mathurins, 947; prieuré, 935.
Bellenoue, prieuré, 933.
Bellevois, prieuré, 941.
Béthines, prieuré, 884.
Boisgrolland, abbaye, 932; prieuré, 378.
Boisrolland, prieuré, 936.
Bonneuil, religieuses, 922.
Bonneval, abbaye St-Jean, 654; religieux, 918.
Bonpère, prieuré, 938.
Bouresse, prieuré, 905.
Bourgueil, prieuré, 942.
Brauds (les), chapelle, 944.
Brenne, prieuré St-Martin, 938.
Bressuire, 653; boulangers et bouchers, 718; cabaretiers, 718; chirurgiens et apothicaires, 273; corroyeurs, cordonniers, selliers, et bâtiers, 719; franciscaines, 718; marchands de draps, merciers, épiciers et teinturiers, 719; menuisiers, charpentiers, maçons, armuriers, serruriers, maréchaux et poisliers, 653; sergers, droguetiers et fileurs de laine, 719; tailleurs, chapeliers et tondeurs, 719.
Bretonnière (la), chapelle, 943.
Breuil-Herbaut (le), abbaye, 933.
Brignon, abbaye, 1424.
Brouzils, prieuré, 939.
Bruyères (les), prieuré St-Léonard, 1423.

Celle (la), abbaye, 883,
Celles, abbaye N.-D., 174.
Cerisiers (les), religieuses, 1575.
Cernay, prieuré, 1472.
Chaise (la), prieuré, 933.
Chaise-aux-Moines (la), prieuré, 884.
Chambon, abbaye, 892, et 1429.
Chanonie (la), à Mouilleron-le-Captif, prieuré, 941.
Charroux, abbaye, 901; chapeliers, cordonniers, tanneurs, bouchers, tailleurs d'habits, marchands, serruriers, menuisiers, charpentiers, maçons et maréchaux, 1508; sergetiers, tireurs d'étain, texiers et escardeurs, 1510.
Chassay, prieuré, 937.
Châteaulacher, prieuré, 902.
Châtellerault, 660, et 1471 : apothicaires et chirurgiens, 400; armuriers, 526; bouchers, 396; boulangers, 399, cardeurs et tireurs d'étain, 397; chapitre N.-D., 392; cordonniers, 527; corroyeurs, selliers et bourreliers, 527; couteliers, 397; faïenciers, vitriers et faiseurs de seaux, 528; maçons, charpentiers et couvreurs, 397; maréchaux et cloutiers, 397; menuisiers, tourneurs, charrons, et charpentiers de bateaux, 399; minimes, 442; notaires, 722; officiers de l'élection, 401; orfèvres et horlogers, 395; officiers de la maréchaussée, 1473; prieuré St-Romain, 1464; procureurs, 1465; religieuses de la Congrégation N.-D., 391; saboliers et tonneliers, 527; sergetiers et chapeliers, 400; serruriers, 527; tailleurs d'habits et cordiers, 537; tanneurs, 396; tisserands, 398.
Châtelliers, abbaye N.-D., 430.
Chauvigny, chapeliers, tailleurs, boulangers et menuisiers, 1496; chapitre et prieuré St-Pierre, 725; chirurgiens et apothicaires, 1496; marchands merciers et ciriers, 1498; maréchaux, serruriers, armuriers, bonnetiers, maçons, charpentiers, meuniers, huiliers et pintiers, 918; tanneurs, corroyeurs, selliers, sergetiers et tisserands, 1495.
Chefoy, prieuré, 937.
Chenecché, prieuré, 926.
Civray, bénédictines, 910; boulangers et bouchers, 1521; charpentiers, menuisiers, maçons, couvreurs, maréchaux et serruriers, 1520; chirurgiens et apothicaires, 1522; marchands de blé, de draps, merciers, épiciers et sergetiers, 1521; notaires, 909; procureurs, 922; selliers, cordonniers, tanneurs, corroyeurs et bâtiers, 1519.
Collet (le), chapelle, 944.
Comblé, prieuré, 903.
Coudrinne, chapelle, 943.
Crousilles, prieuré, 915.
Cubort, prieuré, 798.

Dollebaudes (les), chapelle, 944.

Eaux (les), prieuré, 942.

Encloistre (l'), religieuses, 279.
Étoile (l'), abbaye, 333.

Fenouillet, prieuré St-Ambroise, 939.
Ferrières, abbaye, 1426.
Fontaine-Aubernard, prieuré, 934.
Fontaine-la-Combe, 917.
Fontaine-le-Comte, couvent, 447.
Fontaine-Millon, chapelle, 942.
Fontenay-le-Comte, 176, et 1193; abbaye, 508; armuriers, taillandiers et éperonniers, 364; avocats, 1191; bouchers, 507; boulangers, 361; bourreliers et selliers, 363; charpentiers et menuisiers, 705; chirurgiens, 508; cordonniers, 363; franciscaines, 355; hôtes et cabaretiers, 364; jésuites, 363; marchands de draps, blé, fer, merciers, épiciers, ferronniers et libraires, 704; maréchaux ferrants, 364; merciers, chamoiseurs, blanconniers et gantiers, 1187; orfèvres, 1189; poêliers et chaudronniers, 1188; potiers d'étain, bouchers, serruriers, maréchaux et boulangers, 1191; procureurs, 1193; religieuses de N.-D., 355; sergetiers et tondeurs, 705; serruriers, vitriers et fourbisseurs, 705; tailleurs, 1188; tailleurs de pierres, maçons et couvreurs, 365; tanneurs, 363.
Fontenelle, abbaye, 933.
Fontmorand, prieuré, 306.
Fossemagne, chapitre, 1050.
Foucaudière (la), couvent, 442.
Fouilloux, prieuré St-Martin, 1052.
Froidefond, prieuré, 938.

Gavezay, prieuré, 937.
Gemay, abbaye, 885.
Grande-Lute (la), chapelle, 943.
Grande-Sauve (la), prieuré, 884.
Grenetière (la), abbaye, 932; religieux, 946.
Grue, prieuré, 934.
Guillots, à Soulans, (chapelle des), 942.

Hayes (les), prieuré, 1469.
Herbars (les), prieuré N.-D., 937; prieuré St-Pierre, 937.
Hérisson, chapelle St-Jean, 1433

Jard, abbaye, 933.
Jazeneuil, prieuré St-Jean-Baptiste, 1551.
Jonchère, prieuré, 938.

Laiguillon, prieuré St-Grégoire, 941.
Lairoux, prieuré, 934.
Lande (la), prieuré, 935.
Lavayré, prieuré, 921.
Lehergement, chapelle, 942.
Legé, prieuré, 940.
Lestour, prieuré, 1183.
Ligugé, prieuré, 903.
Lisle-Chauvet, abbaye, 1209; religieux, 945.
Loizilliers, à St-Fulgent, prieuré, 941.
Longueville, prieuré, 934.
Loudun, prieuré du château, 913.

Luc (le), prieuré St-Pierre, 937.
Luçon, boulangers, 1567; chapitre de la cathédrale, 931; chirurgiens et apothicaires, 1567; cordonniers, selliers, bourreliers et gantiers, 1568; évêché, 1572; maçons, tailleurs de pierres et couvreurs, 1568; marchands d'étoffes, de blé, merciers, épiciers, orfèvres et bouchers, 1569; maréchaux, serruriers, armuriers, cloutiers, couteliers et éperonniers, 1569; menuisiers, tonneliers, charpentiers et charrons, 1569; potiers d'étain, vitriers et chaudronniers, 1567; séminaire, 945; sergetiers, 1568; tailleurs d'habits et chapeliers, 1567; tisserands et cordiers, 1568; ursulines, 945.
Lusignan, bouchers, boulangers et tessiers, 1551; chirurgiens et apothicaires, 850; maréchaux et taillandiers, 870; notaires, 869; officiers du siége royal, 592; procureurs, 925; selliers, bourreliers et tanneurs, 864; sergetiers, 1545.
Lussac, chirurgiens, épiciers, merciers et sergetiers, 1493; prieuré de la Madeleine, 1504; tisserands, cordonniers, bouchers et huiliers, 1494.
Luzaye, chapelle Ste-Anne, 1424.

Marçay, prieuré, 910.
Mareuil, charpentiers, menuisiers, maçons, armuriers et serruriers, 1179; chirurgiens et apothicaires, 1180; marchands de blé, étoffes, bois, résines, merciers et bouchers, 1179; maréchaux, selliers, bourreliers, cordonniers, philtoupiers et tailleurs, 1179.
Martirs, prieuré, 935.
Mauléon, marchands de draps, 1285; maréchaux, serruriers, armuriers et autres, 1285; officiers de l'élection, 632; officiers de la juridiction des gabelles, 1297.
Melle, apothicaires et chirurgiens, 436; bouchers, 1025; merciers, épiciers et vendeurs de menues denrées, 1026; officiers du siége royal, 591; notaires, 1019; potiers de terre, ferronniers, huiliers, éperonniers et vitriers, 1027; prieuré St-Hilaire, 1054; savetiers, tanneurs et corroyeurs, 1015; selliers, bourreliers, charpentiers, menuisiers, tailleurs de pierre, maçons et cordiers, 1025; sergetiers, 1025; serruriers, armuriers, maréchaux et poêliers, 1017; tailleurs d'habits et tisserands, 1027.
Monigousto, chapitre St-Jean-Baptiste, 126.
Montaigu, chapitre, 932; prieuré St-Georges, 936; prieuré St-Jacques, 936.
Montegreigue, prieuré, 939.
Montmorillon, augustins, 428; bouchers, 552; boulangers, 552; chapeliers et tailleurs, 550; charpentiers, menuisiers, maçons et recouvreurs, 552; chirurgiens et apothi-

caires, 551; cordonniers, 552; marchands de blé, étoffes, toiles, merciers et épiciers, 555; officiers de la sénéchaussée, 926; prieuré St-Martial, 1504; selliers, bourreliers, tanneurs et corroyeurs, 551; sergetiers, étaminiers et teinturiers, 549; taillandiers et serruriers, 549; tisserands, 552; vitriers et pintiers, 549.
Montreuil-Bonnin, prieuré, 884.
Mortagne, apothicaires, 1256; boulangers et bouchers, 1268; marchands d'étoffes et de fer, 1268; maréchaux, menuisiers, charpentiers et tisserands, 1268; pintiers et tailleurs, 1268.
Mothe (la), religieuses, 1056.

Nanteuil, abbaye, 924.
Nieul, religieux, 359.
Nintré, prieuré, 1467.
Niort, 136, et 1098; apothicaires et chirurgiens, 1065; bénédictines de la Trinité, 142; bouchers et poissonniers, 1064; boulangers et merciers, 1102; carmélites, 174; chapeliers, 1092; ciergiers et chandeliers, 1101; cordiers et filassiers, 1071; cordonniers, 1065; corroyeurs; 1058; ferronniers, 1090; fourbisseurs, 1074; franciscaines, 438; hospitalières, 1114; maçons, 1128; maréchaux, 1091; orfèvres, 1057 potiers d'étain, 1071; prêtres de l'Oratoire, 166; prieuré N.-D. et St-André et St-Florent-les-Escelle, 71; selliers, 1092; sergetiers, 1058; serruriers, 1072; tailleurs d'habits, 1095; tondeurs, teinturiers et droguetiers, 1056; ursulines, 171.
Noaillé, abbaye, 922.
Noirmoutier, abbaye, 933; prieuré, 935; religieux, 946.
Nollière (la), chapelle, 944.
Noyers, prieuré St-Sulpice, 1471.

Oiron, chapitre, 1321.
Oirvaux, charpentiers, menuisiers, maçons et tonneliers, 545; chirurgiens, 545; maréchaux, serruriers et selliers, 931; merciers, gantiers et potiers d'étain, 544; sergetiers, 545; tanneurs, corroyeurs, cordiers et bottiers, 545; tisserands et cordonniers, 544.
Olonne, prieuré Ste-Croix, 938; prieuré de Vendôme, 934.
Orbestier, abbaye St-Jean, 932.

Pamprou, prieuré, 902.
Parthenay, 289; bouchers, 930; boulangers, 930; chapeliers, tailleurs et potiers d'étain, 928; chapitre Ste-Croix, 1480; charpentiers, menuisiers, maçons, couvreurs et cordiers, 928; chirurgiens et apothicaires, 930; cordonniers, 1477; merciers et épiciers, 1477; prieuré de la Maison-Dieu, 1430; prieuré St-Paul, 1432; selliers, tanneurs, blanconniers, maréchaux, serruriers et couteliers, 929; sergetiers, drapiers, faiseurs de droguet

et teinturiers, 544; tisserands, 931; ursulines, 1423.
Peiratte (la), prieuré, 1430.
Pin (le), abbaye, 428.
Plaisance, prieuré, 925.
Poitiers, 19; abbaye St-Cyprien, 102, et 479; apothicaires, 798; blattiers, 814; bonnetiers, 802; bouchers, 845; boulangers, 805; carmélites, 98; carmes, 763; chandeliers, 812; chanoines réguliers de la Celle, 451; chapeliers et enjoliveurs, 800; chapeliers et feutriers, 810; chapitre N.-D., 23; chapitre St-Hilaire, 476; chapitre St-Pierre, 15; chapitre St-Pierre-Puellier, 72; chapitre Ste-Radegonde, 17; charpentiers, couvreurs et maçons, 815; charrons, 804; chirurgiens, 788; ciergiers, 811; ciergiers, tondeurs et mégissiers, 481; collége des jésuites, 585; cordonniers, 809; corps de l'Hôtel-de-Ville, 20; corroyeurs, 814; couteliers et poiliers, 815; épingliers, cartiers, marchands d'étoffe, merciers, quincailliers, épiciers, bottiers, vendeurs de poterie et menues denrées, 819; escardeurs, tireurs d'étain et faiseurs de cardes, 806; feuillants, 89; fourbisseurs d'épées et parcheminiers, 845; franciscaines, 325; gantiers et chamoiseurs, 803; huiliers, 807; imprimeurs, 815; juges consuls, 697; marchands, 808; maréchaux, taillandiers et cloutiers, 805; menuisiers, 812; orfèvres, 582; pâtissiers et rôtisseurs, 815; potiers d'étain, 807; religieuses du Calvaire, 99; religieuses de N.-D., 424; religieuses de Ste-Catherine de Sienne, 99; religieuses de la Trinité, 98; religieuses de l'Union chrétienne, 337; savetiers, 809; selliers, 803; selliers et bâtiers, 481; séminaire, 479; petit séminaire, 762; sergetiers, 799; serruriers, armuriers et éperonniers, 800; tailleurs, 812; tanneurs, 799; teinturiers, 799; tisserands, 809; Université, 581; ursulines, 106; vinaigriers, 811; Visitation, 98; vitriers, 802.
Poitou, province, 900.
Poupetière (la), 943.
Pouzauges, aumônerie, 941; prieuré St-Jacques, 940.
Puigné, prieuré, 1432.
Puissonnière, à St-Michel de Montmalcus, prieuré, 940.

Quainaux, chapelle, 944.

Rajasse (la), prieuré, 1433.
Réau (la), religieux, 334.
Redusage, prieuré, 942.
Riez, prieuré St-Hilaire, 936.
Rochechouart, merciers et tailleurs d'habits, 1492.
Rochefatou, prieuré, 916.
Rocheservière, prieuré, 936.
Roche-sur-Yon (la), prieuré, 935.
Roc (la), abbaye N.-D., 904.
Ronlière (la), prieuré, 939.

Sables (les), bénédictines de Ste-Croix, 916; chirurgiens et apothicaires, 385; cordiers et tanneurs, 519; cordonniers, 521; maçons et charpentiers, 520; marchands d'étoffes, merciers et épiciers, 386; maréchaux, 520; orfèvres et horlogers, 385; tailleurs, 518; teinturiers et sergetiers, 520.
Saint-Antoine-de-la-Lande, religieux, 101.
Saint-Benoît, abbaye, 887; prieuré, 937.
Saint-Blaise, chapelle, 944.
Saint-Clémentin, prieuré, 912.
Saint-Cyr, prieuré, 935.
Saint-Denis-de-la-Chenasse, prieuré, 941.
Saint-Denis-du-Parc, prieuré, 934.
Saint-Denis-en-Vaux, officiers de la juridiction consulaire, 1467; prieuré, 1465.
Saint-Germain-Leigulier, prieuré, 938.
Saint-Gervais, prieuré, 936.
Saint-Jacques, chapelle, 944.
Saint-Jean-de-Montan, prieuré, 1467.
Saint-Jouin-les-Marnes, abbaye, 1431; religieux, 1431.
Saint-Just, prieuré, 909.
Saint-Liguaire, religieux, 348.
Saint-Loup, chirurgiens, 929; sergetiers et droguistes, 931; tanneurs, 929.
Saint-Maixent, abbaye, 126; bénédictines, 121; bonnetiers, 129; bouchers, 342; boulangers et pâtissiers, 127; chapelains de la Madeleine, 121; chapeliers, 433; chirurgiens et apothicaires, 433; cordonniers, 344; éperonniers, poêliers, fourbisseurs, potiers d'étain et vitriers, 433; marchands de draps, de blés, merciers et épiciers, 457; maréchaux, taillandiers et armuriers, 966; menuisiers, maçons et charpentiers, 342; ontaires, 988; officiers de l'élection, 988; officiers de la Maison commune, 121; officiers de la sénéchaussée, 994; orfèvres, 435; peigneurs et cardeurs, 343; procureurs de la sénéchaussée et siége présidial, 1037; sergetiers, 436; tailleurs, 342; tanneurs, 433; tisserands, piqueurs de cardes et cordiers, 344.
Saint-Marc-des-Prés, prieuré, 939.
Saint-Marchais-le-Rondet, prieuré, 1466.
Saint-Maurice, prieuré, 562.
Saint-Michel-en-l'Herm, religieux, 945.
Saint-Nicolas, prieuré, 887.
Saint-Nicolas-du-Rocq, prieuré, 1424.
Saint-Phuzioux, prieuré, 1052.
Saint-Pierre-des-Champs, prieuré, 942.
Saint-Savin, abbaye, 890.
Saint-Vincent-sur-Jard, prieuré, 938.
Salartaine, prieuré, 935.
Saugé, prieuré, 900.
Scorbé, chapelle de Ste-Nermoye, 1471; prieuré, 1466.
Seminière (la), chapelle, 945.

Talmont, abbaye, 932.

Teil-aux-Moines (le), prieuré, 905.

Thouars, 269; abbaye St-Laon, 1428; bouchers et poissonniers, 715; boulangers, 717; carmes, 1394; chapelle de N.-D. de Pitié dans l'église St-Médard, 1349; chapitre N.-D., 717; chapitre St-Pierre, 713; chirurgiens et apothicaires, 713; clarisses, 714; cordonniers, 1315; marchands de draps, de blé, épiciers, ferronniers, tuiliers et tapissiers, 1303; officiers de l'élection, 1423; officiers de la justice, 1309; potiers d'étain et chaudronniers, 716; prieuré St-Jacques, 1422; religieux de St-Laon, 1303; selliers et bourreliers, 715; sergetiers, tondeurs et teinturiers, 716; serruriers, tisserands, cloutiers, armuriers, couteliers, fourbisseurs, vitriers et maréchaux, 717; tailleurs, corroyeurs et blanconniers, 713; tourneurs, boisseliers, tailleurs d'habits et chapeliers, 716; ursulines, 714.

Tiers et Remilly, prieuré, 1468.

Tiffauges, boulangers, bonnetiers, selliers, bâtiers, tanneurs, tisserands, tailleurs d'habits, chapeliers, maréchaux, serruriers, menuisiers, maçons et pintiers, 1296; marchands d'étoffes, draps, laines, merciers, pelletiers, chirurgiens et apothicaires, 1295.

Tourtenay, prieuré, 1422.

Trizay, abbaye, 932.

Tusson, religieuses, 1060.

Valence, religieux de l'abbaye N.-D., 426.

Vergne-aux-Voyers (la), chapelle, 943.

Ville-Saillant, religieuses, 889.

Vivonne, carmes, 1545; chirurgiens, 1544; marchands merciers, épiciers et chandeliers, 1544; peigneurs, écardeurs, fileurs et tondeurs, 861; prieuré, 916; sergetiers, 1544; tailleurs, cordonniers, pintiers, vitriers, bâtiers et charrons, 1543; tanneurs, blanconniers, charpentiers et armuriers, 1543.

Vouvant, chirurgiens, 1151.

PROVENCE

Admirat, II, 532.
Aguilles, I, 529.
Aiglun, I, 1069.
Aignac, I, 1078.
Aix, I, 437; augustins, I, 506; bernardines, I, 507; bouchers, I, 911; boulangers, I, 912; cabaretiers, I, 911; carmélites, I, 501; chapitre St-Sauveur, I, 427; chartreux, I, 509; clarisses, I, 508; communauté de St-Eloi, I, 911; confrérie du St-Esprit, I, 517; cordeliers, I, 909; cordonniers, I, 911; couvent de la Miséricorde, I, 504; église de St-Barthélemi, I, 1011; jacobins, I, 511; jardiniers, I, 918; jésuites, I, 506, et 913; maçons et gypsiers, I, 921; menuisiers, I, 914; minimes, I, 512; Oratoire, I, 503; parfumeurs, II, 250; pelletiers, II, 250; Pères de la doctrine chrétienne, I, 514; séminaire, I, 518; serruriers, I, 931; tailleurs, I, 919; tanneurs, I, 912; Université, I, 472; ursulines, I, 501, et 502; Visitation, I, 499, et 500; vitriers, vendeurs de boisson et verriers, II, 252.
Alençon, I, 477.
Allemagne, I, 1072.
Allen, marquisat, I, 921.
Allons, I, 1116.
Alluy, I, 1111.
Aloch, I, 481.
Angles, I, 1116.
Annot, I, 887; arts et métiers, I, 1124; pénitents, I, 1124.
Ansouis, I, 910.
Antibes, I, 249; bernardines, I, 251; pénitents blancs, I, 249, et 251; pénitents bleus, I, 265; pénitents noirs, I, 252.
Antrevaux, I, 1115.
Apt, II, 581; boulangers et revendeurs, II, 603; carmes, II, 590; chapitre de la cathédrale, II, 39; chirurgiens, II, 42; confrérie du Rosaire, II, 603; cordeliers, 604; couvent des religieuses de Ste-Catherine, II, 590; pénitents blancs, II, 591; ursulines, II, 40; Visitation, II, 41.
Arcs (les), I, 205; maçons, charpentiers et tisseurs, I, 1258;

merciers, boulangers, tanneurs et tailleurs, I, 1258.
Argens, II, 1112.
Arles, I, 72; abbaye de Montmajour, II, 97; apothicaires, II, 640; augustins, II, 117; bergers, II, 652; boulangers, II, 646; cardeurs, II, 646; carmélites, II, 153; chapitre de N.-D. de la Majour, II, 176; chirurgiens, II, 632; collége des jésuites, II, 84; confrères de St-Eloi, II, 641; cordonniers et corroyeurs, II, 643; église St-Trophime, II, 85; frères mineurs, II, 96; hospitalières, II, 153; marchands, II, 640; menuisiers, charrons, sculpteurs, architectes et peintres, II, 642; minimes, II, 138; monastère de la Miséricorde, II, 134; monastère de N.-D. du Refuge, II, 136; Oratoire, II, 152; pénitents blancs, II, 157, et 611; pénitents gris, II, 159, pénitents noirs, II, 158; trinitaires, II, 648; Visitation, II, 116.
Artigues, I, 912.
Aubagne, baronnie, I, 422; ursulines, I, 505.
Aups, I, 182; cardeurs, tondeurs de draps, chapeliers et teinturiers, I, 1258; chapitre, I, 193; maréchaux, serruriers, bâtiers, cordiers et mulatiers, I, 1257; tailleurs, chapeliers, maçons, menuisiers, charpentiers, broquiers, scieurs de bois, tuiliers et tisseurs, I, 1257; tanneurs, cordonniers, corroyeurs et blanchisseurs, I, 1257.
Aurel, II, 67.
Auribeau, I, 280, et 1091.
Auribel, II, 612.
Auriol, confrères du *Corpus Domini*, II, 290; confrères du Rosaire, II, 290.
Auriolles, I, 497.
Authon, I, 290.
Auvaye, I, 1114.
Auzet, I, 1074.
Avron, II, 250.
Ayguine, I, 1076.
Ayragues, II, 111.

Bagnols, I, 1314; pénitents blancs, I, 1316; revendeurs, cordonniers, tailleurs, hôtes et cabaretiers, I, 1316.
Banon, II, 557.
Bar (le), I, 226; pénitents blancs, I, 253.
Barbentane, II, 145.
Barcelonnette, I, 291.
Bargeme, I, 1349.
Bargemon, I, 203; cardeurs, maçons et boulangers, I, 1251; pénitents blancs, II, 513; pénitents noirs, II, 513; revendeurs, potiers de terre, apothicaires et chaudronniers, II, 503; serruriers, maréchaux, cordiers, menuisiers et charpentiers I, 1251.
Barjoux, II, 811; augustins, II, 811; chapitre, II, 811; confrérie St-Armetaire, II, 816; confrérie St-Crespin, II, 816; confrérie St-Éloi, II, 815; confrérie St-Joseph, II, 815; confrérie St-Pierre, II, 815; confrérie St-Nicolas, II, 816; confrérie du St-Rosaire, II, 815;

confrérie du St-Sacrement, II, 815; confrérie St-Sébastien, II, 816; confrérie Ste-Anne, II, 816; pénitents blancs, II, 812; pénitents noirs, II, 812.
Barles, I, 1071.
Barras, I, 1076.
Barresme, I, 1071.
Barret de Liourre, I, 286.
Bastide (la), I, 1117.
Bastide-des-Jourdans (la), II., 329, et 516.
Bastide du Prévost (la), II, 832.
Baudins, I, 913.
Baudran, I, 1344.
Baudument, I, 291.
Baume-les-Sisteron (la), chanoines réguliers, I, 312; jacobins, I, 313.
Baussot (le), I, 2.
Baux (les), marquisat, II, 112.
Bayons, I, 281.
Beaudun, I, 861.
Beaugenier, II, 722.
Beaujeu, I, 1077.
Beaumont, I, 516.
Beauvezer-les-Colinars, I, 1074.
Bedejan, I, 1071.
Belafaire, I, 293.
Belgencier, prieuré, II, 836.
Bere, baronnie, I, 445.
Besse, II, 185.
Beuons, I, 288.
Beynes, I, 1070.
Bezaudun, I, 272.
Bignose, I, 280.
Biot, I, 266.
Blegiers, I, 1108.
Blieus, I, 871.
Bloutière (la), prieuré, II, 232.
Bormes, I, 119; minimes, I, 39.
Bouc, marquisat, I, 921.
Bourbon, II, 127.
Bourguet, I, 1117.
Bras d'Asse, I, 1085.
Braux, I, 873.
Brenon, I, 1115.
Bréoulle (la), I, 1068.
Briançon, pénitents noirs, II, 527.
Briançonnet, I, 235.
Brignolles, II, 722; apothicaires, II, 821; augustins, II, 758; chirurgiens, II, 749; confrérie St-Christophe, II, 730; confrérie de St-Clair, II, 732; confrérie St-Crespin, II, 729; confrérie St-Éloi, II, 728; confrérie St-Joseph, II, 730; confrérie St-Martin, II, 730; confrérie de St-Pons, II, 732; confrérie de Ste-Madeleine, II, 731; confrérie de la Ste-Trinité, II, 731; cordeliers, II, 752; médecins, II, 820; muletiers, II, 731; notaires, II, 821; officiers du siége de la ville, II, 820; pénitents blancs, II, 820; pénitents noirs, II, 820; procureurs, II, 821; ursulines, II, 733.
Brillanne, II, 558.
Broc (le), I, 263; pénitents blancs, I, 1354.
Broues, I, 207.
Brun, II, 832.
Brunet, I, 1086.
Brusquet, I, 1091.

Cabannes, II, 160.
Cabasse, II, 724.
Cabriès, I, 495.
Cabriez, I, 911.
Cabris, I, 260; pénitents blancs, I, 273.

Cadenet, vicomté, I, 483.
Cadière, (la), I, 4 ; trinitaires, I, 143.
Cagnes, II, 530.
Caille, I, 1404.
Caire (le), I, 303.
Callas, I, 1246 ; cardeurs, tisseurs, fusiliers et charpentiers, I, 1332 ; cordonniers, revendeurs, bâtiers et maréchaux, I, 1331 ; pénitents blancs, I, 1331.
Callian, apothicaires, chirurgiens, hôtes, mulatiers et tailleurs, I, 1256 ; cardeurs, revendeurs, chapeliers et maréchaux, I, 1256 ; cordonniers, menuisiers, tisserands et boulangers, I, 1256 ; pénitents blancs, I, 1326.
Camps, II, 731.
Canet, (le), I, 198.
Cannes, I, 220 ; pénitents blancs, I, 238 ; pénitents noirs, I, 201.
Carles, II, 732 ; prieuré, II, 822.
Carniol, II, 550.
Carnoules, II, 184.
Carros, I, 263.
Cassian, I, 196.
Cassis, I, 413.
Castelet d'Oraison, II, 57.
Castellane, augustins, I, 874 ; boulangers, fourniers, cordonniers et saveticrs, I, 1119 ; cardeurs de laine, tisseurs, menuisiers, tonneliers, bâtiers et charpentiers, I, 1119 ; corps du siége de la ville, I, 1118 ; maréchaux, serruriers, chaudronniers, potiers de terre et maçons, I, 1119 ; merciers, orfèvres, revendeurs et tailleurs, I, 1118 ; Pères de la Doctrine chrétienne, I, 874 ; Visitation, I, 1119.
Castellard, I, 1070.
Castellet-les-Sauffes, I, 875.
Castillon, I, 1115.
Cazeneuve, II, 609.
Celle (la), II, 741 ; prieuré, II. 752.
Céreste, II, 45 ; pénitents, II, 538.
Cereste-les-la-Ciotat, II, 318.
Chaffaud (le), I, 1072.
Champtercier, I, 1069.
Chanolles, I, 1078.
Charce (la), marquisat, I, 310.
Chastelet-les-Leberon (le), II, 71.
Chasteuil, I, 1115.
Château-Arnoux, I, 296.
Châteaudouble, I, 183 ; cardeurs, tisseurs, maréchaux, cordonniers, menuisiers, revendeurs, maçons et gipiers, I, 1343.
Châteaufort, I, 283.
Châteauneuf, I, 886 ; pénitents blancs, I, 234.
Châteauneuf-le-Chabonnier, I, 290.
Châteauneuf-les-Martigues, I, 910.
Châteauneuf-de-Miravail, I, 296.
Châteauneuf-le-Rouge, II, 301.
Châteauredon, I, 1080.
Châteaurenard, pénitents gris II, 168.
Châteaurenaud, II, 631.
Châteauvert, II, 836.
Châteauvieux, I, 1116.
Chaudon, I, 1071.
Chenerilles, I, 1091.
Chese, I, 301.

Cigonce, II, 48.
Ciotat (la), I, 492; bernardines, I, 520.
Cippières, I, 264; pénitents blancs, I, 264.
Clamensane, I, 284.
Claret, I, 289.
Claviers, I, 1249; chapeliers, revendeurs, cardeurs, tisseurs, menuisiers, maréchaux et cordonniers, I, 1252.
Cogollin, I, 86.
Clumane, I, 1088.
Colignac, II, 208.
Colle (la), I, 1110.
Collonge, I, 1114.
Colmars, I, 854.
Colobrières, I, 38.
Comps, I, 200; chapeliers, tisseurs, cordonniers, tailleurs et cardeurs, I, 1293; pénitents blancs, I, 1293.
Corbières, II, 540 et 554.
Cornillac, I, 310.
Cornillon, II, 701.
Cornillons, I, 1436.
Correns, II, 719.
Coste (la), II, 610.
Courbons, I, 1072.
Courchon, I, 1112.
Coursegoulles, I, 218.
Croisset, I, 1080.
Croix (la), I, 1112.
Cruis, I, 307.
Cuebris, I, 1113.
Cuers, I, 37; bernardines, I, 58; chapitre, I, 46; pénitents blancs, I, 1199; ursulines, I, 97.
Cuevron, I, 517; autre, I, 909.
Cuges, I, 908.
Curban, I, 302.
Dauphin, II, 546.
Digne, I, 845; chapitre, I, 852; cordeliers, I, 866; évêché, I, 844; chapeliers, I, 1077; maçons, I, 1079; marchands, I, 1080; orfèvres, I, 1077; pelletiers, I, 1078; tailleurs, I, 1086; Trinitaires, I, 864; ursulines, I, 886.
Dourbes (les), I, 1075.
Draguignan, augustins, I, 198; cardeurs, tisseurs, tondeurs et chapeliers, I, 1253; cordonniers et tanneurs, I, 1254; drapiers et merciers, I, 1253; franciscains, I, 208; frères prêcheurs, I, 196; hôtes, fourniers et boulangers, I, 1343; magistrats, II, 514; minimes, I, 198; passementiers, teinturiers, gantiers, vitriers et jardiniers, I, 1253; Pères de la Doctrine chrétienne, I, 197; procureurs, II, 514; revendeurs, muletiers, poissonniers, bâtiers, maréchaux, menuisiers, tourneurs et cordiers, I, 1254; ursulines, I, 180; Visitation, I, 180.
Drays, I, 1079.

Eigalliers, II, 82.
Eissalles, I, 1078.
Empus, I, 1334.
Entrages, I, 1092.
Entrecasteaux, marquisat, II, 741; prieuré, II, 836.
Entrepierre, I, 287.
Entrevenes, I, 1067.
Eoux, I, 1117.
Escale (l'), I, 283.
Esclangon, I, 1071.

Escragnolle, I, 223.
Esparron, I, 1075.
Esparron-la-Bastide, I, 1423.
Esparron-de-Pallières, I, 522.
Esparron-de-Vitrolles, I, 301.
Esperel, II, 504.
Estoublon, I, 1076.
Evenos, I, 95.
Eyguières, II, 636; pénitents blancs, II, 176.

Fare (la), I, 907.
Faucon, I, 303.
Favas, I, 1349.
Fayence, I, 203; cardeurs, revendeurs, drapiers et merciers, I, 1249; confrérie St-Éloi, I, 1249; cordonniers, charpentiers, menuisiers, bâtiers, barrilliers et cordiers, I, 1252; tailleurs, serruriers, maréchaux, maçons et potiers de terre, I, 1250.
Feissal, I, 1070.
Figanière, II, 513; arts et métiers, II, 513.
Flassans, II, 187.
Flayosc, baronnie, I, 207.
Fontienne, II, 56.
Forcalquier, II, 28; boulangers, I, 919; cardeurs de laine, II, 577; chapeliers, II, 550; chapitre, II, 29; confrérie de St-Clair, II, 576; confrérie de St-Crespin, II, 576; marchands, hôtes et revendeurs, II, 576; médecins, apothicaires et chirurgiens, II, 576; Visitation, II, 36.
Fos-les-Martigues, II, 300.
Fozamphoux, I, 912.
Fréjus, I, 181; bernardines, I, 191; blanchisseurs de peaux, gantiers, cordonniers, potiers de terre et tisseurs, I, 1255; chapitre de la cathédrale, I, 177; clercs de la cathédrale, I, 187; dominicaines, I, 189; frères prêcheurs, I, 207; hôtes et cabaretiers, I, 1262; jésuites, I, 206; maçons, menuisiers, maréchaux, serruriers et charretiers, I, 1255; pénitents blancs, I, 1323; pénitents noirs, I, 1323; tailleurs, drapiers, meuniers, regrattiers, boulangers et charpentiers, I, 1261; ursulines, I, 188.
Fugeiret, I, 1111.
Fuvel, I, 488.

Ganagobie, religieux de N.-D., II, 49.
Gardannes, I, 504.
Garde (la), I, 43; I, 1117; autre, II, 569.
Garde de Freinet (la), I, 200; cardeurs, tissiers, menuisiers et fustiers, I, 1285; hôtes, cabaretiers, maréchaux, fusiliers et mulatiers, I, 1286; tailleurs, revendeurs, maçons et gipiers, I, 1286.
Garde-les-Figanière (la), I, 1331.
Gareoult, II, 185.
Gars, I, 272.
Gassin, I, 1272.
Gaubert, I, 1090.
Gaude (la), I, 232.
Gemenos, I, 504; pénitents, I, 1006.
Gignac, I, 919; autre, II, 600.
Gigors, I, 304.
Ginasservis, I, 913.
Glandèves, I, 872.

Gonfaron, II, 185; pénitents blancs, II, 802.
Gordes, marquisat, II, 607; pénitents, II, 609.
Goult, pénitents blancs, II, 569.
Grandbois, I, 517.
Grasse, I, 219; augustins, I, 217; boulangers et fourniers, I, 1352; chapitre de la cathédrale, I, 213; chirurgiens, I, 244; confrères de St-Joseph, II, 529; cordonniers, I, 265; frères mineurs, I, 220; frères prêcheurs, I, 215; menuisiers, I, 1350; notaires, , 281; Oratoire, I, 223; orfèvres, I, 1362; pénitents blancs, I, 1352; pénitents noirs, I, 274; tisseurs, I, 273; Visitation, I, 218.
Graveson, II, 118; pénitents blancs, II, 164.
Greasque, II, 252.
Greoux, II, 402.
Grimaud, I, 1270; marchands, maréchaux, chirurgiens, tisseurs à toile, maçons, cordonniers et fustiers, I, 1272.
Guillaumes, I, 872; arts et métiers, I, 1123; pénitents, I, 1123.

Iles-de-Brabant (les), II, 702.
Istres, I, 352; cordeliers, I, 921; pénitents blancs, I, 1008.

Jarjayos, I, 330.
Javy (la), I, 1070.
Joucques, I, 464.

Lagoa, II, 701.
Lambert, I, 1076.
Lambesc, baronnie, I, 475.
Lambruisse, I, 1080.
Lanson, II, 301.
Lardies, II, 550.
Lauris, I, 910.
Lebiosc, I, 1078.
Lens, I, 301.
Lérins, abbaye St-Honorat, I, 213.
Levens, I, 1086.
Limans, II, 59.
Lincel, II, 65.
Lomanon, II, 702.
Lorgues, I, 195; cardeurs et revendeurs, I, 1248; chapitre, I, 195; fustiers et tisseurs, I, 1247; jésuites, I, 190; tailleurs et cordonniers, I, 1247; trinitaires, I, 190; ursulines, I, 183.
Luc (le), I, 192; carmes, I, 201; chapeliers et cardeurs, I, 1248; cordonniers, serruriers, menuisiers, bâtiers, cordiers, maçons et revendeurs, I, 1247; drapiers, tailleurs, boulangers, merciers et tanneurs, I, 1248; pénitents blancs, I, 1284; trinitaires, I, 201.
Lure d'Anvye (le), II, 509.
Lurs, II, 62, et 568.

Maillianne, II, 111.
Majastre, I, 1089.
Malfougasse, I, 308.
Malijay, I, 301.
Mallemoisson, I, 1070.
Malmort, I, 511.
Mandols, I, 1112.
Mane, II, 55; minimes, II, 567.
Manosque, II, 569; bernardines, II, 579; boulangers, II, 544;

cardeurs de laine, II, 545; carmes, II, 579; chapeliers, II, 546; confrérie de St-Antoine, II, 53; cordiers, II, 544; jardiniers, II, 545; menuisiers, II, 545; pénitents blancs, II, 579; tanneurs, II, 545.

Marcoux, I, 1074.

Mariaud, I, 1074.

Marignanne, marquisat, I, 471; pénitents blancs, II, 287.

Marseille, I, 533; abbaye St-Sauveur, I, 655; abbaye St-Victor, I, 553; apothicaires, I, 760; auffiers, I, 771; augustins, I, 728; bernardines, I, 642; boulangers, I, 767; cabaretiers et aubergistes, I, 1046; calfats, I, 751; canonniers, salpêtriers, fondeurs et chaudronniers, I, 777; carmélites, I, 688; carmes, I, 667; chapeliers, bonnetiers et garnisseurs de chapeaux, I, 758; chapitre N.-D. des Accoules, I, 600; chapitre St-Martin, I, 586; chartreux, I, 770; chirurgiens, I, 639; clarisses, I, 741; commanderie de St-Antoine, I, 739; confrérie des maitres Dache et Remolat, *(sic)*, I, 1044; confrérie N.-D. de l'Aide, I, 1045; confrérie N.-D. de Bonsecours, I, 1035; confrérie N.-D. des Carmes, I, 1034; confrérie N.-D. du Rosaire, I, 1031; confrérie N.-D. de Bonvoyage, I, 1041; confrérie de St-Elme, I, 780; cordiers, peigneurs de chanvre et bâtiers, I, 779; cordonniers, I, 655; coutelliers, I, 1057; feuillants, I, 756; franciscaines, I, 686; frères prêcheurs, I, 684; gagne-deniers, I, 885; jardiniers, I, 781; jésuites, I, 761, 762; maçons, I, 766; maréchaux, I, 1055; menuisiers, I, 767; merciers et denteliers, I, 778; meuniers, I, 782; minimes, I, 767; Mission de France, I, 739; Mission de Provence, I, 746; notaires, I, 768; Oratoire, I, 736; orfèvres, I, 638; passementiers, I, 757; pâtissiers, rotisseurs, bouchers, charcutiers et tripiers, I, 581; pêcheurs, I, 573; peintres et sculpteurs, I, 778; pénitents blancs, I, 749, 751, 752 et 762; pénitents bleus, I, 784; pénitents gris, I, 744; perruquiers, I, 804; porteurs de chaises, I, 885; Présentines, I, 667; religieux de la Merci, I, 738; religieuses de la Miséricorde, I, 770; savetiers, I, 765; selliers et boutiers, I, 1060; serruriers, I, 1055; servites, I, 682; tailleurs d'habits, I, 763; tisseurs, cotonniers, tapissiers et futaniers, I, 759; tonneliers et barillats, I, 771; trinitaires, I, 712; ursulines de l'ordre de St-Augustin, I, 773; Visitation, I, 671.

Martigues, I, 410; apothicaires, II, 252; arts et métiers, II, 300; chirurgiens, I, 469; couvent de N.-D. des Anges, II, 253; pénitents, II, 300.

Martre (la), I, 1116.

Masblanc (le), II, 701.

Mazaugues, II, 723.

Mazourgues, II, 701.

Meailhe, I, 1111.
Meauves, II, 721.
Mées, I, 843.
Melan, I, 1070.
Melue, I, 283.
Meoulhe, I, 1117.
Mérindol, I, 926.
Mezel, I, 1080.
Mimet, I, 905.
Mirabeau, I, 929.
Mirabel, I, 306.
Miramas, I, 497.
Mison, marquisat, I, 283.
Molegez, II, 701.
Mondalieu, II, 532.
Mondragon, II, 169.
Monjustin, II, 565.
Monsallier, II, 560.
Montagnac, I, 1075.
Montauroux, I, 196; apothicaires, chirurgiens, tailleurs, marchands et revendeurs, I, 1304; hôtes, cabaretiers, tisseurs, cardeurs, cordiers, maçons, maréchaux et muletiers, I, 1305; pénitents blancs, I, 1304.
Montblanc, I, 1117.
Montclard, I, 1073.
Montfaron, II, 63.
Montferrat, I, 1301; cardeurs, tisseurs, marchands, cordonniers, menuisiers, hôtes, cabaretiers, gipiers et maçons, I, 1302; pénitents blancs, I, 1302.
Montfort, I, 296; autre, II, 720.
Montlaux, II, 545.
Montmeyan, I, 914.
Montpesat, II, 384.
Montrichard, II, chartreux, 732.
Monts, I, 189; chapeliers, cardeurs et maréchaux, I, 1260; tisseurs, menuisiers, revendeurs, cordonniers et tailleurs, I, 1261.
Mories, I, 1110.
Motte (la), II, 509.
Motte-d'Aigues (la), I, 910.
Motte-du-Caire (la), I, 1424; pénitents blancs, I, 1454.
Mouans, I, 1407; pénitents blancs, I, 269.
Mougins, I, 225; pénitents blancs, I, 243.
Mounieux, baronnie, II, 68.
Moustiers, pénitents, II, 395.
Moutte (la), I, 1319.
Moyssac, I, 1253; revendeurs, muletiers, boulangers et tailleurs, I, 1329.
Mure (la), I, 1116.
Muy (le), II, 525.

Nans, I, 1029.
Neoulles, II, 721.
Nibles, I, 283.
Niozelles, II, 53.
Notre-Dame-de-Grâce, oratoire, II, 190.
Notre-Dame-de-la-Mer, II, 133; pénitents blancs, II, 165.
Nourn, II, 633.
Noyers, I, 288; pénitents blancs, I, 1450.

Ollioules, I, 7; clarisses, I, 98; Oratoire, I, 1143; ursulines, I, 102.
Omergues (les), II, 61.
Ongle, II, 66.
Opedete, II, 549.
Oraison, marquisat, II, 66.
Orgon, II, 151

Palud (la), I, 1085.
Pegoumas, II, 532.
Peipin d'Aigues, I, 1027.
Peipin-les-Auriolles, I, 516.
Peirevert, II, 546.
Peiruis, I, 305.
Pellissane, I, 420.
Pène d'Aubagne (la), II, 314.
Peniès, I, 488.
Perese, I, 1111.
Pertuis, I, 508; carmes, II, 276; Oratoire, II, 276; pénitents blancs, II, 276; ursulines, I, 884.
Pérusse (la), I, 1085.
Peyloubier, I, 1017.
Peyrolles, I, 874; autre, I, 908.
Piégut, I, 299.
Pierrefeu, marquisat, I, 51.
Pierrerue, II, 55.
Pignans, chapitre de la collégiale, II, 184; confrérie du *Corpus Domini*, II, 755; pénitents blancs, II, 755; ursulines, II, 736.
Pimoisson, I, 869; pénitents, I, 1009.
Plandaups, I, 1029.
Poil, I, 1127.
Pommerol, I, 1427.
Pontevez, II, 746.
Pontys, I, 1073.
Pourcieus, I, 1026.
Pourrières, I, 522; minimes, I, 512; pénitents blancs, I, 993.
Prats, I, 1072.
Prignans, II, 183.
Provence, province, I, 437.
Puget (le), II, 721.
Pugeton (le), I, 187.
Pugeton-les-Fréjus (le), hôtes, cabaretiers, tisseurs, cordonniers, maréchaux et tailleurs, I, 1300.
Puimichel, I, 1068.
Puipin, I, 290.
Puy-de-Ganagobie (le), II, 50.
Puy-St-Canadet (le), II, 342.

Quinson, I, 519.

Ramatuelle, I, 192.
Regusse, I, 1253; arts et métiers, I, 1329.
Reillanne, II, 63; pénitents blancs, II, 595.
Reinier, I, 284.
Rémusat, I, 310.
Revest (le), I, 1143; autre, II, 546.
Revest-de-Brousse (le), II, 56; servites, II, 557.
Rians, I, 496; pénitents, II, 320.
Ribe, II, 833.
Riez, I, 861; confrérie du St-Sacrement, II, 396; cordeliers, I, 869; ursulines, I, 866.
Roche-Giron (la), II, 549.
Rochette (la), I, 1115.
Roque d'Anteron (la), marquisat, I, 915.
Roquebrassanne, II, 186; pénitents blancs, II, 825.
Roquebrune, I, 191; cordonniers, savetiers, chapeliers, hôtes, cabaretiers, revendeurs et boulangers, I, 1290; pénitents blancs, I, 1291; tailleurs, I, 1290; tisseurs, maréchaux, serruriers, charrons, menuisiers et maçons, I, 1290.
Roquefeuil, I, 1029.

Roquefort, I, 903.
Roquemartine, II, 702.
Roquevaire, I, 906.
Roubine (la), I, 1074.
Roubion, I, 1112.
Rougioz, II, 723.
Rougnac, I, 911.
Rougnonas, II, 137.
Rougon, I, 886.
Rougues, I, 905; pénitents blancs I, 964.
Roumoulles, I, 1097.
Rousset, I, 1029.
Roussillon, II, 611.
Roustan, I, 1112.
Rustrel, II, 599.

Saint-Andiol, II, 702.
Saint-André, I, 1113.
Saint-Benoît, I, 1111.
Saint-Blaise-les-Figanière, II, 509.
Saint-Cannat, I, 903; pénitents, II, 236.
Saint-Césary, I, 213.
Saint-Chamas, I, 470; pénitents blancs, I, 977.
Saint-Denis, II, 702.
Saint-Estève, I, 1077; autre, II, 314.
Saint-Étienne, II, 60.
Saint-Geniès, I, 292.
Saint-Jacques, I, 1088.
Saint-Jannet, I, 236; autre, I, 1087; pénitents blancs, I, 241.
Saint-Joire, I, 1103.
Saint-Julien, I, 1113.
Saint-Julien-d'Asse, I, 1085.
Saint-Julien-le-Montagnier, I, 912.
Saint-Laurent, I, 1075; pénitents blancs, II, 503.
Saint-Laurent-du-Val, I, 273.
Saint-Léger, I, 1111.
Saint-Martin, II, 381.
Saint-Martin-de-la-Braque, I, 910.
Saint-Martin-de-Pallières, marquisat, I, 913.
Saint-Mary, I, 308.
Saint-Maxime, I, 1328.
Saint-Maximin, II, 206; frères prêcheurs, II, 208; religieuses de Ste-Catherine de Sienne, II, 738.
Saint-Mesme, II, 517.
Saint-Michel, II, 55; autre, II, 563.
Saint-Mittre, I, 899.
Saint-Nazaire, I, 94.
Saint-Oquille de Brives, prieuré, II, 752.
Saint-Paul, I, 219; chapitre, I, 227; pénitents blancs, I, 238, et I, 1357.
Saint-Paul-le-Fougassier, I, 958.
Saint-Pierre-Figette, I, 1115.
Saint-Raphael, I, 1265; tailleurs, tisseurs, charpentiers, maréchaux, potiers de terre et cabaretiers, I, 1266.
Saint-Remy, II, 137; chapitre, II, 632; ursulines, II, 149.
Saint-Savournin, I, 910; autre, II, 39; confrérie de St-Éloi, II, 592; confrérie de St-Joseph, II, 592; marchands, II, 592; pénitents blancs, II, 591.
Saint-Symphorien, I, 291.
Saint-Tropez, I, 205; charpentiers, cordonniers, savetiers, hôtes et cabaretiers, I, 1307; chirurgiens, maréchaux et serruriers, I, 1307 marchands et revendeurs, I, 1307;

Saint-Vallier, I, 235; pénitents blancs, I, 280.
Saint-Victoret, I, 921.
Saint-Vincent, I, 284; autre, I, 1073.
Saint-Zacharie, I, 503; ursulines, II, 303.
Sainte-Croix, I, 1084; autre, II, 549.
Sainte-Marguerite, baronnie, I, 88.
Sainte-Tulle, II, 53.
Saisson, II, 832.
Salagriffon, I, 1114.
Salignac, I, 290.
Salernes, I, 1247; boulangers, revendeurs, fourniers, cordonniers, mouletiers, maçons, charpentiers, bâtiers et maréchaux, I, 1298.
Sallon, II, 230; boulangers, II, 216; cardeurs, tessiers et autres, II, 218; chapitre St-Laurent, II, 1; cordeliers, II, 4, cordonniers et savetiers, II, 216; couvent de la Miséricorde, II, 218; gypsiers, tailleurs de pierre et meuniers, II, 217; hôtes et cabaretiers, II, 217; maréchaux et arquebusiers, II, 217; pénitents blancs, II, 216; pénitents bleus, II, 216; tailleurs et jardiniers, II, 217; tanneurs et corroyeurs, II, 230; ursulines, II, 218.
Sallonnet, I, 1073.
Sault (le), II, 67; confrérie de St-Éloi, II, 606; drapiers et cardeurs, II, 606; médecins, chirurgiens et apothicaires, II, 607.
Saumanes, II, 519.
Sausses, I, 1113.
Sederon, I, 292.
Seillans, I, 1249; apothicaires, serruriers, maçons, cordiers et cordonniers, I, 1251; chapeliers, maréchaux, couturiers, menuisiers et boulangers, I, 1250; pénitents blancs, I, 1346; pénitents noirs, I, 1317; Pères de la Doctrine chrétienne, I, 200; revendeurs et cardeurs, I, 1250.
Selle (la), monastère, I, 907.
Senas, II, 639.
Senez, I, 1110; chapitre, I, 872; évêché, I, 871.
Seronon, I, 1351.
Seyne (la), I, 15, et 842; cordiers, I, 101; cordonniers, I, 1083; marchands, I, 1073; pénitents, I, 1229; tailleurs, I, 1072.
Sieyes (les), I, 1075.
Signe, II, 724; cardeurs de laine, II, 826; confrérie St-Eloi, II, 844; confrérie du St-Sacrement, II, 843; pénitents blancs, II, 825.
Sigoyer, I, 293.
Sillans, I, 912.
Simiane, I, 914.
Sisteron, I, 307; cardeurs et tisseurs, I, 1421; chapitre de la cathédrale, I, 306; clergé du diocèse, I, 322; cordonniers, pelletiers et tanneurs, I, 1417; drapiers, merciers, toiliers et greffiers, I, 1417; frères mineurs, I, 310; hôtes, boulangers, droguistes, libraires et chandeliers, I, 1415; maçons, menuisiers, tonneliers, tourneurs, tailleurs de pierre, po-

tiers de terre et broquiers, I, 325; maréchaux, serruriers, selliers, chaudronniers, bâtiers, cordiers et armuriers, I, 1421; pénitents blancs, I, 1458; tailleurs, chapeliers, boutonniers, passementiers et tapissiers, I, 324; ursulines, I, 309; Visitation, I, 292.
Sixfours, I, 19; chapitre St-Pierre, I, 80.
Solans, II, 509.
Soleillas, I, 874.
Solliers, I, 52; confrérie St-Éloi, II, 502.
Souribes, I, 291.

Taloire, I, 1117.
Tanoron, I, 1072.
Taradel, I, 1331.
Tarascon, II, 123; bergers, II, 674; boulangers, II, 673, et 718; chapitre Ste-Marthe, II, 129; chirurgiens jurés, II, 659; cordeliers, II, 163; cordonniers, II, 672, et 163; frères prêcheurs, II, 118, et 133; hôtes, II, 674; jardiniers, II, 674; maçons, II, 673; maréchaux, II, 673; menuisiers, II, 673; meuniers, II, 674; pénitents blancs, II, 174; pénitents gris, II, 173; pénitents noirs, II, 174; Pères de la Doctrine chrétienne, II, 143; religieuses du monastère St-Honoré, II, 125; serruriers, II, 718; tailleurs, II, 675; tisserands, II, 674; ursulines, II, 144; Visitation, I, 124.
Tartonne, I, 1084.
Taulane, I, 1115.
Thoards, I, 1082.
Tholonnet, II, 333.
Thoramebasse, I, 1071.
Thoramehaute, I, 1070.
Toulon, I, 16; apothicaires, I, 146; avocats et procureurs, II, 171; barillats, I, 1240; bernardines, I, 45; bouchers, I, 1232; boulangers, I, 1161; cabaretiers, II, 417; calfats, I, 1240; canonniers, I, 1241; cardeurs de laine, I, 1218; carmes déchaussés, I, 80; chandeliers, II, 413; chapeliers, I, 1236; chapitre de la cathédrale, I, 13; charpentiers, II, 427; charretiers, II, 425; chaudronniers, I, 1162; confiseurs, I, 1242; cordiers, I, 1239; cordonniers, I, 152; couteliers, II, 447; fondeurs, II, 411; fourbisseurs, II, 410; frères Prêcheurs, I, 53; fripiers, I, 1218; jardiniers, I, 1235; maçons, II, 409; marchands de blé, I, 1220; marchands de soie, I, 1222; maréchaux, II, 416; mariniers, I, 1241; menuisiers, I, 1239; meuniers, I, 1238; minimes, I, 25; notaires, II, 469; Oratoire, I, 82; orfèvres, I, 147; passementiers et ouvriers en soie, II, 437; pâtissiers, II, 412; pêcheurs, I, 168; pénitents bleus, I, 1230; pénitents noirs, I, 1235; perruquiers, I, 1162; porteurs de chaise, I, 1232; potiers d'étain, I, 1238; poulloyeurs, I, 1162; religieux de la Merci, I, 96; revendeurs et regratiers, II, 419; rôtisseurs

II, 418; savonniers, I, 1239; sculpteurs, I, 1242; selliers, II, 411; séminaire de la marine, I, 59; serruriers, I, 1244; tailleurs d'habits, I, 1221; tailleurs de pierre, II, 417; tapissiers, I, 1219; teinturiers, II, 423; tisseurs, I, 149; tonneliers, I, 150; tourneurs, I, 1244; travailleurs de terre, I, 1243; ursulines, I, 41; verriers, I, 1238; Visitation, I, 32; vitriers, II, 434.
Tournes, II, 723.
Tourrettes, chirurgiens, tisseurs, menuisiers, charpentiers, maréchaux, hôtes, cabaretiers, muletiers et maçons, I, 1317; pénitents blancs, I, 1316.
Tourrettes-les-Fayence, I, 201.
Tourrettes-les-Vence, I, 240; pénitents blancs, I, 243.
Tourtour, I, 1249.
Tranet, marquisat, I, 1256; pénitents noirs, I, 1317.
Très, I, 1008; arts et métiers, II, 328; minimes, I, 512; pénitents, II, 328.
Trevans, I, 1075.
Trigance, I, 1255; cardeurs, cordonniers et tisseurs, I, 1280.
Troins, I, 1113.
Turriers, I, 321.

Ubax, I, 1073.
Ubraye, I, 1110.
Urtis, I, 303.

Vachères, II, 628.
Val (le), II, 719; pénitents blancs, II, 733; pénitents noirs, II, 733; confrérie du St-Sacrement, II, 732.
Valavois, I, 225; pénitents blancs, I, 261; pénitents noirs, I, 231.
Valbelle, I, 291.
Valbonne, I, 230; pénitents blancs, I, 230, et 231.
Valette (la), I, 16; minimes, I, 30.
Vallansolles, I, 859; augustins, I, 1095; ursulines, I, 863.
Vallavoire, I, 299.
Vallerne, I, 293.
Valsaint, II, 550.
Valsainte, fief de l'abbaye, II, 65.
Varages, I, 914.
Vaugine, I, 913.
Vaumeilh, I, 289.
Vauvenargues, I, 521.
Veleaux, I, 919.
Vence, I, 229; chapitre de la cathédrale, I, 236; confrérie de St-Joseph, I, 277; pénitents blancs, I, 1393; pénitents noirs, I, 1393; séminaire des Pères de la Doctrine chrétienne, I, 271.
Venelle, I, 1007.
Ventabren, I, 492.
Venterol, I, 299.
Verdache, I, 1074.
Verdière (la), I, 913.
Vereix, II, 600.
Vergons, I, 1131.
Verguière, II, 703.
Verignon, I, 1328.
Verne (la), chartreuse, I, 85.
Vernègues, II, 313.
Vernet, I, 1073.
Vidauban, I, 1260; maréchaux, tisseurs et cordonniers, I, 1291.

Viens, II, 43.
Vilhose, I, 300.
Villac, I, 1116.
Villard, II, 599.
Villecrose, I, 202; boulangers, cordonniers, revendeurs et marchands, I, 1342; pénitents blancs, I, 1341.
Villelaure, II, 232.
Villeneuve, I, 224; autre, II, 551; pénitents blancs, I, 226.
Villepeis, II, 504.
Villevielle, I, 1112.
Vinon, I, 503.
Vins, marquisat, II, 712.
Vitrolles, I, 302; pénitents, I, 1014.
Vitrolles-les-Martigues, I, 904.
Vollonnes, I; 283; confrérie de St-Éloi, I, 1424; tisseurs et cardeurs I, 328.

Yères, I, 163; bernardines, I, 164; boulangers, I, 1201; chapitre, I, 163; confrérie de St-Pons et Ste-Madeleine, II, 495; confrérie du St-Sacrement, II, 496; cordeliers, I, 161; cordonniers, I, 1201; menuisiers, I, 1202; Oratoire, I, 164; serruriers, I, 1201, et 1202.

SOISSONS

Anizy, comté, 412.

Aubenton, 821; chirurgiens, 820; marchands de draps, merciers, lingers, marchands de vin en gros et boulangers, 820; menuisiers, charrons, tonneliers et brasseurs, 820; serruriers, taillandiers et maréchaux, 821; tailleurs et chapeliers, 820; tanneurs, cordonniers, savetiers et tisserands, 821.

Bohain, 233; brasseurs et bouchers, 816; charrons, menuisiers, charpentiers et tonneliers, 816; chirurgiens, drapiers et merciers, 812; manneliers, maçons, rosiers, tourneurs et murquiniers, 817; maréchaux, taillandiers, armuriers et serruriers, 816; tailleurs, bourreliers et cordiers, 816.

Bonnemaison (la), minimes, 437.

Boshery, abbaye, 548; religieux, 546.

Bourgfontaine, chartreuse, 450.

Bucilly, religieux, 288.

Bulles, marchands et artisans, 791.

Chartreuve, religieux, 437.

Château-Thierry, 532; abbaye de la Barre, 563; apothicaires et chirurgiens, 755; bouchers, 759; boulangers, 533; chapeliers, 535; charcutiers, 756; charpentiers, 534; charrons, 756; chaudronniers et fondeurs, 757; cordiers, 757; cordonniers, 535, et 756; maréchaussée, 447; officiers du bailliage et siége présidial, 465; officiers de l'élection, 448; officiers du grenier à sel, 448; orfèvres et potiers d'étain, 848; rôtisseurs et pâtissiers, 534; selliers, bourreliers et corroyeurs, 758; épiciers, ciriers et chandeliers, 758; maçons, 758; maréchaux et taillandiers, 756; mégissiers, 758; serruriers, cloutiers et armuriers, 534; tanneurs, 756; tisserands, 757; tonneliers, 535; tourneurs, 757; vinaigriers, 536.

Chauny, 438; apothicaires et chapeliers, 753; blanchisseurs de toile, 561; bonnetiers, 726; bouchers et charcutiers, 725; boulangers, 727; charpentiers, 726; chirurgiens, 560; clarisses, 278; cordiers, 725;

cordonniers, 724; corroyeurs, 723; couvent de Ste-Croix, 276; cuisiniers, pâtissiers et tourneurs, 745; drapiers et merciers, 559; maçons, 723; maréchaux et chaudronniers, 726; marchands de toile, 560; mégissiers, 725; mulquiniers, 725; orfèvres, potiers d'étain et couvreurs, 745; selliers, menuisiers et vitriers, 748; sergers, 724; serruriers et plâtriers, 746; taillandiers, cloutiers et ferronniers, 726; tailleurs, 727; tanneurs et bourreliers, 753; tonneliers, 724.
Chézy, abbaye St-Pierrre, 160.
Citry, cure, 439.
Clairefontaine, abbaye. 224.
Clermont, 860; bouchers et pâtissiers, 801; boulangers et tortonniers, 800; chapitre N.-D., 572; chirurgiens, 796; cordonniers, 798; corroyeurs, tanneurs, vitriers et potiers d'étain, 801; gantiers et mégissiers, 796; marchands, 570; maréchaux, taillandiers, cloutiers, serruriers et armuriers, 800; menuisiers, charrons, lingers, teinturiers et marchands de toile, 801; officiers du bailliage, 806; officiers de l'élection, 860; officiers du grenier à sel, 859; officiers de la maréchaussée, 859; officiers de la prévôté royale foraine, 856; savetiers, 795; selliers, bourreliers, tisserands et murquiniers, 802; tailleurs et chaussetiers, 801; tonneliers et chapeliers, 800; tourneurs, cordiers, vanniers et chaudronniers, 802; ursulines, 415.
Coincy, prieuré St-Pierre et St-Paul, 75.
Collinance, prieuré, 451.
Corbeny, prieuré, 716.
Coucy, 230.
Crespy-en-Laonnois, 463.
Crespy-en-Valois, bouchers, 781; boulangers, 766; chapeliers, charrons et tourneurs en bois, 787; chapitre St-Thomas, 397; charpentiers, maçons et couvreurs, 765; chirurgiens et apothicaires, 761; cordiers, 766; cordonniers, 766; corroyeurs, cordonniers et bonnetiers, 783; marchands de cire, merciers, chandeliers et vinaigriers, 764; maréchaux, 765; mégissiers et parcheminiers, 766; menuisiers, 765; officiers de l'élection, 449; officiers du présidial, 450; potiers d'étain, 765; prieuré St-Arnoul, 384; prieuré St-Michel, 406; rôtisseurs et pâtissiers, 763; rôtisseurs, pâtissiers et charcutiers, 763; selliers et bourreliers, 764; serruriers, 781; taillandiers, chaudronniers, orfèvres et armuriers, 764; tailleurs et chaussetiers, 767; tisserands, 775; ursulines, 569; vanniers, boisseliers et quincailliers, 780; vitriers et tonneliers, 766.
Cuissy, abbaye, 445.
Cyres-les-Meslo, cordeliers, 571.

Fère (la), 289; chapeliers, bonnetiers, chaussetiers, gantiers et tailleurs, 522; chapitre St-Louis du château, 506; chapitre St-Montain, 335; chirurgiens et apothicaires, 514; cordonniers, tailleurs et corroyeurs, 598; couvreurs, maçons et plâtriers, 598; marchands, 512; mulquiniers et tisserands, 529; officiers du bailliage, 445; officiers des eaux et forêts, 517; officiers du grenier à sel, 449; orfèvres, potiers d'étain, chaudronniers, serruriers, taillandiers et maréchaux, 522; pâtissiers, boulangers, bouchers et brasseurs, 518; selliers, bourreliers et cordiers, 519; tonneliers, charpentiers, charrons, menuisiers et vitriers, 599; vanniers et tourneurs, 524.

Fère-en-Tardenois (la), 763; apothicaires et chirurgiens, 851; bouchers et charcutiers, 850; boulangers, 850; chapeliers, 850; cordonniers, 849; fripiers et marchands de toile, 850; menuisiers, maçons et charpentiers, 851; merciers et ciriers, 850; officiers de la maréchaussée, 763; tisserands, 851.

Ferté-Milon (la), 790; bonnetiers et tonneliers, 771; bouchers, 774; boulangers, 773; chapeliers et tailleurs, 774; charcutiers, 778; chirurgiens et apothicaires, 776; ciriers, chandeliers et merciers, 779; cordiers, 772; cordonniers, 771, et 772; corroyeurs, 773; couvreurs et maçons, 775; cure de St-Vaast, 439; gantiers, mégissiers et tanneurs, 775; mandeliers et tourneurs, 771; marchands de fer, 779; menuisiers et charpentiers, 775; officiers du bailliage, 790; officiers du grenier à sel, 778; pâtissiers, 778; prieuré St-Michel, 509; selliers et bourreliers, 771; sergers et drapiers, 779; serruriers, 772; taillandiers et maréchaux, 772; tisserands, 771; vinaigriers, 782.

Fesmy, abbaye, 821; religieux, 546.

Foigny, abbaye, 822; religieux, 542.

Genlis, abbaye, 613.

Guise, 452; bourreliers, cordiers et selliers, 807; chapeliers et bonnetiers, 811; chapitre St-Gervais, 572; charpentiers, couvreurs et maçons, 810; chirurgiens, 541; cordonniers et savetiers, 810; joueurs de violon, 809; marchands de vin et brasseurs, 808; maréchaux, chaudronniers, serruriers et orfèvres, 807; mégissiers, tanneurs et corroyeurs, 808; merciers et drapiers, 545; officiers du bailliage, 862; officiers de l'élection, 545; officiers du grenier à sel, 451; officiers de la maîtrise des eaux et forêts, 862; pâtissiers, bouchers, boulangers et cuisiniers, 808;

tailleurs d'habits, 811; tisserands et vanniers, 807; tourneurs, vitriers, menuisiers, tonneliers et charrons, 809.

Ham, abbaye N.-D., 417; bouchers, 740; boulangers et pâtissiers, 741; brasseurs et tonneliers, 737; cordiers, bourreliers et selliers, 738; cordonniers et savetiers, 736; cordonniers et tanneurs, 739; couvreurs, maçons et charpentiers, 738; marchands de draps et sergers, 740; maréchaux, serruriers, taillandiers et chaudronniers, 735; mégissiers, 560; menuisiers, vitriers, charrons et tourneurs, 739; tailleurs d'habits, fripiers et chaussetiers, 737; tisserands et mulquiniers, 561.

Joye (la), prieuré, 436.

Laon, 410; abbaye St-Jean, 445; abbaye St-Martin, 510; abbaye St-Vincent, 496; apothicaires, ciriers et épiciers, 510; chapelains de la Madeleine en la cathédrale de Laon, 503; chapitre N.-D., 40; chapitre St-Jean-au-Bourg, 54; chapitre St-Julien, 55; chapitre St-Pierre, 54; chapitre Ste-Geneviève, 445; chirurgiens, 612; corps de l'élection, 411; couvent de la Congrégation N.-D., 501; drapiers et chaussetiers, 499; évêché, 441; joailliers et quincailliers, 492; maréchaussée, 441; officiers du bailliage et siége présidial, 311; officiers en la justice du grenier à sel, 52; officiers de la maîtrise des eaux et forêts, 50; religieux de St-Jean, 441; religieux de St-Martin, 136; religieux de St-Vincent, 50; séminaire, 627.

Longpont, religieux, 435.

Longpré, prieuré N.-D., 540.

Marizy-Ste-Geneviève, 439.

Marle, 609; boulangers et bouchers, 513; charpentiers et maçons, 506; cordiers, bourreliers et cordonniers, 510; drapiers, merciers, ciriers et marchands de vin, 508; maréchaux, serruriers et taillandiers, 515; officiers du bailliage et comté, 443; officiers du grenier à sel, 140; prieuré St-Nicolas, 660.

Maurepas, prieuré, 846.

Mello, chapitre N.-D., 792.

Mons-en-Laonnois, prieuré, 656.

Mont-St-Louis, dit Regnault, chartreux, 263.

Mouy, chapitre St-Pierre et St-Paul, 509.

Nanteuil, prieuré, 539.

Nesle, bouchers, 739; brasseurs, pâtissiers et boulangers, 733; chirurgiens, apothicaires et perruquiers, 733; drapiers, merciers et sergers, 735; chapelains du château, 562; chapelains de la collégiale, 562; chapitre, 131; lingers, bonne-

tiers, chapeliers et gantiers, 845; menuisiers, charrons, charpentiers et couvreurs, 738; mulquiniers et tisserands, 737; taillandiers, serruriers et maréchaux, 738; tanneurs, corroyeurs et cordonniers, 736; tourneurs et manneliers, 739.

Neuilly-St-Front, bonnetiers, 767; bouchers, 768; boulangers, 767; charrons, maçons, charpentiers, couvreurs et tonneliers, 770; chaudronniers, maréchaux, serruriers et taillandiers, 769; chirurgiens et apothicaires, 768; cordonniers, 769; officiers de la prévôté, 777; potiers d'étain, 769; tailleurs et fripiers, 769; tanneurs, corroyeurs, mégissiers, chapeliers et bourreliers, 769; tondeurs de draps et teinturiers, 770; tourneurs de bois et saboliers, 770.

Nogent-sous-Coucy, abbaye, 413; religieux, 415.

Noyon, 130; abbaye St-Barthélemy, 417; abbaye St-Éloi, 417; apothicaires, potiers d'étain et couteliers, 748; bonnetiers, 741; bouchers, 743; boulangers, 743; bourreliers et tisserands, 749; chapelains de la cathédrale, 266; charpentiers, 667; chirurgiens et perruquiers, 742; cordiers, 741; cordonniers, 743; cordonniers et savetiers, 744; couvreurs, 746; cuisiniers et pâtissiers, 744; drapiers, merciers et épiciers, 742; lingers, 742; maçons, 743; maréchaux et taillandiers, 747; mégissiers et gantiers, 741; menuisiers et tourneurs, 747; mulquiniers, 749; nouvelles catholiques, 270; orfèvres et chapeliers, 742; plâtriers et corroyeurs, 749; selliers et chaudronniers, 744; séminaire, 275; tailleurs et fripiers, 741; tanneurs, 744; tonneliers, 742; ursulines, 269; vitriers, peintres, teinturiers et tapissiers, 745.

Offemont, célestins de Ste-Croix, 436.

Orbais, abbaye St-Pierre, 448.

Origny-Ste-Benoiste, abbaye, 451; chapitre St-Vaast, 573.

Ourscamp, abbaye, 446.

Pierrefonds, prieuré, 169.

Quessy, prieuré, 728.

Restauré, prieuré, 430.

Ribemont, 460; boulangers, bouchers et brasseurs, 716; chirurgiens, 599; cordonniers, tailleurs et gantiers, 505; drapiers et merciers, 594; maçons, couvreurs et savetiers, 595; maréchaux, menuisiers, bourreliers, charrons et tourneurs, 595; officiers du bailliage et siége présidial, 663; tisserands, mulquiniers et cordiers, 595.

Rosoy, chapitre, 117.

Saint-Amant-les-Machemont, prieuré, 265.

Saint-Crespin-en-Haye-les-Soissons, abbaye, 701.

Saint-Éloi-Fontaine, abbaye N.-D., 130.

Saint-Erme, prieuré, 716.

Saint-Gobert, prieuré, 658.

Saint-Jean-aux-Bois, prieuré, 450.

Saint-Michel-de-Thiérache, abbaye, 425.

Saint-Nicolas-au-Bois, abbaye, 443.

Saint-Nicolas-des-Prés-sous-Ribemont, abbaye, 593; religieux, 141.

Saint-Remy-St-Georges, 440.

Saint-Thomas, prieuré, 716.

Saint-Yved de Braine, abbaye, 437; religieux, 225.

Saunoy-sous-Laon, abbaye, 485.

Soissons, 239; abbaye N.-D., 113; abbaye St-Léger, 438; abbaye St-Paul, 238; apothicaires, 691; bénédictins de St-Crespin-le-Grand, 431; bonnetiers, 476; bouchers, 692; boulangers et tourtonniers, 228; bourreliers, 691; chanoines de St-Jean des-Vignes, 136; chapelains de la cathédrale, 706; chapeliers, 177; chapitre St-Paul-au-Parvis, 3; chapitre de la cathédrale, 131; chapitre N.-D.-des-Vignes, 117; chapitre St-Vaast, 109; charcutiers, 237; charrons, 691; chirurgiens, 691; chaudronniers, 691; cordiers, 693; cordonniers, 692 et 232; couvreurs, 689; écrivains et libraires, 695; feuillants, 206 et 237; maçons, 476; mandeliers, 691; maréchaux, 693; mariniers de l'Arche, 591; menuisiers, 690; officiers du bailliage et siége présidial, 433; officiers de l'élection, 435; officiers du grenier à sel, 215; officiers de la maréchaussée, 458; orfèvres, 693; pâtissiers, traiteurs, cuisiniers et rôtisseurs, 231; peintres, sculpteurs, vitriers et maîtres de danse, 477; Pères de l'Oratoire du collége, 114; Pères de l'Oratoire du séminaire, 117; plâtriers, 687; potiers d'étain, 689; religieuses de la congrégation N.-D., 701; religieux de St-Médard, 111; selliers, 693; serruriers, 691; taillandiers, 690; tailleurs d'habits, 691; tanneurs, 692; tisserands et mulquiniers, 474; vinaigriers, 692.

Thenailles, abbaye N.-D., 665; religieux, 112.

Tupigny, prieuré, 862.

Vailly, 652; boulangers, bouchers, charcutiers, tonneliers, tailleurs, chapeliers, mégissiers et tisserands, 708; chirurgiens, apothicaires, merciers et drapiers, 708; menuisiers, vitriers, charrons, maçons, charpentiers, chaudronniers, maréchaux, serruriers, taillandiers, bourreliers, cordonniers, plâtriers, couvreurs et savetiers, 709; officiers du grenier à sel, 99.

Valchrestien, religieux de l'abbaye, 201.

Val-St-Pierre (le), chartreuse, 335.

Valsery, abbaye, 434.

Vauclair, abbaye N.-D., 412; religieux, 596.

Vervins, 653; bonnetiers, 505; cordonniers, savetiers, tanneurs et corroyeurs, 505; bouchers, 605; boulangers, 528; chapeliers et ciergiers, 596; charpentiers, maçons, couvreurs et potiers de terre, 606; chirurgiens et apothicaires, 527; cordiers, selliers et tonneliers, 526; drapiers et marchands de fer, 606; maréchaux, serruriers, taillandiers, chaudronniers, lanterniers et potiers d'étain, 610; menuisiers, charrons, tourneurs et mandeliers, 527; menuisiers, tonneliers, bonnetiers, pelletiers, chapeliers et tailleurs d'habits, 604; président, grenetiers, contrôleurs, procureur du roi et greffier du grenier à sel, 143; tailleurs, chaussetiers et houssetiers, 597; tisserands, 605; vinaigriers et brasseurs, 596.

Vigneux, prieuré, 598.

Villeneuve-les-Soissons, célestins, 433.

Vilselve, religieux du prieuré, 211.

Wariville, prieuré N.-D., 410.

TOURS

Aiguevive, abbaye, 1380 : ursulines, 382.

Alleuds (les), prieuré, 913.

Amboise, bouchers, 1367; boulangers, 1366; chirurgiens, 1361; commanderie, 1380 : cordonniers et savetiers, 1366; mégissiers, tanneurs et corroyeurs, 1365 : merciers et enjoliveurs, 1371 ; minimes, 1381; officiers du bailliage, 1368; officiers de l'élection, 1370; officiers du grenier à sel, 1372; officiers de la maîtrise particulière des eaux et forêts, 1367; procureurs du bailliage, 1375; procureurs de l'élection, 1376 : religieux de St-Sauveur, 1369; ursulines, 382.

Ambrière, juridiction, 407.

Andrezé, prieuré St-Pierre, 922.

Angers, 1255; abbaye du Ronceray, 723; abbaye St-Aubin, 1260; abbaye St-Serge et St-Bach, 85, et 1255; abbaye de Toussaints, 1263 ; apothicaires et épiciers, 786; arquebusiers, 859; augustins, 869; augustins de la congrégation de Ste-Croix du Verger, 113 : avocats, procureurs au présidial, sénéchaussée et autres juridictions royales, 881; barbiers, perruquiers et étuvistes, 863; bonnetiers et bastiers de laine, 785; bouchers, 859; bouchers et rôtisseurs, 784 : boulangers, 790; bourreliers et bâtiers, 787; brodeurs, 862; carleurs, 862; carmélites, 121; carmes, 868; chanoines de l'abbaye de Toussaints, 127; chanterie de l'église, 911 : chapeliers, 860; chapitre de la cathédrale, 79; chapitre St-Jean-Baptiste, 792; chapitre St-Laud, 459; chapitre St-Maimbœuf, 70; chapitre St-Martin, 101; chapitre St-Maurille, 723; chapitre St-Pierre, 723; charpentiers, 861 ; charrons, 789; chirurgiens, 790; ciriers, 863; cordeliers, 868; cordiers, 785; cordonniers, 787; corps de la ville, 459; corroyeurs en cuir, 785; couteliers, 859; couvent du Calvaire, 723; couvent de la Fidélité, 117; couvreurs d'ar-

doise, 860; droguistes et épiciers, 989; évêché, 1277; filassiers, 787; Filles de la propagation de la Foi, 112; fourbisseurs d'épées, 859; fripiers, revendeurs et tailleurs d'habits, 861; horlogers, 789; hôteliers et cabaretiers, 790; jacobins, 868; juges et gardes des marchands, 718; libraires-imprimeurs, 862; maçons et architectes, 788; marchands de blé, 863; marchands de bois, 861; marchands de chandelles et potiers de terre, 789; marchands de draps de laine, 988; marchands de draps de soie, 989; marchands de toile, faiseurs de guêtres, lingers et blanchisseurs de toile, 861; marchands de vin en gros, 866; maréchaux-ferrants, 861; mégissiers, 851; menuisiers, 787; meuniers et fariniers, 786; notaires, 883; officiers de l'élection, 889; officiers du grenier à sel, 717; orfèvres, 861; pâtissiers et rôtisseurs, 788; peigneurs et cardeurs, 791; pelletiers manchonniers, 867; pénitencerie de l'église, 952; poêliers et fondeurs, 861; potiers d'étain, 859; prêtres de la Congrégation de la Mission, 579; prêtres de l'Oratoire de Jésus, 127; prieuré du Lion, 1251; religieuses de Ste-Catherine, 109; religieux de St-Aubin, 88; religieux de St-Nicolas, 160; selliers, 862; sergents royaux, 1265; sergers, drapiers et teinturiers, 860; serruriers, 785; taillandiers et maréchaux en œuvre blanche, 789; tailleurs d'habits, 781; tanneurs, 860; teinturiers, 790; terrasseurs, carleurs et blanchisseurs, 786; tessiers, 865; tonneliers, 858; tourneurs, 788; trésorerie de la cathédrale, 1259; Université, 722; ursulines, 110; vinaigriers, brûleurs, bustiers et moutardiers, 786; Visitation, 93; vitriers, 864; voituriers et bâteliers, 866.

Anjou, maréchaussée, 56; présidial et sénéchaussée, 747; province, 1503.

Antogny, prieuré, 631.

Anvers-le-Hamon, prieuré, 1413.

Arçay, prieuré St-Paul, 1111.

Asnières, abbaye, 1507.

Aspoigné, prieuré, 1382.

Aubigné, prieuré-cure, 1013.

Aumeray, prieuré, 1406.

Aviré, prieuré, 916.

Avrillé, prieuré, 515.

Azay, 846; prieuré, 1240.

Azé, prieuré, 1209.

Balesme, prieuré, 1060.

Ballé, prieuré, 1395.

Ballon, 1097.

Baugé, bénédictins, 1521; bouchers, boulangers, pâtissiers, poulaillers, hôteliers et cabaretiers, 1527; hospitalières, 1522; maçons, tonneliers et huiliers, 1528; marchands de soie, drapiers et merciers, 1526; médecins, chirurgiens et apothicaires, 1525; menuisiers, charrons, charpentiers.

et couvreurs, 1527; officiers des eaux et forêts, 1531; officiers du grenier à sel, 1525; serruriers, cloutiers, couteliers, taillandiers, arquebusiers et maréchaux, 1527; tanneurs, mégissiers, corroyeurs, cordonniers et savetiers, 1526; teinturiers, chapeliers, chandeliers, selliers, bâtiers et bourreliers, 1526; tessiers, sergetiers et tailleurs, 1527.
Bayette (la), prieuré, 1363.
Bazouges, prieuré, 1476.
Beaufort, notaires royaux, 980; officiers du siége royal, 1256; religieuses de l'hôpital St-Joseph, 497; sergents royaux, 1254.
Beaufort-en-Vallée, 1261; avocats, 875; gruerie, 748; officiers du grenier à sel, 525; prieuré, 581.
Beaugerais, religieux, 165.
Beaulieu, 1308; chanoinesses de St-Augustin, 217; charpentiers, menuisiers, sabotiers, charrons et fûtiers, 1045; cordonniers, 1290; hôteliers, 1291; maçons, 1045; marchands, 1291; prieuré, 816.
Beaulieu-les-Loches, religieux, 161.
Beaumont, bouchers, boulangers, hôtes et cabaretiers, 1121; merciers, drapiers, épiciers, droguistes et ferrons, 1122; procureurs, 1121; religieuses, 1109.
Beaumont-la-Sarthe, prieuré, 1129.
Beaumont-les-Tours, religieuses, 54.
Beaumont-le-Vicomte, couteliers, taillandiers, arquebusiers, serruriers, maréchaux et cloutiers, 1332; médecins, barbiers, chirurgiens et apothicaires, 1331; menuisiers, charpentiers, charrons, maçons et couvreurs, 1331.
Beaupréau, 1506; chapitre Ste-Croix, 498.
Beaussé, cure, 526.
Bernezay, chapitre, 1149.
Bessé, camaldules, 252.
Bigotière (la), collége, 1163.
Blaison, chapitre, 177.
Boissière (la), religieux de N.-D., 310.
Bonlieu, abbaye, 1110.
Bonnétable, 1116; avocats et procureurs, 1333; cloutiers, taillandiers, arquebusiers, serruriers, maréchaux et couteliers, 1123; médecins, apothicaires, barbiers et chirurgiens, 1121; menuisiers, charrons, maçons et couvreurs, 1125; merciers, drapiers, épiciers, droguistes et ferrons, 1123; sergetiers, filtoupiers, tessiers, tailleurs et guêtriers, 1121; tanneurs, corroyeurs, mégissiers, selliers, bourreliers et cordonniers, 1121.
Bordière (la), prieuré, 1283.
Boulay (le), religieuses, 843.
Boumois, prieuré de la Madeleine, 613.
Bourdillière (la), religieuses, 725.
Bourgueil, bénédictins, 460; officiers du grenier à sel, 1022; officiers de la justice, 1025.
Bournonville, justice royale, 169.

Braslou, prieuré, 1287.
Breuil-Bellay (le), 618.
Briant, prieuré, 1280.
Brisart, prieuré, 988.
Brulon, prieuré, 1395.
Bueil, chapitre des Innocents, 13.
Buron, couvent, 441.

Candé, 1073; augustins, 869; chapitre St-Martin, 229; officiers du grenier à sel, 717; prieuré, 1379.
Cellière, prieuré-cure, 518.
Celliers-en-Boussageau, prieuré, 1037.
Chacé, prieuré, 614.
Champbellay, prieuré, 913.
Champigny, chapitre de la Ste-Chapelle, 403.
Champs (les), prieuré, 1130.
Chapelle-Vicomtesse (la), prieuré, 1085.
Chaslain, carmes, 869.
Chassaigne, prieuré, 1153.
Chasteau-Sénéchal (le), prieuré, 1391.
Château-du-Loir, 1319; avocats et procureurs, 1318; officiers de l'élection, 1320; officiers du grenier à sel, 1316; officiers de la maréchaussée, 1096.
Château-Gontier, apothicaires, 432; bénédictines du prieuré St-Jean-Baptiste, 437; bouchers, 764; boulangers, 764; chapeliers et corroyeurs, 764; chapitre St-Just, 111; foulons, 763; hospitalières, 1534; hôteliers et cabaretiers, 763; médecins, 671; mégissiers, 443; merciers, vendeurs de faïence et autres, 1205; notaires, 1206; officiers de l'élection, 422; officiers du grenier à sel, 1196; présidial, 763; sergents, 763; tanneurs, 763; ursulines du faubourg d'Azay, 441.
Château-l'Ermitage, augustins, 637.
Châteauneuf, prieuré St-Pierre, 986.
Châteauperune, prieuré, 910.
Châteaurenault, 846.
Chauveaux, prieuré-cure, 881.
Chavagne, prieuré-cure, 869.
Chazé-sur-Ergot, prieuré, 917.
Chefs, prieuré, 516.
Chemazé, prieuré, 673.
Chemeré-le-Roy, prieuré, 1448.
Chemillé, chapitre St-Léonard, 137; religieux du prieuré St-Pierre, 517.
Chevillé, 1506.
Chinon, 236; augustins, 726; bouchers, 1065; boulangers, 1057; chapitre St-Mesme, 726; cordonniers et savetiers, 1069; drapiers, merciers, ferrons, chapeliers et teinturiers, 1058; élection, 1046; hospitalières, 227; maréchaussée, 750; notaires, 1058; officiers des eaux et forêts, 223; officiers du grenier à sel, 1051; officiers du siége royal, 1055; procureurs du siége royal, 1055; procureurs de l'élection et grenier à sel, 1065; religieuses du Calvaire, 726; religieux de Grandmont, 31; tanneurs, mégissiers et corroyeurs, 1057; ursulines, 228.

Chollet, 653; franciscaines, 651; officiers du grenier à sel, 1344; officiers de justice, 1343.
Choue, prieuré, 1075.
Cinq-Mars-la-Pille, séminaire St-Charles, 49.
Clarté-Dieu (la), religieux, 458.
Clermont, prieuré, 1412; religieux de N.-D., 771.
Concourson, prieuré, 1346.
Condé, 1507.
Cormery, 1309; marchands, 1043; religieux, 464.
Corzé, prieuré, 988.
Coudray-Monbault (le), prieuré, 652.
Courchamps, prieuré, 1026.
Courtamon, prieuré, 638.
Craon, 1214; avocats, 1214; boulangers et meuniers, 1207; chapitre St-Nicolas, 763; chirurgiens, 1215; cordonniers et savetiers, 1201; couvent St-Clément, 470; couvreurs, charpentiers, charrons, menuisiers et maçons, 1198; marchands, 1198; notaires, 1205; officiers du grenier à sel, 1212; prieuré, 1281; rôtisseurs, poulaillers, pâtissiers et bouchers, 1207; serruriers, taillandiers, maréchaux et cloutiers, 1202.
Créans, prieuré, 1394.
Creux-en-Bazouges, prieuré, 1410.
Crouzilles, prieuré, 1038.
Cunault, prieuré N.-D., 610, et 1035.

Dampierre, prieuré, 171.
Denezé, prieuré, 609.
Douazé, prieuré, 1391.
Doué, 180; bouchers, 1017; chapitre St-Denis, 463; hôteliers et cabaretiers, 1017; médecins, chirurgiens et apothicaires, 1010; notaires et procureurs, 1019; tanneurs, mégissiers et corroyeurs, 1014.
Duretal, 1531; avocats, 1409; cabaretiers et hôteliers, 1408; chirurgiens et apothicaires, 1409; huissiers et sergents, 1409; merciers, ciriers, droguistes et épiciers, 1409; notaires, 1408; officiers de la justice, 1417; tanneurs, corroyeurs et mégissiers, 1406.

Ecuillé, prieuré, 1011.
Encloistre (l'), religieuses, 848.
Ernée, apothicaires, 412; avocats, 409; bailliage, 411; bénédictins, 392; bouchers, 414; grenier à sel, 469; marchands de draps, 411; marchands de toile et de fil, 410; marchands de vin, 412; prieuré, 1168; tanneurs, 410.
Essards (les), prieuré-cure, 873.
Estivaux, prieuré de la Madeleine, 1145.
Étriché, prieuré, 1102.
Evière (l'), religieux, 460.
Evron, bénédictines, 410; collége, 1162; couvent, 114; juridiction, 407; merciers, 1176; tanneurs, 1178.

Fercé, prieuré, 1118.
Ferté (la), avocats et procureurs, 1126.

Ferté-Bernard (la), bouchers, boulangers, hôteliers et cabaretiers, 1333; merciers, épiciers, droguistes, drapiers et ferrons, 1334; sergetiers, filtoupiers, tessiers, tailleurs et guêtriers, 1334; tanneurs, corroyeurs, mégissiers, selliers, bourreliers et cordonniers, 1335.

Fief-Sauvin (le), prieuré, 902.

Flèche (la), 1532; apothicaires, 1411; arquebusiers et couteliers, 1421; avocats, 1434; avocats et procureurs, 1428; bouchers, 1434; boulangers, 1411; cabaretiers, 1426; chirurgiens, 752; cordonniers, 1423; droguistes, ciriers et chandeliers, 1434; libraires et imprimeurs, 1425; maréchaux et taillandiers, 1431; maçons et tailleurs de pierre, 1431; menuisiers, 1427; notaires, 1433; officiers du bailliage, 1424; officiers de l'Hôtel-de-Ville, 168; officiers de la maréchaussée, 1410; orfèvres, 1426; poulaillers, 1427; prieuré St-André, 1401; prieuré St-Thomas, 1388; religieuses de N.-D., 1381; religieuses du petit Fontevrault, 1381; religieuses de St-François, 1381; selliers et bourreliers, 1421; sergers et cardeurs, 1430; serruriers, 1423; tailleurs d'habits, 1431; tessiers et filassiers, 1131; tanneurs, corroyeurs et mégissiers, 1435; Visitation, 339.

Flée, prieuré-cure de St-Sauveur, 1195.

Fontaine-Daniel, religieuses, 414.

Fontaine-les-Blanches, abbaye N.-D., 379, et 1218.

Fontenay, prieuré, 1122.

Fontevrault, abbaye, 178; religieux et religieuses, 179.

Fosseblay, prieuré, 1032.

Fougereuse (la), prieuré, 317.

Fourmentières, prieuré, 1534.

Franceuil, prieuré, 1381.

Fresnaye (la), prieuré, 857.

Fuolle, prieuré, 1315.

Gastines, abbaye, 1501; religieux, 46.

Genez, prieuré, 1459.

Gennes, prieuré, 671.

Gesté, prieuré, 873.

Gouy, prieuré, 1416.

Grandmont-les-Tours, prieuré, 837.

Gravelle, officiers du grenier à sel, 771.

Grezille (la), chapitre, 175.

Grimaudière (la), prieuré, 1281.

Gué-de-Launay (le), abbaye, 1091.

Guesnes, religieuses, 1151.

Haye (la), 1073; officiers du grenier à sel, 1054; officiers de l'hôtel-de-ville, 1064; religieuses, 122.

Iblains, collège, 1358.

Ile-Bouchard (l'), 1508; prieuré St-Ambroise, 1038; prieuré St-Léonard, 1581; religieuses, 1287.

Ingrande, 1507; grenier à sel, 717; officiers du passage et mesurage de sel, 791.

Jarsé, chapitre, 316.
Jau (le), fief, 717.
Joué, prieuré, 1397.
Juigné, prieuré, 1413, et 1439.
Juigné-Beüe, prieuré, 915.

Lande-du-Verché (la), commanderie, 1318.
Landivy, corps du bailliage, 391.
Langeais, 816; chapitre St-Jean, 39.
Lassay, 1329; avocats et procureurs, 612; officiers du grenier à sel, 615.
Lattay (le), prieuré, 921.
Laval, 1410; apothicaires, 773; avocats, 1157; bénédictines, 772; bouchers, 1188; boulangers, 773; cabaretiers, 1190; chapeliers et teinturiers, 1158; chapitre St-Michel, 772; chirurgiens, 1455; ciergers, 772; communauté de Patience, 1489; cordonniers, 773; hospitalières, 1489; lainiers, 774; maçons et couvreurs, 1489; maréchaux, 1188; menuisiers, 1489; marchands de soie, épiciers et merciers, 772; officiers du siége royal, 1490; orfèvres, 1455; poêliers, 773; potiers d'étain, 773; religieuses, 772; sergetiers, 771; tanneurs, 773.
Levingué, prieuré, 1176.
Ligueil, 1308; bouchers, 1309; charpentiers et menuisiers, 1309; officiers de la baronnie, 1308; tanneurs, 1308.
Lincé, prieuré, 1361.
Loches, 1309; bouchers, 1291; boulangers, 1288; chapeliers, 1293; chapitre N.-D. du château, 298; charpentiers, menuisiers, charrons, tourneurs, boisseliers et sabotiers, 1293; chirurgiens, barbiers et perruquiers, 1302; cordonniers, 1291; drapiers, 1291; épiciers et droguistes, 1288; hôteliers et cabaretiers, 1293; huissiers audienciers et sergents, 1304; maréchaux, 1293; merciers, 1288; notaires, 1289; officiers du bailliage, 1289; officiers des eaux et forêts, 1291; officiers de l'élection, 1290; officiers du grenier à sel, 1301; officiers de l'Hôtel-de-Ville, 1295; officiers de la maréchaussée, 1290; procureurs du bailliage et siége royal, 1291; tailleurs, 1292; tanneurs, 1289; tanneurs, mégissiers et corroyeurs, 630; ursulines, 750.
Loretière-en-Parcé (la), prieuré, 1403.
Loroux, abbaye, 1528; religieux, 316.
Louans, prieuré, 1291.
Loudun, 1350; avocats, 366; bouchers, 1148; boulangers, 662; cabaretiers, 663; carmes, 366; chapitre St-Léger, 1353; chapitre Ste-Croix, 1351; cordonniers, 1149; huissiers, 1153; marchands de draps, merciers, épiciers et dro-

guistes, 659; maréchaux, cloutiers, serruriers et taillandiers, 661; médecins, chirurgiens et apothicaires, 661; menuisiers, 663; notaires, 660; officiers du bailliage, 1350; officiers de l'élection, 1351; officiers de l'Hôtel-de-Ville, 1350; prieuré St-Jean, 1353; procureurs du bailliage, 365; religieuses du Calvaire, 1319; religieuses de l'Union chrétienne, 665; sergers, 661; tailleurs, 1147; tanneurs, corroyeurs et mégissiers, 1144; ursulines, 1151; Visitation, 1155.

Loué, prieuré, 1416.

Luceau, prieuré, 1319.

Lude (le), 1515; barbiers, baigneurs, perruquiers et étuvistes, 312; bouchers, 313; boulangers, 311; charpentiers, 312; chirurgiens et apothicaires, 1520; comté, 302; cordonniers, 312; corroyeurs, 732; maçons et tailleurs de pierre, 313; maréchaux, 313; merciers, 312; officiers du bailliage, 312; officiers du grenier à sel, 311; sergers, 311; tailleurs d'habits, 313; tanneurs, 1521.

Luuière, prieuré, 690.

Luynes, 846; religieuses du St-Sépulcre, 40.

Lyon d'Angers (le), 1506.

Maine (le), province, 1335.

Mamers, Visitation, 281.

Mans (le), abbaye de la Couture, 466; abbaye St-Julien-du-Pré, 728; abbaye St-Vincent, 289; apothicaires et épiciers, 289; avocats, 730; barbiers, perruquiers et passementiers, 1325; bouchers, 731; boulangers, 290; chapitre de la cathédrale, 465; chapitre St-Pierre de la Cour, 466; chapitre de la Ste-Chapelle du Gué de Mauny, 467; chaussetiers, cartiers, cordiers et chausumiers, 1325; chirurgiens, 1323; ciriers, 730; confrérie St-Michel, 612; cordonniers, 1323; drapiers, 290; étaminiers et tessiers, 1322; évêché, 277; Filles-Dieu, 272; fondeurs et chaudronniers, 1321; libraires, imprimeurs et graveurs, 1327; marchands d'eau-de-vie et ferronniers, 1321; marchands de vin, 731; maréchaux, 731; mégissiers et chandeliers, 1324; merciers, 730; meuniers, 291; orfèvres, horlogers, fourbisseurs d'épées, arquebusiers et couteliers, 1324; pâtissiers, rôtisseurs, poulaillers, hôtes et cabaretiers, 1324; prêtres de la congrégation de la Mission, 467; religieux de l'abbaye de Beaulieu, 288; savetiers, 1325; selliers, bourreliers, gaîniers et poissonniers, 1322; serruriers, cloutiers et potiers d'étain, 1323; tailleurs, 643; tanneurs, 731; tapissiers, bonnetiers et chapeliers, 1322; teinturiers, 731; tourneurs, menuisiers, boisseliers et saboliers, 1324; ursulines, 268; Visitation, 273.

Marmoutier, abbaye, 817; religieux, 18.

Marsilly, prieuré, 1017.
Marson, prieuré, 1401.
Martigné-Brillant, chapitre, 171.
Mayenne, 403; apothicaires, 1165; avocats, 1165; bénédictins, 1184; cabaretiers, 1161; chirurgiens, 1167; cordonniers, 1164; épiciers, 1163; juridiction, 407; marchands de draps de soie, 1162; marchands de fil et de toile, 1161; marchands de vin, 1160; médecins, 1188; menuisiers et charpentiers, 1166; notaires, 1168; officiers du grenier à sel, 1186; procureurs, 1165; religieuses du Calvaire, 399; tailleurs, 1163; tanneurs, 1163;
Merci-Dieu (la), abbaye, 1253, religieux, 211.
Mesnil (le), prieuré St-Georges, 1198.
Messemé, chapitre, 1156.
Mirebeau, 1508; chapitre N.-D., 623; prieuré St-André, 1039.
Moncé, abbaye, 735.
Mondoubleau, 1320; avocats, 1089; officiers de l'Hôtel-de-Ville, 1315; prieuré, 1080.
Montaudin, juridiction, 416; prieuré, 1360.
Montbazon, 846.
Montbrillais, prieuré St-Léger, 1115.
Montilliers, prieuré, 1312.
Montlimard, chapitre St-Pierre, 721.
Montrésor, 1308; chapitre, 750.
Montreuil-Bellay, 653; chapitre du château, 321; officiers de l'élection, 1310; prieuré, 1340; procureurs de l'élection, 1342.
Montreuil-sur-Maine, prieuré, 874.
Montrichard, procureurs au bailliage et grenier à sel, 1381; ursulines, 384.
Montsoreau, 1016; chapitre, 1016.
Motte (la), prieuré, 1390.

Neau, prieuré, 1366.
Neufvi, 816.
Neuilly, prieuré, 1378.
Nioyseau, abbaye N.-D., 559.
Notre-Dame-des-Loges, religieuses, 168.
Noyers, franciscaines, 1406; prieuré, 1060; religieuses, 231.
Nueil (le bas), prieuré, 1150.

Parçay, prieuré, 1507.
Paulmy, augustins, 632.
Peraynenf, abbaye, 1422; religieux, 1412.
Pernay, prieuré, 1188.
Perray (le), religieuses, 121.
Perrine (la), abbaye, 287.
Perseigne, abbaye, 848.
Placé, prieuré, 1166.
Plessis-les-Tours (le), chapitre de la Ste-Chapelle, 42; minimes, 842.
Poillé, prieuré, 1388.
Pont-de-Cé (le), 1506.
Pontlevoy, bénédictins, 1377.
Pontrond, religieux, 100.
Port-Rangeard (le), prieuré, 1411; religieux, 1412.
Pouencé, 1506; officiers du grenier à sel, 980.
Pouilly, officiers du grenier à sel, 748.

Pozay-le-Vieil, religieuses, 1040.
Preuillé-Leguillier, chapitre St-Juillier, 1083.
Preuilly, 1309; abbaye, 1013; chambrerie de l'abbaye, 1012; marchands, 1043; officiers de la baronnie, 1040; religieux, 211.
Primaudière (la), prieuré, 874.
Puy-Notre-Dame (le), 656; chapitre, 468; cordelières, 652; prieuré, 1339.

Quinçay, prieuré St-Blaise, 528.

Rançay, prieuré, 856.
Relay, religieuses, 1048.
Richelieu, 1507; religieuses, 1287.
Rillé, prieuré, 1530.
Rivarannes, prieuré, 1064.
Roches (les), prieuré, 1662.
Roches-Tranchelion (les), chapitre, 746.
Ronaudière (la), prieuré, 914.

Sablé, 1396; avocats, 1414; cordonniers, selliers et bourreliers, 1414; franciscaines, 1407; notaires, 1399; officiers du grenier à sel, 1422; prieuré: 1401; tanneurs et corroyeurs, 1414; tessiers et sergers, 1414.
Saint-Aubin-Fosse-Louvin, juridiction, 108.
Saint-Augustin-des-Bois, prieuré, 910.
Saint-Calais, 1320; abbaye, 1090; bénédictins, 465.
Saint-Christophe, 846; prieuré, 893.
Saint-Citroine, prieuré, 1142.
Saint-Cosme-les-Tours, prieuré, 494, et 745.
Saint-Éliers, prieuré, 1173.
Saint-Éloy-les-Tours, prieuré, 836.
Saint-Epain, 1073.
Saint-Eusèbe, prieuré, 1027.
Saint-Florent-les-Saumur, bénédictins, 462.
Saint-Florent-le-Vieil, 1506; religieuses de Ste-Élisabeth, 724; grenier à sel, 747; religieux, 460.
Saint-Georges-sur-Loire, abbaye, 127; chanoines réguliers, 126.
Saint-Gilles, prieuré, 1037.
Saint-Guingalois, prieuré, 1313.
Saint-Jacques-de-la-Lande, prieuré, 1061.
Saint-Jean, prieuré, 626.
Saint-Jean-du-Grais, prieuré, 495.
Saint-Jean-des-Mauvrais, prieuré, 862.
Saint-Lambert, prieuré, 1036.
Saint-Laon, prieuré, 1319.
Saint-Louand, prieuré, 1063.
Saint-Marc-sur-la-Futaye, prieuré, 1181.
Saint-Maur, chanoinesses, 230.
Saint-Maur-sur-Loire, bénédictins, 462.
Saint-Mesmin, prieuré, 1060.
Saint-Nicolas-de-la-Chartre, prieuré, 1408.
Saint-Ouen-des-Tais, prieuré, 1116.
Saint-Paul-du-Bois, prieuré-cure, 649.
Saint-Quentin-en-Mauge, prieuré, 977.

Saint-Remi-la-Varenne, officiers, du grenier à sel, 1028.
Saint-Saturnin-sur-Loire, prieuré, 875.
Saint-Trion, prieuré St-Nicolas, 1143.
Saint-Vincent, prieuré, 1397.
Sainte-Agathe, prieuré, 1532.
Sainte-Anne-les-Tours, prieuré, 819.
Sainte-Colombe, prieuré, 515.
Sargé, prieuré St-Cyr, 1088.
Sauge-aux-Moines, prieuré, 1260.
Saumur, 161; abbaye St-Florent, 176; avocats et procureurs, 1006; barbiers, baigneurs, étuvistes et perruquiers, 593; bouchers, 591; boulangers, 595; chapeliers, 598; chapitre N.-D. de Nantilly, 588; chapitre St-Nicolas-des-Billanges, 590; chapitre St-Pierre, 592; charpentiers et tourneurs, 606; chirurgiens, 603; collège de l'Oratoire, 177; cordonniers, 590; couvreurs en ardoise, 597; droguistes et épiciers, 596; faïenciers, 611; fondeurs, 592; hôteliers, aubergistes et traiteurs, 591; lapidaires, enchasseurs en cuivre et émailleurs, 601; maçons, 597; marchands de bois et charbon, 608; marchands de draps de soie, laine et mercerie, 599; maréchaussée, 997; maréchaux-ferrants, 596; médecins et apothicaires, 1011; mégissiers, 991; menuisiers, 591; merciers, grossiers, joailliers, quincailliers et ferrons, 589; notaires royaux, 991; officiers de l'élection, 1000; officiers de l'Hôtel-de-Ville, 1000; officiers du grenier à sel, 1031; officiers de la maréchaussée, 1006; orfèvres, 598; pâtissiers, rôtisseurs et poulaillers, 589; peintres, horlogers, vitriers et carreleurs, 606; poêliers et bottiers, 595; potiers d'étain, 995; prêtres de l'Oratoire de N.-D. des Ardillières, 175; prévôté, 1017; religieuses de la Fidélité, 162; selliers et bourreliers, 591; sergetiers, bonnetiers et teinturiers, 622; serruriers, 591; taillandiers et faiseurs de limes, 604; tailleurs d'habits, 589; tonneliers, 593; ursulines, 164; Visitation, 161.
Savigny, juridiction, 408.
Segré, 1505.
Seiches, prieuré, 517.
Serillac, comté, 257.
Seuilly, religieux, 231.
Soudé, prieuré, 1091.
Souleine, prieuré, 1384, et 1389.
Suilly, abbaye N.-D., 1018.

Taulnière, juridiction, 415.
Ternay, prieuré de la Trinité, 663.
Thorigné-en-Charny, prieuré, 1112.
Tiercé, prieuré-cure, 511.
Touarcé, prieuré St-Jean, 874.
Touraine, officiers de la maréchaussée, 26; province, 846.
Tours, 845; abbaye St-Julien, 841; archevêché, 1240; augustins, 722; avocats du siège présidial, 819; bouchers, 51;

boulangers, 54; barbiers, baigneurs, étuvistes et perruquiers, 782; carmélites, 51; carmes, 50; chapitre St-Martin, 24; chapitre St-Martin-de-la-Bezoche, 33; chapitre St-Pierre-le-Puellier, 30; chapitre St-Venant, 31; charpentiers, 53; chirurgiens, 816; ciergers, 487; couvreurs, 822; drapiers, droguistes et confiseurs, 807; feuillants, 848; fripiers, 782; hôteliers et cabaretiers, 769; imprimeurs et libraires, 803; juges, gardes, essayeurs et graveurs de la monnaie, 746; juges consuls, 814; maçons, 822; maréchaux, 782; médecins, 806; mégissiers et corroyeurs, 803; menuisiers, 53; merciers, joailliers, droguiers, grossiers, quincailliers et drapiers, 51; merciers, joailliers et quincailliers, 806; minimes, 841; notaires royaux, 487; officiers de la ville, 457; Oratoire, 849; orfèvres, 770; passementiers, 459; pâtissiers, 722; potiers d'étain, 770; procureurs du bureau des finances, 806; procureurs de l'élection et grenier à sel, 492; procureurs du présidial, 804; religieuses du Calvaire, 37; religieuses de l'Union chrétienne, 49; religieux de Grandmont, 34; religieux de St-Julien, 457; rôtisseurs, 747; serruriers, 824; tailleurs, 783; tanneurs, 746; tapissiers, 804; teinturiers, 783; teinturiers en soie, 458; ursulines, 32; Visitation, 30; vitriers, 823.

Trelazé, prieuré, 918.

Trèves, prieuré, 913.

Trois-Moutiers (les), prieuré N.-D., 1146.

Tuffé, prieuré, 467.

Turpenay, abbaye N.-D., religieux, 230.

Ulmes-St-Florent, prieuré, 1027.

Vaas, 1531; religieux, 1423.

Varenne (la), comté, 753.

Vaslon, prieuré, 1421.

Véron, prieuré, 1436.

Vesins, cordelières, 651.

Vezelay-sous-Mirebeau, prieuré de la Madeleine, 1038.

Vibrais, 1320.

Vichers, 654.

Villeloing, religieux, 1039.

Villiers, prieuré, 1042, et 1218; religieux, 750.

Viroin, prieuré, 1114.

Vou, prieuré, 1051.

VERSAILLES

(Néant).

FIN

TABLE DES MATIÈRES

	Pages
INTRODUCTION	I
Alsace	1
Auvergne	12
Béarn	18
Bourbonnais	19
Bourges	21
Bourgogne	25
Bretagne	38
Champagne	51
Dauphiné	58
Flandre	60
Guyenne	68
Languedoc	71
Limousin	97
Lorraine	100
Lyonnais	105
Normandie	108
Orléanais	125
Paris	132
Picardie	140
Poitou	147
Provence	155
Rochelle (La	170
Soissons	172
Tours	179
Versailles	191

www.ingramcontent.com/pod-product-compliance
Ingram Content Group UK Ltd.
Pitfield, Milton Keynes, MK11 3LW, UK
UKHW031844260826
14628UKWH00002B/572

9 782019 685003